富爸爸 RD 020

富爸爸，有錢人為什麼越來越有錢？

Why The Rich Are Getting Richer:
What Is Financial Education...Really?

羅勃特．T．清崎（Robert T. Kiyosaki）
湯姆．惠萊特（Tom Wheelwright） 著
王立天 譯

高寶書版集團

謹獻給

位於南非葛漢斯鎮（Grahamstown）的聖安德魯大學（St. Andrews College）、教區女子學院（Diocesan School For Girls），以及羅德大學（Rhodes University）等所有的學生和教職員工。

二〇一六年七月，我和富爸爸顧問團中的財稅顧問湯姆・惠萊特（Tom Wheelwright）一起造訪了這座位於南非的小鎮，來教導一群非常傑出的的年輕人、老師和創業家們。

對湯姆和我來說，該活動完全改變了我們的人生。

本書獻給南非和全球各地將畢生奉獻於教育人們的學員、教師和創業家們。

南非葛漢斯鎮聖安德魯大學，成立於一八五五年。

在本書最後
你將會看到十堂視訊的課程

RDTV富爸爸電視台
提供真正的財商教育

喚醒自我的財商天分
專門為你而製作的十堂視訊課程

「財富和收入的不均，是當代最嚴重的道德議題。」

——伯尼．桑德斯（Bernie Sanders，推崇社會主義的佛蒙特州參議員，以民主黨人身分參與角逐二〇一六年總統提名）

現今社會中，有錢人和一般人之間的差距越拉越大，這不但是一場道德上的危機，同時也是社會上一顆不定時的炸彈。

伯尼．桑德斯相信要「授人以魚」（拿魚給別人吃），而唐納．川普和我卻是堅信應該要「授人以漁」（教別人如何釣魚）。

雖然伯尼．桑德斯和我們在政治上各自擁有不同的立場，但是我們卻對問題的根源抱持著同樣的看法。

我們之間的差異只在於如何

兩種截然不同的觀點……以及兩種解決方案

美國參議員 伯尼．桑德斯　　美國總統 唐納．川普

解決這個日漸惡化的社會問題。

本書或許不適合給認為應該直接拿魚給別人吃的人來閱讀，然而，如果你也相信應該要教別人如何釣魚，那麼本書或許能符合你的閱讀口味。

本書專為教育工作者和各位家長們而寫——

告訴你，為什麼不需要錢，就能發達致富！

史丹福大學同意富爸爸所說的話，而非窮爸爸的觀點。

我在九歲的時候，就學到了史丹福大學教授婷納．希莉格（Tina Seelig）希望在二十歲就能學會的事情！

因此，在此呼籲各位教育工作者和家長們，請你們務必閱讀這本書。

本書採行和富爸爸集團針對創業家的相同教育方式，能對想要創業的學生提供很大的幫助。

富爸爸在我九歲的時候就拒絕付錢給我。他說：「如果我付錢給你，那麼你將培養出上班族的思考方式。我想要你培養出創業家的思維模式。」

他想表達的重點是：有錢人從不為錢工作。

參考書籍：《真希望我二十歲就懂的事》（*What I wish I knew When I Was 20*）／婷納．希莉格（Tina Seelig）著

在你閱讀本書之前，先帶你了解——關於本書正文以外的「贈禮」部分

在本書前半部和後半部的內容中，都安排了一些有如「贈禮」的部分。贈送這些文字禮物給讀者的目的，是想要幫助讀者確實瞭解本書的宗旨，並強化理解閱讀本書之後的收穫。

我們都熟悉「精神錯亂」（insanity）的定義：「一直不斷地重複同樣的做法，卻期待會有不同的結果發生。」

因此本書增加了這些部分，目的就是要鼓勵讀者徹底瞭解本書所闡述的內容，並且，現在立即採取行動！

這些金玉良言，是否已經過時？

好好上學唸書，
找份好工作，
存錢儲蓄，
清償所有的債務，
並且長期投資於股市之中……

這兩本書有何不同之處？

一九九七年[1]出版的《富爸爸，窮爸爸》一書

《富爸爸，窮爸爸》寫的是財商教育中相當於小學等級的基礎觀念。藉著財商教育就能培養財務方面的各種知識：讓人能瞭解和金錢相關的名詞與數字。

財商教育中，最重要的詞彙是「現金流」。下圖說明了為什麼窮人和中產階級會越來越貧窮的主因。由於缺乏財商教育，窮人和中產階級無法掌控自己的現金流（參照圖中箭頭的走向），他們的財富不斷的流入政府、銀行、和華爾街的口袋之中。

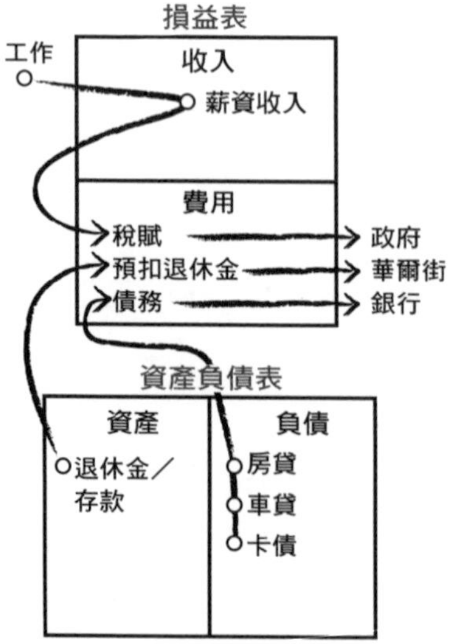

1 編註：此為原書初版出版年份。本書中其餘提及《富爸爸，窮爸爸》出版年份處皆同。

二〇一九年出版的《富爸爸，有錢人為什麼越來越有錢？》一書

有錢人之所以會越來越有錢的原因之一，就是因為有錢人對自己的現金流擁有更強大的控制權。

如左下圖箭頭所示，有錢人會合法利用他們的稅金來增加自己的資產——而不是讓這些錢流到政府之中。與其拿出自己所賺到的錢來累積資產，有錢人會善用負債，亦即銀行的錢來購買資產。

與其將自己的退休金雙手奉送給華爾街，有錢人寧可將這些錢拿去再投資，來累積更多的資產。

想要做到這點就必須接受真正的財商教育，而本書的重點就是提供你正確的財商教育。《富爸爸，有錢人為什麼越來越有錢？》寫的就是富爸爸財商教育中，相當於研究生等級的觀念與辦法。

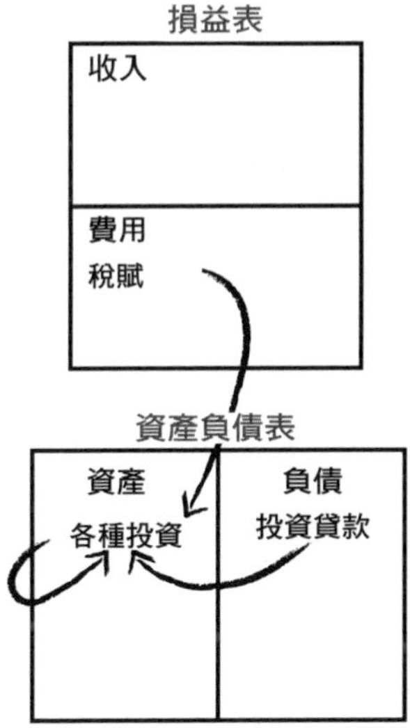

上學唸書為什麼已經是個過時的觀念？學校有沒有教過你有關於金錢的事物？

來談談資本主義、共產主義以及教育主義

學校是否教過你有關於金錢的事物？

對於絕大部分的人來說，答案是「不多」。即便有的話，大多也是「好好上學唸書，找份好工作，存錢儲蓄，還清所有的負債，並且長期投資於股市之中」等等。在工業時代中或許這些建議是有其存在的價值，但是在當今的資訊時代中，這些都已經成為過時的建議了。

全球化的來臨意味著藍領階級的高薪工作不復存在。這些工作機會都已經移轉至中國、印度、墨西哥等國……。

而人工智慧機器人的崛起也意味著白領階級的高薪工作即將消失。

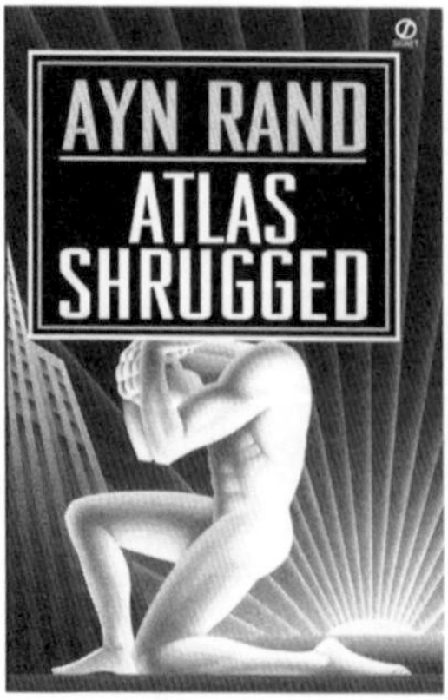

《阿特拉斯聳聳肩》英文版封面

《共產黨宣言》英文版封面

人工智慧機器人的崛起

如今就算工作沒有外移，機器人和人工智慧等新科技也會取代原本的人力。就算是受過高等教育的醫生、律師和會計師等都一樣在劫難逃，一樣都會成為人工智慧取代的對象。愛迪達公司（Adidas）最近宣布即將在德國和美國進行擴廠量產，來取代原本位於中國和越南的工廠。而蘋果電腦（Apple）最主要的代工廠商鴻海企業（Foxconn）最近也宣布下了一百萬台機器人的訂單，準備用來取代該公司旗下的三百萬名員工。

如今全球各地剛剛從學校畢業的學生們，有很多都背負著鉅額的助學貸款（而這種貸款是所有貸款種類中最惡質的一種），更糟的是，這些畢業生根本找不到傳說中的高薪工作來幫助他們攤還這些債務。

機器人完全不需要任何工資，也不會要求加薪，它們工作的時數不但遠遠比人來得長久，也完全不需要放假或休息。它們也不需要任何醫療保險或是退休金的安排等等。

存錢儲蓄的都是輸家

在很久很久以前的一九七〇年代，一個擁有一百萬美元存款的人，可以藉著15％的利息來獲得一年十五萬美元的收益。當時的確可以靠著這十五萬美元來支應一年的生活所需。如今一百萬美元或許可以談到1.5％的利息，也就是每年可以獲得一萬五千美元的利息，但這對一個百萬富翁來說，根本就不夠用。因此才會說，至今還在堅持存錢儲蓄的人們，最後都會變成為最大的輸家。

你的自有住宅並非一項資產

將近有一千多萬名的屋主，在二〇〇八年間都切身體會到當房市發生崩盤，造成房價遠低於他們當初購屋的貸款金額時，自有住宅根本不能算是一項資產。

擁有一棟豪宅（McMansions）曾經是戰後嬰兒潮世代們的驕傲，如今這些豪宅卻成為房市當中的燙手山芋。這些戰後嬰兒潮世代們的二代或三代子孫，甚至千禧世代的人們，根本無力負擔——有的人根本不想要擁有——這些祖先們留給他們所謂的「最大遺產」。

隨著不動產稅率逐年提高，這些豪宅的價格必定會逐年下跌。現代人們在考慮置產時，小而美且使用率大的房屋，遠遠會比那些大而不當的豪宅更具有吸引力。

房地產的價格完全跟就業機會息息相關。而機器人是不用買房子來住的，這些機器人每天二十四小時不間斷、永遠駐紮在工廠的生產線上。

生日快樂

二十年前《富爸爸，窮爸爸》一書於一九九七年四月八日，也就是我五十歲生日時出版的。我們之所以選擇要自行出版，是因為當時所有的大型出版社總編的想法都跟我的窮爸爸雷同，雖然這些人都受過高等的教育，但並沒有具備正確的財商教育。

富爸爸在書中所揭露的財商教育內容，深深震撼著這些學術派編輯們自身對於金錢的信念……而我們都知道人們都會習慣於死守著自己所抱持的信念，哪怕是已經遠遠過時的信念也一樣。

二十年後的今天，回頭再看該書中富爸爸的教導，不但一一獲得了驗證，而且還遠比當時想像的嚴重了許多。如今隨著存款利率接近於零的水準，任何靠著儲蓄利息生活的人們，加上以機器人取代人力的趨勢，人們將過著比以往更加辛苦的日子。但是，有些父母仍然還在灌輸孩子們過時陳舊的作法：「好好上學唸書，找份高薪的工作，然後存錢儲蓄」，這樣的理財建議。

經濟學並非財商教育

學術派的人們為了捍衛自己缺乏財商教育的事實，經常會利用「我在大學修過經濟學」，或者「我孩子就讀學校的經濟學課程很有名」等等的話來回應。而有些喜歡賣弄學識的知識分子也會抬出一些諸如約翰．梅納德．凱因斯（John Maynard Keynes）、米爾頓．傅利曼（Milton Friedman）、路德維希．馮．米塞斯（Ludwig von Mises）、或者弗里德里希．海耶克（Friederich Hayek）等知名經濟學家的名號。或許這些人的經濟理論在五十年前有些道理，但如今他們的理論可謂漏洞百出而且搖搖欲墜。

經濟哲學家

與其聽信學術派經濟學家的言論，我寧可參考另外兩位深具影響力的經濟哲學家作品：卡爾・馬克思的《共產黨宣言》（*The Communist Manifesto*）一書，以及艾茵・蘭德的《阿特拉斯聳聳肩》（*Atlas Shrugged*）。

艾茵・蘭德（Ayn Rand）

艾茵・蘭德於一九〇五年出生於俄羅斯的聖彼得堡，並且在青少年期間切身體會到當年蘇聯的紅色革命。當時執政的布爾維什克黨沒收了她父親辛苦一輩子所建立起的事業。後來她於一九二六年移民來到了美國的紐約市。由於她親身體驗過共產主義以及資本主義兩種截然不同的社會制度，因此她對這兩種主義所抱持的觀點都非常精闢與犀利。她經常批判西方世界活在象牙塔裡的經濟學家，以及那些與現實脫節的學術派學者。她說：「人們可以選擇逃避現實……但無法避免拒絕承認現實後所帶來的苦果。」

蘭德心目中的英雄，就是勇於向侵吞實際從事生產勞動民眾果實的三種人——寄生蠶食者（parasites）、取巧掠奪者（looters）、不勞而獲者（moochers）——持續不斷地對抗的人。事實上就是這三種人們，擁護倡議高所得稅率、大而不當的工會組織、龐大的公共支出，還會進一步要求政府干預民生、制訂眾多法規，甚至還想要決定眾人收入應該要如何進行分配等。

從蘭德的觀點來看，「巧取豪奪者」就是那些會沒收他人所得，同時含蓄的用武力恫嚇他們——也就是「槍桿子出政權」的政府官僚和公職人員等。他們藉著武力來掠奪其他人從事「實際生產」或者「辛苦掙來」的成果。

「不勞而獲者」就是無法創造實際價值的人們。既然他們沒有任何產出，因此他們竭盡心機欺騙其他人，要求生產者來提供自己想要獲得的收入。藉著「這是必須的」的名義，他們剽竊生產者的勞動成果來中飽私囊。不勞而獲者同時針對實際生產者所擁有的本事感到眼紅，他們會喋喋不休的強調自己是「道德正義的一方」，但同時進行「合法沒收他人勞動果實」之實。

大家都清楚知道這個世界充滿了各種不事生產，還自詡為「道德正義的一方」、「社會地位與眾不同」、「我們是來幫助大家變得更好」的各種不勞而獲者、巧取豪奪者以及寄生蠶食者。

就如同蘭德的書名所示，《阿特拉斯聳聳肩》這本書不禁讓人們思索玩味：「萬一有一天全球的生產者聳聳肩膀雙手一攤，不再從事任何生產與製造，選擇隱居起來的時候，這個世界將會發生什麼樣的變化？」

該書於一九五七年出版時，一開始飽受眾人的抨擊與批評，但隨著時間的流逝，該書反而成為必讀的經典書籍之一。無數的讀者給該書的評價是：「這本書是我這一輩子所閱讀過，僅次於聖經最重要的一本書。」

卡爾・馬克思（Karl Marx）

馬克思於一八一八年在普魯士誕生，也就是當今的德國地區。他是世界著名的社會主義學家以及革命家，他的著作深深地影響著近代許多革命家的思想。例如佛拉迪米爾・列寧（Vladimir Lenin）、毛澤東、斐代爾・卡斯楚（Fidel Castro）、烏戈・查維茲（Hugo Chavez）、以及切・格瓦拉（Che Guevara）等。

馬克斯最為人所知的名言之一是：「統治階級將會因為共產主義的革命而戰慄恐懼不已。窮得只剩下枷鎖的無產階級沒有什麼好損失的，若放手一搏或許還可以贏得整個世界。全世界的生產勞工們，一同奮起吧！」

由於馬克思所抱持的社會主義觀點是這麼偏激，因此他被迫離開歐洲，最後定居於英國的倫敦。接著他找了一份工作，也就是替《紐約先驅論壇報》（*New York Tribune*）從事撰稿來維生。結果因為這份工作，無意中發現他所寫的有關於奴隸制度、階級鬥爭以及階級意識抬頭等等論點，在美國大受讀者的歡迎。

階級鬥爭

簡單來說，馬克思把階級鬥爭定義成「統治階級」、「中產階級」以及「無產階級」三者之間的矛盾與衝突。他對這三個階級的定義如下。

統治階級（Aristocracy）：一群藉著繼承龐大財富、擁有特權或頭銜等等的人們，諸如皇家血統等。

中產階級（Bourgeois）：專門用來形容一般中等收入的民眾而言。當一個人對你說「這根本是中產階級的想法」這句話時，本質上是一種侮辱，代表對方認為你抱持著中產階級所擁有的狹隘觀念。

馬克思書中所形容的中產階級，就是那些終日忙碌滿足物質上的慾望，但缺乏動機和野心，成天待在自己的舒適圈安逸享樂的那些民眾。

無產階級（Proletariat）：指一群靠著工資收入，不擁有任何生產資本或生產工具的人們；那些出賣自己勞力來糊口的人們；社會上收入最低的一群民眾。

統治階級

在農業時代，所謂的統治階級就是那些擁有土地的國王與皇后們。賤農這個詞彙源自於法文的 pays 和 sants ——代表不擁有土地，但是卻要在這片土地上流血流汗的人們。而不動產這個名詞源自於西班牙文，亦即皇室的產業。

在工業時代所謂的統治階級，就是諸如亨利．福特（Henry Ford）、約翰．洛克菲勒（John D. Rockefeller）以及摩根（J.P. Morgan）等等這些工業鉅子。福特生產汽車，洛克斐勒提供了石油，而摩根則是提供資金。

如今的資訊時代裡，新的統治階級就是那些一手掌控網路空間的科技新貴，例如蘋果的創始人史蒂夫．賈伯斯（Steve Jobs）、亞馬遜的創始人傑夫．貝佐斯（Jeff Bezos），以及Google的創始人賽吉．布林（Sergey Brin）和賴利．佩吉（Larry Page）等。

在農業時代，有錢的人們被稱為統治階級，如今，這些有錢人被稱之為資本家。

上學唸書然後找份好工作

當父母教導孩子「好好上學唸書才能找到好工作」時，他們是在建議孩子要成為一個無產階級，也就是一個出賣自己勞力來換取金錢的人。因為生產資本與生產工具，並非由那些上班的員工所擁有。

如果孩子將來找到了一份高薪的工作，那麼他們就會加入中產階級的行列——快樂的掉入追逐各種物質享受的陷阱，例如貸款上大學、購買自有住宅或汽車、致力於生活上的舒適，並且努力跟上社會的一般生活標準。當他們開車經過貧民窟時，都會對此視而不見，並且確保自己的孩子絕對不跟那種人的孩子為伍。絕大部分的中產階級都擁有高薪的工作，大多數都是例如醫生、律師以及中小企業老闆等的自由業者。但實際上他們並不擁有任何不動產或從事實際生產的生產工具，這些人仍然是在為錢而工作。

有錢人從不為錢工作

《富爸爸，窮爸爸》一書中，富爸爸的第一個教訓就是教我們：「有錢人從不為錢工作。」每當我問讀者：「富爸爸教我們的第一個教訓是什麼？」絕大部分的讀者都回答不出來。我相信這是從小被制約要「好好上學然後找份好工作」的原因使然。因為他們並沒有接受過如何創造出生產資本與生產工具的訓練，換句話說，我們當前的教育體系不斷地在訓練學生成為無產階級或中產階級，而非那些擁有土地、事業以及資本等等的資本家。

難怪社會上有著成千上萬像我窮爸爸那樣的民眾——即便是受過高等教育、獲得有保障的工作，同時深信自己確實在幫助別人改善生活的人們——實際上這些人卻完全在仰賴政府提供他們工作職位、薪資收入，以及將來所需的退休金等等。很不幸的，很多這類的人都無法靠自己提供未來生活所需。

我的爸爸是一位非常善良的人，他在一九七〇年和他原本的民主黨上司出馬角逐夏威夷州副州長的職位。在父親競選失敗後，新當選的州長誓言要讓擁有教育博士頭銜的父親，永遠無法出任該州的公職職位。因此當父親過世的時候是處於失業的狀態並且身無分文……雖然他有工作的意願，卻無法找到工作機會。雖然他受過高等教育，但是不擁有任何生產工具或生產資本，而他一生卻不斷地教導成千上萬的學生也應該要用他這種方式來賺錢。

難怪除了美國之外，全球各地都爆發了各種不滿現狀的階級鬥爭現象。

這也難怪為什麼伯尼．桑德斯於二〇一六年競選美國總統提名時曾經說過：「當全國0.1％的人們擁有90％的財富時，我們的社會體制從根本上已經有著非常嚴重的問題。」

簡單來說，全球當前所面臨的金融危機源自於學校教育。雖然美國每年在教育體系上投入數百億的經費，但是有錢人和一般人之間的鴻溝卻是越來越嚴重。

就如卡爾．馬克思所寫：

「窮得只剩下枷鎖的無產階級沒有什麼好損失的，若放手一搏或許還可以贏得整個世界。全世界的生產勞工們，一同奮起吧！」

就如艾茵．蘭德所說：

「人們可以選擇逃避現實……但無法避免拒絕承認現實後所帶來的苦果。」

往後若聽到有人灌輸孩子們「好好上學唸書才會找到好工作」這種觀念時，請好好思索這兩位名人所講的話。

（引用自提供給 ***Jetset*** 雜誌的短文）

「有保障的工作」（鐵飯碗）為什麼已經是一種過時的觀念

全球化剝奪了絕大部分藍領階級的工作機會。

接下來的人工智慧機器人，將會搶走所有白領階級的工作。

「如今收入不均的現象已經凌駕了一九二九年的水準。

當一九五〇年代生產效率大幅提高的時候，

大部份勞動結果確實流回到了實際生產者的口袋之中；

然而當今絕大部分的勞動所得，

幾乎都被企業主和資本家所獨享。」

——馬丁・福特（Martin Ford）

《被科技威脅的未來》（*Rise of the Robots*）

「長期投資於股票市場」為什麼已經是一種過時的觀念

「當今最具威脅的，卻是那些深藏於股票期貨證交所交易系統當中，
隱藏潛伏的攻擊性病毒。」

「二〇一〇年在納斯達克的股票交易系統中，
發現了一個由蘇聯軍事情報單位所埋下的攻擊性病毒。
如今該病毒雖然已被解除了，
但沒有人知道在全球各國交易系統當中，
還有多少個仍然潛伏不為人知的攻擊性病毒存在。」

「這些病毒可以完全抹除所有的交易記錄，而且完全不留痕跡。
如果利用病毒來進行惡意的攻擊性手段，
那麼這些病毒甚至可以憑空創造出——

例如蘋果電腦或亞馬遜等企業股票的大量賣單，來狙擊市場上眾多人持有股票的股價。」

——詹姆斯・瑞卡茲（James Richards）

《下一波全球金融危機》（*The Road To Ruin*）

民主之死

「從本質上來看，民族制度永遠只是人類社會裡的短暫現象；這個制度無法長久以政府的形式存在。

「民主制度只能維持到某個時點，也就是當選民們發現他們可以藉著投票的機制來掠奪公共部門的財富為止。」

「從那一刻起，絕大多數的選民就會把票投給那些願意動用公共財富來回饋給選民最優渥福利的候選人，這樣毫無節制的財政開支終究會導致民主主義的瓦解，而且通常接踵而至的就是獨裁專制的誕生。」

到底誰才是抱持著「理所應得」的心態？
讓我們一起來譴責這個仰賴社會體系的米蟲！
接受社會福利制度保障的民眾
工作一輩子並從薪水當中預扣退休金，退休後每年只能依靠 14000 美元來過活。
美國國會議員的特殊禮遇
享有免費的醫療健保，巨額的退休金，每年還有 67 天的給薪休假以及無上限的病假日數等福利。

「根據歷史記載，偉大的文明通常歷時兩百年左右。這些文明在這兩百年間，都按照下列的步驟來演進：

1. 因為束縛管制而產生精神上的信仰
2. 精神上的信仰生出巨大的勇氣
3. 因為勇氣而開始追逐自由
4. 自由的風氣帶來了富足的社會
5. 富足的社會開始產生自私自利的心態
6. 由於自私自利的心態開始演變成麻木不仁
7. 因為麻木不仁開始仰賴他人的領導
8. 因為完全仰賴他人的領導，社會再次回歸到被束縛管制的狀況」

——小亨寧．韋博．普倫蒂斯（Henning Webb Prentis, Jr.）

《對於能力看待的方式》（*The Cult of Competency*，1943，暫譯）

說真的……到底什麼才是真正的財商教育？

很明顯的，財商教育是一門非常廣泛的課程，遠遠超乎任何一本書籍所能涵蓋的範圍。因此遵從富爸爸傳統的精神，我會盡可能維持KISS的原則——也就是「運用超級簡易的方式」（Keep it Super Simple）——來跟各位說明。

真正的財商教育可以分成兩大區塊，分別為「財務素養」以及「財務智商」兩大部分。

1. 財務素養——可以閱讀並且瞭解金錢語言的能力

在《富爸爸，窮爸爸》一書中，關於金錢的兩個重要詞彙分別是資產和負債。就如該書中所說，一般民眾之所以會在財務上面臨困難，是因為他們錯把負債當成資產來看待。舉例來說，他們會把自有住宅和自用汽車當成一項資產，但這兩者實際上卻都屬於一種負債。

金錢世界裡最重要的詞彙：現金流

在金錢的語言中，最重要的名詞就是現金流。就如《富爸爸，窮爸爸》一書中所說，資產就是能把錢放到自己口袋裡的事物；而負債則是會把錢從自己口袋中拿走的事物。

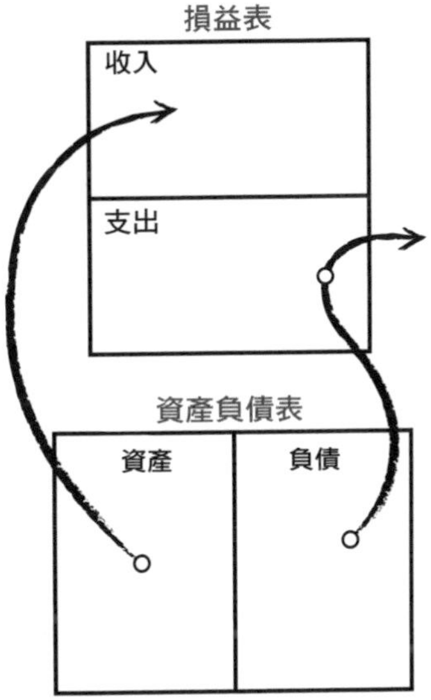

2. 財務智商——能解決財務問題的能力

根據最近的調查發現，一般美國家庭完全沒有能力負擔四百美金的意外支出。也就是一般美國民眾的財務智商還不到四百美元的水準。

而像川普總統這種人則是擁有極高的財務智商，若以金錢數字來衡量，那麼他擁以百萬為單位的財務智商。將來當他卸任回歸百姓的生活時，如果哪一天他忽然多出兩千五百萬美元的意外支出，他只要簡單的開張個人支票即可。不知道伯尼．桑德斯個人能開出多大面額的支票？

請問你的財務智商有多高？如果今天發生意外急需一筆額外支出，你可以拿出多少錢來支應？

最高水準的財務智商

企業家之所以會越來越有錢的原因，是因為他們擁有極高的財務智商。透過本書，你將學會那些非常聰明的有錢人們，是如何利用債務（對很多人來說是一種負債）來購買資產。你也同時會懂得那些擁有極高財務智商的人們，是如何利原本需要繳納的稅金（一般人只能把這些錢乖乖繳交給政府），來購買屬於自己的資產。

如果《富爸爸，窮爸爸》一書是屬於小學程度的財商教育，那麼本書則是屬於研究所等級的教材。

富爸爸電視台RDTV

作為本書的補充教材，富爸爸電視台RDTV提供了十堂財商教育的相關課程。就像是TED演講一般，藉著看電視的方式，你將學會如何增進自己的財務素養以及提高自己財務智商的方法，並且像有錢人一樣利用負債和稅賦來讓自己變得越來越有錢。

所有的富翁並非生而平等

確實有許多人立志想要成為百萬富翁，但是並非所有的百萬富翁都是一樣的。有些百萬富翁就是遠遠比其他富翁還來得更加富有。

阿蓮納．賽繆思（Alana Semuels）最近於Atlantic.com這個網站，以「嚴重貧富不均的狀況是無法和美國夢相容的」的標題報導了她近年來的研究結果。這篇新研究以數字的方式，指出了多年來許多千禧世代人們親身體驗到的社會狀況。

「該研究以各種數據來表達民眾多年來親身體會的社會現象：亦即靠著努力改善自身的經濟狀況，並且還能賺到比父母更多財富的美國夢——這種機會隨著每過十年期間就會大幅降低。

「於一九四〇出生的民眾到達三十歲的時候，擁有92％的機會賺到比父母更多的財富。而相對來說，那些於一九八〇年之後出生的人們在三十歲的時候，達成同樣條件的機率卻降到了50％的水準。

「根據作者的研究，現在三十幾歲的人們之所以面臨比父母當年更艱困的狀況，原因有二。首先是整體國民生產總值從一九五〇年代之後就逐年下滑。以前每季經濟成長的速度大約是5％左右，意思就是整體經濟這塊大餅，其成長的速度遠比以往來得更加遲緩，因此能分配給每個年輕人的分量也就越變越少。其次是在分配總體財富增加的部分時卻是越來越不平均，尤其位於金字塔頂端的人們比之前享受著更優渥的報酬。反之，位於金字塔底部的民眾，就沒有辦法分到像之前一樣多的財富。加上薪資水準又一直維持不變，因此他們只能勉強維持跟父母一樣（甚至還更低）的生活水準。

「從總體薪資來看，收入在底部50％的民眾每年平均只能賺到一萬六千美金，而位於前1％的民眾，稅後的平均收入卻高達一百三十萬美元。」

換句話說，目前的社會狀況就是窮人一直維持貧窮的狀態，而富人卻越來越有錢，因此才說美國夢已經正式宣告死亡，尤其是對那些還要堅持用上學唸書來獲得高薪工作的人們而言，更是如此。如果接受真正的財商教育，就算是在當今經濟低迷的情況下，一個具備野心的人一樣也可以擁有眾多途徑來成為一位百萬富翁。

百萬富翁的種類

百萬富翁分為好幾種，以下舉幾種不同的例子。

擁有百萬年薪的上班族。一個剛從大學畢業的社會新鮮人，想要獲得百萬美元年薪工作的機率近乎於零，哪怕是從哈佛或史丹福大學等名校畢業也一樣。對大部分的人來說，需要經過多年的奮鬥才能爬到企業高層的位置。一個擁有百萬年薪的人，稅後大概可以保留六十萬美元左右的收入。

百萬年薪的明星球員。如果你是一位非常傑出的運動員，那麼你有機會在短短幾年之內爭取到超過百萬美元年薪的機會。但是有65％的職業運動員在退休的五年之內宣告破產。一個缺乏財商教育的職業運動選手，只不過是職業隊伍所聘僱的員工，稅後大概只能保留四十萬美元左右的收入。

年收入超過百萬美元的電影明星或搖滾巨星。跟前面一樣，想要成為這種人的機率更加渺茫。他們整個人生的未來完全取決於粉絲們的熱情。由於缺乏正確的財商教育，這些年收入破百萬美元的巨星，稅後大概也只能留下三十到四十萬美元左右的收入。

年收入超過百萬美元的創業家。機率跟前項一樣並不樂觀。當考慮所有投入的總時數，以及所做出的各種犧牲後，許多中小企業老闆所賺到的實質收入，遠比自己所聘雇的員工還來得低許多。如果缺乏正確的財商教育，這些中小企業的老闆稅後也只能保留三十萬美元的收入。

財商教育

真正的財商教育可以弭平貧富之間的差距。選擇這條坎坷崎嶇的途徑並不輕鬆，而且想要獲得百萬美元的年收入也並非易事。但是正確的財商教育，可以讓人們更加掌握自己未來的財務狀況。換句話說，真正的財商教育可以讓人們重新掌握自己財富的未來。

我就是屬於這類的人。對我而言，想要在大企業裡出人頭地成為公司的總裁，或者成為職業運動員，或成為電影和搖滾巨星，或者成為創業家，機會非常渺茫。但是，藉著富爸爸當年給我的財商教育，讓我擁有確實掌握自己的財務命運的能力。

當我還是小孩的時候，富爸爸鼓勵我追逐屬於自己的夢想，也就是成為一位百萬富翁。他同時也跟我解釋，有數種不同的方式能實現成為百萬富翁的夢想。

你是否想成為一個擁有百萬年薪的上班族？選擇成為百萬年薪上班族這種作法的問題在於稅制，因為將近會有40％的收入跑到政府的口袋之中。

你是否想要成為擁有百萬身價的富翁？這就意味著你必須要計算你所擁有的個人資產，這包括你的房屋、汽車、存款儲蓄、退休金等，然後再扣除所有負債來計算資產的總值。當今宣稱自己已經成為百萬富翁的人們，幾乎都屬於這類的富翁。但事實上這些擁有百萬身價的富翁，其年收入還不到十五萬美元的水準。

你是否想要成為一個資本利得的百萬富翁？這種作法就是出售你所擁有的各項資產，並從中獲得百萬美元以上的價差，只是這麼做的同時，你也得繳納資本利得所得稅。依賴這種收入的最大問題在於稅賦，一般來說，資本利得所得稅稅率在10％到20％的水準。更大的問題在於出售資產來賺取資本利得收益的同時，你也不得不降低自己原本所擁有的身價。

你是否想要成為擁有百萬現金流的富翁？這些人們藉著從資產產生現金流的方式來獲得百萬的年收入，這麼做的優點在於不用出售自己手上的資產，而且，這些現金流百萬富翁對自己所繳的稅金和財務的未來擁有最大的主控權。

你是否想要成為一個藉著嫁娶有錢人，或繼承遺產，或中樂透彩的幸運型百萬富翁？我只能祝你好運了。為了錢結婚的代價很可能就是要出賣自己的靈魂。我很好奇你認為自己的靈魂值多少錢？

美國夢已死

對很多人來說，所謂的美國夢已經夢碎了；特別是對那些仍然堅信要上學唸書，找一份好工作，存錢儲蓄，然後長期投資自己退休金帳戶的人們而言更是如此。

但是想要成為百萬富翁的夢想仍然健在，而且日益活躍。只要有人願意投資自己獲得真正的財商教育，就能實現夢想，這也就是我寫這本書的用意。

在我小時候，富爸爸經常跟我們一起玩地產大亨這款遊戲，我在那個年紀就很清楚知道，我將來想要成為一個擁有百萬現金流的富翁。我知道只需要四幢綠色房屋就能換到一棟紅色的旅館，而且這麼做就能同時增加我擁有的現金流以及身價。成為一位擁有百萬現金流的富翁得以讓我利用負債來投資，合法繳納更少的稅賦，也完全用不著出售自己所擁有的資產（當然也就不用降低自己的身價）。

請問你會想要怎麼做？你想要成為哪一種百萬富翁？

目錄
contents

羅勃特的話

湯姆・惠萊特有什麼不同之處？

如果你是一位上班族，你應該用不著花錢聘請一位註冊會計師（Certified Public Accountant，簡稱為CPA）。從繳稅的觀點來看，註冊會計師能對上班族所產生的幫助是極為有限的。註冊會計師們之間有所謂聰明伶俐或者是愚蠢無能的人，也有勇敢進取或者膽小怕事的人等等。湯姆是一位既聰明伶俐，同時又勇敢進取的註冊會計師。如果你想要成為一位百萬富翁，那麼你就得找到像湯姆這麼優質的註冊會計師。

湯姆很早就以會計為職志，青少年時就擔任他父親印刷廠裡應收帳款部門的員工。高中畢業後，湯姆服膺摩門教的要求，遠渡重洋到法國巴黎當傳教士。駐外傳教的九個月期間，他不但學習到領導眾人的本事，同時還兼任法國摩門教會的財務長，負責法國北部一百七十五位摩門傳教士們的財務報表。

在完成教會的使命後，湯姆進入猶大州的州立大學就讀，獲得會計學士學位，並輔修法文。畢業後他同時替兩家不同的會計師事務所工作：在一間事務所裡擔任簿記員，同時幫另一間事務所準備客戶的報稅資料。後來湯姆申請德州奧斯汀大學繼續深造，專攻財稅這塊領域並獲得財會碩士學位。在德州大學攻讀碩士時，他同時也在當地的會計師事務所打工，替各種企業準備年度的報稅資料。

當他從德州大學畢業後，就進入位於猶他州鹽湖城、全美前八大會計師事務所之一的「恩斯特和惠尼」（Ernst & Whinney）事務所工作。兩年後他受邀加入了位於華盛頓特區的國稅部，並且在這個單位服務了三年。他的工作是要出差到全美國數千家會計師事務所，將關於企業、不動產、石油天然氣等相關產業的全新且複雜的稅制，教導給各地註冊會計師。

後來湯姆選擇離開華盛頓特區，外調到鳳凰城的國稅局分局兩年，並出任該辦事處不動產稅務的負責人。兩年後湯姆加入了一間屬於財星前五百大的皮那可資本公司（Pinnacle West Capital），出任該公司專任的財稅顧問。四年後被挖角進入了國際知名的資誠聯合會計師事務所（Price Waterhouse），成為該公司當地的州稅部門主任。

被挖角不久後，湯姆就決定自己出來執業。他一開始創業只擁有兩個客戶，但在短短五年之內，他的會計師事務所就成為鳳凰城前五十大會計師事務所之一。從那時開始，湯姆的公司「ProVision」成長為亞利桑那州前二十大的會計師事務所，該事務所的客戶遍布全球六大洲、三十多個國家、以及美國五十多個州。湯姆發明了眾多極有創意的節稅辦法，幫客戶們節省高達10％至40％，有時甚至更多的所得稅。湯姆是一個非常著名的講師，也替*The Tax Advisor*、*The Journal of Partnership Taxation*和*Accounting Today*等刊物執筆，同時也是《免稅的財富》（*Tax-Free Wealth*，暫譯）這本暢銷書的作者。

導讀

為什麼市場崩盤反而會讓羅勃特和金・清崎越來越富有？

我第一次遇見羅勃特和金・清崎是二〇〇二年一月份的事。在這之前一個月左右，我和合夥人安妮才剛剛併購了一間小規模的會計師事務所，清崎夫婦恰好是被併購事務所的客戶之一。當時我對他們的瞭解並不深。而我的好友喬治，恰巧於二〇〇一年十一月十日出任富爸爸集團的財務長，並告知了我這件事情。我另外一位好友肯恩，也剛好是被併購事務所的客戶之一，因此我也從他口中聽到一些有關於清崎這對夫婦的狀況。

但一直要到多年之後，我才真正體會到羅勃特和金在財務方面的天分。這對夫婦並非靠著寫了一本暢銷書就賺大錢的。他們是一對與眾不同的夫婦，凡事都要求自己身體力行，親自做到了之後才拿出來和別人分享。他們並非看了某本書中的道理後就搬弄給別人聽。他們所教導的內容都是他們扎扎實實的人生經驗。他們身體力行地實踐了那些讓有錢人越來越有錢的本事，並且也已經躋身於有錢人的行列，卻沒有失去自己原本的初衷。

羅勃特和金獲得成功最大的本事，並非他們知道一些鮮為人知的致富方法，也不是因為他們是全球唯一在教導別人如何致富的作者和講師。他們像魔法般的本事，是源自於他們親自實踐並且做到了他們在書中所教的內容。書中描述的幾乎是他們每天日常生活的寫照。我之所以會對他們這麼清楚，因為他們是我長達十五年之久的客戶。我很清楚看到他們是如何賺到大錢的，我也同時看到他們是如何賠錢的，但我從未看過他們從事一些違背他們價值觀的事物，也沒見過他們教導別人他們自己尚未做到的事情。

這種發自於真心，表裡如一的精神，正是這樣的精神深深吸引了我，相信這也是其他眾多粉絲支持富爸爸這個品牌的原因。我也有幸能跟他們一起造訪世界各地，例如歐洲、亞洲、非洲、澳洲，南美洲，以及美國國內各州及加拿大等地方。

我們曾經在愛沙尼亞、波蘭、莫斯科、基輔，雪梨、墨爾本、約翰尼斯堡、阿拉木圖，比什凱克、赫爾辛基、倫敦、東京、和上海各地進行演講。我也看到他們非常客氣的對待任何在路上攔下他們，希望跟他們合影或要求簽名的粉絲。我還記得在基輔機場通關時，有一位年輕人希望能獲得羅勃特的親筆簽名，結果他得到的不只是簽名而已，這位年輕人還得到了跟羅勃特自拍的機會。我也記得在莫斯科時，有一位老婦人在路上攔住了清崎，說她會飛去羅馬參加富爸爸所辦的課程，而清崎全程都靜靜地、誠懇專注地聆聽這位老太太敘述她人生的故事。

本書是羅勃特和金一路走來，他們創業致富故事的最高潮。他們成功的故事的確讓人望其項背。而讓人著迷不已的，卻是該故事的簡單樸實之處。有人教了羅勃特一些和財務相關的基礎知識，然後他和另一半勤勉實踐這些知識，並且獲得了巨大的成功。這則故事是一個買低賣高的故事。這是一則有關於接受財商教育，然後為市場崩跌做好充分準備的故事。這則故事也是敘述一個不管面對什麼樣的逆境都要堅忍不拔，同時也要勇於面對他人所不敢探討的真相。

羅勃特和金的故事要從他們第一次約會開始說起。當時羅勃特問金，她這一輩子想要從人生獲得些什麼？金一開始有點被嚇到了，因為才第一次約會就被問到這麼深入且嚴肅的問題。但她仍認真回答，說她想要擁有屬於自己的事業。她不想要成為別人的員工，因為她已經這麼做過但並沒有獲得想像中的成功。她認為自己應該擁有創業家的特質。而她當時根本不知道她這個決定，有如預言一般的大大改變了她的人生。

接著在他們倆約會的週年紀念日（抑或是她的生日？），羅勃特給了一個非常不一樣的禮物。他並沒有買鑽戒或是首飾，反而是幫金報名了一堂會計課程。羅勃特相信如果金認真想要在創業獲得成功，那麼她就必須懂得會計才行（我真心希望我所有的客戶也都能送給另一半這種禮物，幫忙報名一堂會計課程！）

羅勃特和金選擇踏上這一趟學習和金錢有關的旅程。羅勃特從他好友的父親，也就是他稱之為富爸爸的這位人士身上，學到了不少相關內容。

他接著也從他的良師益友巴克敏斯特・富勒（R. Buckminster Fuller）博士身上學到很多。但是他最大的學習，卻是來自於失敗的經驗——這才是人生中最偉大的導師。他的第一個事業（製造尼龍錢包）很迅速地獲得了成功，但是跟成功一樣，也迅速地化為烏有。他第二個事業是替搖滾演唱會製造各種擁有商標授權的相關產品，例如帽子、襯衫等等，結果獲得了比之前更巨大的成功，但後來也以更嚴重的失敗收場。第二次的失敗讓羅勃特背負了八十萬美元的巨額債務，也就是這個時候，他遇見了金。這麼一來我們就能清楚知道，金之所以會嫁給羅勃特絕對不會是因為錢的關係。

根據經驗，許多擁有巨大成功的創業家們，一樣也面臨過非常難堪的失敗。賈伯斯也失敗過——他還被自己一手創立的公司所開除。唐納・川普曾經背負高達八億美元的負債，而且當時的他根本沒有把握自己是否能東山再起。這些失敗給了創業家們難得的教育與經驗，也鍛鍊了他們堅強的心智，讓他們得以繼續努力向前進。

對羅勃特和金來說，這些經驗和教育是無價的。因此在一九八九以及一九九〇年間，亦即上個世紀股市大崩盤期間，他們已經為此做好了準備。他們已經研究過不動產和會計學，而且也從經商失敗中獲得了可貴的經驗。因此當美國爆發了所謂的儲貸銀行危機（Savings and Loans Crisis）後，他們早已為此做好了準備。

而他們也確實不客氣的採取了行動。他們用極低廉的價格買下很多的不動產。在短短幾年之後，他們從這些不動產獲得的收入，遠遠超過了他們日常的開支。以當時的情況來說，沒有人會把他們視為有錢人，但是他們確實已經獲得了財務上的自由。當時他們每個月的平均被動收入是一萬美元，而他們每個月的支出也不過才三千美元左右。因此，他們認為自己應該要教導別人他們是怎麼做到的。

接著他們在亞利桑那州貝斯比（Bisbee）小小的公寓內，創造了一款能教導別人如何學會有關於金錢知識的遊戲，而他們把這個遊戲命名為「現金流」。為了要推廣該遊戲，他們知道必須要為它寫一本簡介，而這個重責大任就落在羅勃特的肩膀上。當他開始寫下這一輩子從富爸爸和自身創業經驗中所學到的教訓，他發現只有八頁的遊戲簡介根本不夠用。因而到了最後，演變成了多達一百三十二頁的一本書……而他把該書命名為《富爸爸，窮爸爸》。

羅勃特和金第二次利用市場大跌的機會來致富，恰好是出版《富爸爸，窮爸爸》的時候。當他們打算於一九九七年出版這本書的時候，當時沒有任何出版社願意幫他們出版，因此羅勃特和金決定自行發行。後來該書被許多傳直銷業者當成推廣公司產品的輔助工具時，《富爸爸，窮爸爸》才開始引起眾人的注目。不過，一直要等到二〇〇〇年四月份的時候，歐普拉邀請羅勃特上節目之後，這本書才大紅起來。

當時網路的泡沫剛剛破滅，恰逢股市崩盤，因此出版該書的時機剛剛好。《富爸爸，窮爸爸》這本書高居《紐約時報》暢銷排行榜長達六年之久。這本書也確實大大引起了美國大眾，以及世界各地讀者的共鳴。隨著市場崩跌，數百萬的民眾失去了終生的積蓄，但羅勃特和金卻給了他們另一種投資與理財上的選擇，也就是一種可以重新掌握自己人生，金錢以及未來生活的方向。

羅勃特和金原本大可不必拋頭露臉，只要默默享受《富爸爸，窮爸爸》每年豐碩的版稅即可。但是這麼一來就違背了他們核心的價值觀，也無法達成他們想要提升全球人類財務水平的使命。因此他們決定要寫更多的書，教導更多的課程，接受更多的訪問……慷慨地分享他們一路上所學到的一切。

羅勃特於二〇〇二年寫了《經濟大預言：清崎與富爸爸的對話》（*Rich Dad's Prophecy*）這本書。在書中，他預言二〇一六年左右股市將會發生大崩盤，而在那之前會先有一規模較小的崩跌發生。他甚至在二〇〇五年受邀上CNN電視台，並且在實況轉播中大膽預測不動產市場即將崩盤。結果在二〇〇八至二〇〇九年間，股市、房市雙雙重挫，完全與羅勃特之前所預言的一樣。

羅勃特大可以打電話到CNN電視台表示：「我早就跟你們說了吧？」但他們夫婦反而是忙著親自實踐他們在書中教導別人的做法，也就是把握大跌的機會，趁機購買資產，他們趁著市場低迷的時候，買進了數千萬美元的不動產。如今他們擁有八千多件不動產，其中包含了各種公寓，旅館酒店以及高爾夫球場。他們之所以能擁有這些成就，是因為他們身體力行自己在書中所教導的原理，為市場崩跌做準備，因此才能牢牢把握各種隨時出現的致富機會。

本書的重點就是瞭解各種崩盤事件——如何為此做準備，如何看出機會所在，並且如何從中獲利。沒有人想要市場崩盤，因為當市場崩盤時，這對於許多窮人以及沒有受過財商教育的人們來說，將會是一場極度悲慘的事件。同理，世上沒有一個人能阻止崩盤這種事件的發生。市場之所以會崩盤，完全是因為政府不斷支撐著大量的股價於不墜。而這並非任何人所能掌控的，就連總統也無法阻止市場的崩跌。

對於即將面臨的市場大崩盤，到時候你做出的反應，以及你事前做了什麼樣的準備，將會大大決定你多年之後的財務狀況。這完全是你個人的選擇。你是否會藉著本書所教你的財商教育來為此做好準備？你是否會在崩盤發生時，採取正確的行動來從中獲利？唯有這麼做，才能最大化的降低下次崩盤時所造成的衝擊。絕大部分的人們，財務狀況將會因此而大受打擊，只有極少數的人會趁此機會成為億萬富翁。不知道塵埃落定之後，你面對的會是哪一種結果？

湯姆·惠萊特

CPA 與富爸爸顧問

暢銷書《免稅的財富》（*Tax-Free Wealth*，暫譯）作者

ProVison PLC 創始人

前言

很久很久以前……一個人只要好好上學唸書，找一份工作，認真工作，存錢儲蓄，購屋置產，清償負債，長期投資於股票市場之中，他就可以從此過著快樂的生活。

這篇童話故事已經結束了

有錢人和窮人以及中產階級之間，差距越拉越大的原因之一，就是上述這篇童話故事所造成的。簡單來說，任何相信這篇童話故事的人們，早已經跌入貧富差距這個巨大的鴻溝之中。那些堅信這篇童話故事的人們，如今在財務上大部分都已經陷入了困境。

二十年前

《富爸爸，窮爸爸》一書於一九九七年出版。當年選擇自行出版該書的理由，是因為所有的出版商都認為書中的內容完全沒有道理。我也相信，書中關於富爸爸所教我的二十幾項觀念，在二十年前，聽起來的確沒有什麼道理。二十年前我寫《富爸爸，窮爸爸》這本書的目的，就是想要警告大眾，如今社會正在面對的各種金融危機。二十年前我也因為在書中強調「你的自有住宅並不算是一項資產」，以及「存錢儲蓄的各個都是輸家」等觀念，結果飽受眾人嚴厲的抨擊。但是這一切現在都已經不一樣了。

或許你還記得二十年前，一九九七年美國股市正逢大多頭走勢，遍地都是工作機會，而當年度最暢銷的書籍是於一九九六年出版的《原來有錢人都這麼做》（*The Millionaire Next Door*，直譯「鄰家的百萬富翁」）一書。這本書的內容正是推崇完全遵守——「好好上學唸書，找份工作，存錢儲蓄，清償負債，然後從此過著快樂的生活」——這則童話故事裡的致富公式。簡單來說，一九九六年是個很容易致富的年代，幾乎所有的人個個都可以發大財。

這些鄰家的百萬富翁，個個都擁有大學文憑、高薪的工作，開著保守的車輛，擁有一幢價格不斷上漲的自有住宅，而他們的退休基金或者個人退休儲蓄帳戶裡的金額，都因為屢創新高的股市而水漲船高。前景看似一片光明。想要成為百萬富翁並非難事，人人都實現了所謂的美國夢。

一次警告

美國聯準會前主席亞蘭．葛林斯班（Alan Greenspan）於一九九六年發出「非理性的繁榮」（irrational exuberance）的警告，意思就是，當今的社會已經紙醉金迷，人人開始認為發達致富是一件輕鬆容易的事情。

接著，《富爸爸，窮爸爸》於一九九七年出版，其所強調的內容，恰好跟《原來有錢人都這麼做》互為硬幣的兩面，截然不同。我的富爸爸並不相信所謂的有保障的工作、存錢儲蓄、量入為出、開著保守的車輛、還清負債、或者在股市長期投資等等觀念。

結果世界發生了變化

接著二〇〇〇年爆發了所謂的網路泡沫化危機，接踵而至的九一一事件也讓我們切身體會所謂的恐怖主義並不是遠在異國的事情。二〇〇七年爆發了房地產泡沫化的危機，美國幾間最大的銀行於二〇〇八年相繼倒閉。在這期間，銀行利率也降到了接近零的水準，因此存錢儲蓄的人們，個個都成了大輸家。油價的大跌也造成石油經濟體系的不穩定；美國向恐怖主義宣戰的戰情也日漸升溫。由於希臘、義大利和西班牙等國家經濟不振，歐盟體系的財務狀況也面臨了巨大的壓力。但隨著股市屢創新高，有錢人卻是越來越有錢⋯⋯而勞工及中產階級等卻是越來越窮困。整個世界正面臨著人類歷史上最不安定的一次全球性的金融危機。

二十年後

如今，許多「鄰家的百萬富翁」處於失業狀態，而且他們的豪宅也變成了「鄰家被法拍的房屋」。

現在還是有很多年輕人選擇上學唸書，拿到大學文憑（為此不少人還得背負著令人喘不過氣來的助學貸款），結果畢業後到處找不到童話故事中所描述的高薪工作。如今美國民眾所背負的助學貸款總額已經高達一．二兆美元之譜，遠遠超過美國民眾總體信用卡卡債的金額。

絕大部分的學生畢業後永遠都買不起房子，因為他們所賺到的微薄薪資，都還不足以清償他們所積欠的助學貸款……許多大學畢業生，直到現在還被迫跟父母居住在一起。

許多受過高等教育的年輕人即便是找到了工作，卻也屬於「低度就業」（從事不需要長期培養、具有專業素養的工作）。如此一來，年輕人無法發揮所學，也無法從工作上累積寶貴的、有意義的、具有挑戰性、符合現實的實務經驗。這種不正常的現象，將來也註定成為社會上的另一大隱憂。

存錢儲蓄的是輸家

由於利率水準目前處於歷史的低點，因此存錢儲蓄的民眾個個都淪為輸家。日本、瑞典、以及歐盟等地區的金融機構，甚至已經開始實施所謂「負利率」的作法。

退休基金所面臨的危機

絕大部分的退休基金、公積金、以及私人企業自辦的退休金計畫，當初都是以每年獲得7.5％的投報率來進行規劃的。美國規模最大的公職人員退休基金，亦即加州公務員退休系統（CalPERS），如今每年的投報率還不到2％，也就是說，該退休基金所託管的資金，將來一定不足以應付數百萬公職人員陸續退休時所需。

聯邦醫療保險制度（Medicare）與低收入醫療補助保險（Medicaid）一樣雙雙處於赤字之中。在不久的將來，不曉得政府是否又要向這些入不敷出的機構給予紓困的協助？

人工智慧的機器人即將問世

由於人工智慧機器人的出現，使得上述的狀況雪上加霜。在《被科技威脅的未來》（*Rise of the Robots*）這本書中，作者馬丁・福特（Martin Ford）解釋了為什麼「好好上學唸書，找份穩定的工作」這種童話故事完全是一種自我欺騙的行為。以目前發展的趨勢來看，即使是像專業醫生這類的工作，一台人工智能機器人現在（而不是將來）已經可以完全取代。

全世界最富強的國家都投注了大量的資源來研發人工智慧機器人和新科技，來加速取代原本的傳統勞動力。除了麥當勞的大量員工即將面臨的問題，那些新聞工作者、學校教師、以及更專業的律師、醫生、以及註冊會計師等行業，一樣都面臨著嚴峻的挑戰。福特在書中描述失業問題的原因，並不是因為這些工作機會一直外移的關係。他強調眾多人類即將被人工智慧機器人所取代。書中也提到，美國總算可以再次和全球薪資低廉的國家進行競爭——但很不幸的，美國將會運用人工智慧機器人（而非傳統勞力）來加入全球下一波競爭的行列。書中想要表達的訊息很清楚：大量的失業潮即將來臨。

美國的新總統

唐納．川普於二〇一六年以壓倒性的姿態贏得了美國總統大選的勝利。有成千上萬的民眾擔心害怕他會採取什麼異樣的作為，但從另一個角度來看，這麼多民眾之所以會把票投給他，是因為川普知道美國民眾面臨著城市經濟的衰敗，以及失業率高居不下的痛苦。我也將自己的一票投給他，是因為川普代表著改變。而從我個人的觀點來看，有太多事情都得立即進行大刀闊斧的改變。

唐納．川普也是我的朋友之一，我們一起寫過兩本書。雖然我也會為他那對女人、種族、和宗教等不端莊、不假思索的評語感到反感，但是我所認識的這位仁兄，確實是一位好國民，好男人，一位非常優秀的父親，以及一位非常傑出的領袖。

他三個孩子都非常令人激賞，我和金都獲邀參加他三位孩子的婚禮。他的團隊中也有著眾多能幹、堅定有力、以及思慮清楚的女性員工，且這些女性當中，不少人都已經跟著他十幾二十年之久。他的夫人梅蘭妮亞．川普（Melania Trump）優雅美麗，而且敢於講出自己心中的想法，同時擁有五國語言的能力。我的太太金非常尊敬川普，是因為她親眼見到川普是如何對待他身邊的女性。

我和川普決定一起合著幾本書的原因，是因為我們倆都非常憂心「好好上學唸書，找份高薪工作」這個童話故事所帶來的嚴重後果。我們之所以決定一起寫書，是因為我們倆都是教育家，我們各自都擁有一位富爸爸，而且我們很擔心美國當前的教育狀況。我們相信人人都有權利獲得「真正的財商教育」。

由於美國和全世界都面臨了經濟上的空前危機，因此川普總統之路任重而道遠。他自己也清楚的知道，這一篇童話故事早已經結束了。

為什麼要寫這本書

本書的目的，就是要成為《富爸爸，窮爸爸》這本書的研究所教材。本書的重點在於澄清什麼才是真正的、好的財商教育，以及說明有錢人會越來越有錢的原因。有錢人、窮人和中產階級之間最大的差異，就在於各自所接受的教育不同。很不幸的，在當今教育體系當中並無法看到有錢人他們所接受的優質財商教育。

想要獲得真正的財商務教育，就有必要涉獵一些金融歷史。當前的金融危機並非突然其來，這場金融大危機肇始於一百多年前的一九一三年——亦即美國聯準會以及美國國稅局成立的那一年——就已經開始醞釀了。本書會稍微回顧造成這場危機的相關歷史。當你瞭解到醞釀當今金融危機的相關歷史事件後，你就會清楚瞭解那些繼續相信童話故事的「鄰家的百萬富翁」們，為何現在會面臨經濟上的困境。這些「鄰家的百萬富翁」目前的遭遇，跟我窮爸爸當年非常相似。

多年來，眾人對於不斷外移的工廠感到事不關己。多年來，眾人對於不斷外移的高薪職位感到漠不關心。多年來，沒有人關注美國各地村鎮經濟不斷衰退的事實。多年來，金融界、政治界以及學術界的精英們繼續過著優渥安逸的生活，和美國各地衰退的民生生活完全脫節。參議員伯尼．桑德斯知道美國各地發生了以上的這些變化，這也就是為什麼他在民主黨黨內總統候選人競選提名時，差一點就打敗了希拉蕊．柯林頓（Hillary Clinton）。唐納．川普也深深明白以上這些巨大的改變，因此，這也是為什麼他成為了入主美國白宮的總統。

誰會來救你？

我現在所擔心的是：有太多民眾都想要仰賴川普總統來解救他們。雖然唐納．川普是一個很能幹的人物，但他並不是超人。我的看法是除非民眾先開始主動自力救濟，否則川普依然沒有辦法挽救任何人。

我跟川普之所以合得來，是因為我們不相信伯尼・桑德斯以及其他不少民眾所抱持的授人以「魚」（給人們魚吃）這種觀念。我跟唐納・川普相信應該要授人以「漁」（教人如何釣魚來吃）。我在一九九七年，也就是二十年前寫出《富爸爸，窮爸爸》這本書的目的，就是想要「教人如何釣魚吃」。

第一個警告：真正的教育

《富爸爸，有錢人為什麼越來越有錢？》是《富爸爸，窮爸爸》這本書的研究所教材，如果你還未讀過《富爸爸，窮爸爸》這本書，我強烈建議你先去閱讀它，之後再回過頭來研讀本書。本書適合《富爸爸，窮爸爸》研究所等級程度的讀者，因此事先熟知《富爸爸，窮爸爸》當中的內容和觀念，會對閱讀本書很有幫助。就像富爸爸叢書裡的所有內容，我會盡可能用最簡單的方式來陳述，不過雖然我已經盡力寫得簡明易懂，但是有錢人賺錢的手法，絕非用幾句話就可以交代得清楚。

金錢的90／10法則

在金錢方面，有所謂的「90／10法則」（90/10 Rule of Money），這個法則意味著

10％的人會賺到90％的財富，本書和《富爸爸，窮爸爸》的內容都著重於此。

有個好消息是，只要透過真正的財商教育，幾乎任何人都可以成為那賺到90％財富的10％人口。透過本書的內容，你將會發現自己完全不需要擁有學費昂貴的名校文憑，就能成為這10％的人。事實上，近代世界上最富有的人們，諸如史蒂夫．賈伯斯、馬克．祖克柏、華特．迪士尼等等，都沒有完成大學學業。

你所面臨的挑戰就是要不要下定決心來做出改變。你是否擁有這樣子的精神、決心以及動力，來尋求真正的財商教育？如果你是那種經常想要放棄，也不想要認真工作，或者不願意下功夫的人，那麼本書不適合你來閱讀。

如果你認為不用想太多，好好上班工作，將來靠政府來照顧你晚年生活的話，那麼這本書也不適合你。

我想表達的觀點是：本書著重於真正的財商教育，也就是那些在學校裡所學不到的重要知識。

第二個警告：稅賦

巴拉克．歐巴馬總統在二〇一二年打敗共和黨候選人米特．羅姆尼（Mitt Romney）的原因有很多，其中之一就是稅賦議題。歐巴馬總統揭露他每年繳納將近30％的稅賦，而年收入超過兩千萬美元的羅姆尼每年卻繳不到14％的稅。

川普在競選期間完全沒有公開自己的納稅報表，因而飽受競爭對手嚴厲的抨擊。川普這種手段到底是明智還是狡滑，完全取決於你個人如何看待稅賦的觀點而定。

本書經常會提到和稅賦相關的內容。如果你熱愛繳稅，並且渴望繳納更多的稅金，那麼本書就不適合你來閱讀。如果你想要學會像米特・羅姆尼、唐納・川普等，即便是賺到千萬的收入也只需繳納極少稅賦的話，那麼這本書就非常適合你來了解。

稅賦制度是很公平的

絕大部分的民眾認為目前的稅賦制度極為不公平，但其實最不公平的是：大眾缺乏獲得真正財商教育的機會，因此他們無法清楚明白當今稅賦制度的真面貌。事實上，當今的稅賦制度完全適用於任何一位國民的身上。每個人都擁有繳納極少稅金的權益……只要是願意接受真正的財商教育，並且善加運用當前的稅賦制度，成為自己的優勢。

既然稅賦是這麼燙手又充滿爭議的主題，因此我得動用自己的稅賦顧問湯姆・惠萊特一起來寫這本書，因為他這位財稅專家可以為本書的內容作擔保。湯姆是我見過最聰明、最睿智、以及最勤勉的註冊會計師。有錢人之所以會越來越有錢的原因之一，就是他們擁有像湯姆這一類的財稅顧問。

但就算如此，像湯姆・惠萊特這麼優秀的財稅顧問，能幫助他人的程度仍然有其上限。如果你真的想要在賺進數百萬美元的同時，繳納更少所得稅（甚至完全不用繳）的話，那麼你就必須跟著有錢人做一模一樣的事情。即便是像湯姆．惠萊特這麼優秀的財稅顧問，也幾乎沒有辦法來幫助那些所謂的「鄰家百萬富翁」。

跟湯姆學財稅

稅賦制度是用來獎勵那些擁有財商教育的人們

成立稅賦制度的用意並不是拿來懲罰大家的，當初創立稅制的目的，就是想要獎勵那些願意配合政府各種政策的民眾。因此，你必須接受財商教育並且採取行動，才會清楚知道政府想要鼓勵民眾從事哪些經濟活動，本書會帶你瞭解政府是如何獎勵那些有意願配合政府政策的人們。若你想要獲得財稅方面更深入的相關資訊來提升自己的財商教育水準，邀請你閱讀富爸爸顧問叢書當中《免稅的財富》（*Tax-Free Wealth*，暫譯）這本書，或是造訪網站 TaxFreeWealthAdvisor.com。

第三個警告：你不能這麼做

每當湯姆．惠萊特和其他的富爸爸顧問們在全球各地進行演講時，只要提到本書的重點內容時，台下就會有聽眾跟他們說：「你們在這裡不能這麼做。」

我們所到之處，包括美國本土內的市鄉鎮，也一定會有人舉手跟我們說：「你們這些辦法在這裡行不通。」這些人大部分都是醫生、律師、會計師或者是理財專家等那些鄰家百萬富翁的民眾。

當你在閱讀本書時，或許你心中也會浮現：「在我生活的地方，我沒辦法這麼做」這類的想法，但人們之所以會抱著這類的想法，只是因為他們缺乏真正優質的財商教育。

每當我們造訪不同的國家時，湯姆．惠萊特會特地邀請當地的註冊會計師跟著我們上台，來共同擔保我們所教導的內容確實可以在該國的稅制下進行。即便如此，台下還是會有人想跟我們爭辯：「你們在這裡不能這麼做。」

事實上，這些人的確是做不到。如果缺乏本書關於「真正財商教育」的內容，就算是聰明絕頂的醫生、企管碩士、律師或者是會計師等，也一樣做不到我們想透過本書教你的，那些有錢人正在做的事。

下圖解釋了會有哪些人無法做到我們在本書中所傳授的辦法。

絕大部分會說出「你們在這裡不能這麼做」的人們，都是位於E象限的雇員，以及S象限裡的小企業主，或是醫生、律師等專業人員，或是不動產經紀人、髮型設計師、以及程式設計師等等的自由業者。

再看看接下來的另一張圖，或許你能更清楚瞭解為什麼總會有一些人認為「你們不能這麼做」……但同時就是有人可以這麼做的原因。

B象限代表擁有五百位員工以上的大型企業。I象限代表專業的投資人。

大部分位於E和S象限的人們，都跟鄰家百萬富翁進行一樣的投資。他們是一般散戶，會把錢投在股票、債券、共同基金、以及指數股票型基金（ETFs）之中。而專業投資者卻是創造屬於自己的投資工具，或是以批發價的價格買進其他投資項目的人們。會開口說出「你們不能這麼做」這種話的人，大部分都是那些只會投資有價證券、身處在E和S象限的人們。

本書專門描述位於B和I象限裡的有錢人，他們真正懂得且正在從事的事情。只要你願意投資自己並且接受真正的財商教育，你也可以跟隨著他們——也就是B和I象限裡的人——做同樣的事，同時，你會成為那些極少數懂得有錢人為何能越來越有錢的道理的人。

加入90／10俱樂部

當然，如果你願意竭盡所能進入B和I象限之中，那麼你會成為90／10俱樂部的成員，也就是成為賺取到90％財富的10％人口。

如果你不願意加入這10％人口的行列，那麼你就是選擇加入那些一直跟我們爭論「你們不能這麼做」的人們……但事實上，他們只要學會這些本事，一樣是可以辦到的。

人們之所以會說「你們不能這麼做」的原因，主要是因為當人們面臨新的挑戰時，選擇退縮逃避遠比實際行動來得輕鬆容易許多……因此，不論是貧是富、受過教育與否，只要你有心去實踐，那麼這本書就適合你一讀。

羅勃特．T．清崎並非美國共和黨或民主黨的黨員。
他是一位擁護支持財商教育重要性的無黨派選民。
富爸爸集團的使命：提升全體人類的財務水準。

第一篇

有錢人為什麼越來越有錢？

引言

硬幣的另外一面

所有的硬幣都有三個面：正面、反面以及邊緣。讓自己處於硬幣邊緣上的第三面，才是最明智的作法，因為這麼一來你就能同時看清楚其他兩面的情況。

本書第一篇的焦點就放在硬幣三面之中，和有錢人有關的那一個面向。在第一篇裡，你將會探索——稅賦如何讓窮人和中產階級越來越貧窮，而在同樣的稅制下，有錢人卻會變得越來越有錢的理由。負債也是一樣的情形。債務會讓窮人和中產階級越來越貧困，但是債務卻會讓有錢人變得越來越富有。

在看完第一篇的內容之後，希望你能從硬幣邊緣上的角度來欣賞並瞭解其他兩面的觀點，並且決定哪一面最適合未來的自己。

第一章
我應該要如何運用自己所賺到的錢

窮爸爸：「我對錢沒有什麼興趣。」
富爸爸：「如果你對錢不感興趣，那麼總是會有其他人會對你的錢感到興趣。」

我經常會被問道：「我有一萬美元的現金，我應該拿這些錢怎麼辦？」以前我還會計算看看全球各地到底有多少人曾經問過我這個問題，現在我早就放棄這麼做了。大多數人們似乎只想要知道一勞永逸的理財辦法，或是想要得到最簡單的答案。即便金額有所不同，哪怕是從一千美元至兩百五十萬美元之譜，人們問我的問題依然不變：「我應該拿我這些錢怎麼辦？」

我的制式回答是：「請不要這麼大聲向全世界宣告你是一個『完全搞不懂金錢到底是什麼』的人。如果你不知道要拿這些錢怎麼辦，世界上有成千上萬的人會很樂意向你提供他們建議。在絕大部分的情況下，他們會跟你說：『把你的錢交給我就對了。』」

枝微末節

你應該要拿你的錢怎麼辦是枝微末節的事情——也是你財務拼圖最後一步才需要問自己的事情。

本書的重點是，你要從整體來看——好好看清楚整個拼圖，然後來決定哪幾塊拼圖最適合自己。

就像富爸爸經常會跟我們說的：「有許許多多通往財務天堂的途徑。」

越來越貧窮的窮人和中產階級

當今全球各國都在拚命印鈔票，但我們現今所使用的各種通貨是非常惡毒的。我們交易所採用的通貨，其價值極為不穩定，因而造成全球經濟的動盪不安。當這種有毒的通貨越多，那麼窮人、中產階級以及有錢人之間的鴻溝就會越變越大。

有錢人會越來越富有的另一個理由，是因為窮人和中產階級都把焦點擺在旁枝末節上。絕大部分的人們從小被教導要認真工作、繳稅、存錢儲蓄、購屋置產、清償負債、並且長期投資於股票市場之中。

上述這些，都是旁枝末節的行動步驟，也是絕大多數父母、老師以及理財專家要你聽從的建議。

巴菲特的話

毫無疑問，當今世上最有錢、同時也是最聰明的投資者之一就是股神華倫・巴菲特（Warren Buffett）。他針對理財專家，做了以下的評語。

「只有在華爾街這個地方，才會發生乘坐勞斯萊斯的富翁向乘坐地鐵的人們徵詢投資意見這種事情。」

富爸爸則是這麼說：「為什麼中產階級會面臨財務上的問題，是因為他們聽從業務，而不是有錢人所給予的投資建議。」

業務員需要賺錢養家餬口，他們也需要賺錢，如果他們沒有成交，那麼全家就要餓肚子了。這也就是為什麼向全世界宣告「我手頭上有一萬美元，而且我是個理財白痴，請告訴我應該要拿自己的錢怎麼辦？」是一種相當不明智的舉動的原因。

巴菲特說過：「絕對不要問保險業務員你是否需要買保險。他們一定會回答說：『當然需要！』」

關於這點，巴菲特是最清楚不過的了，因為他擁有全美國最大保險公司之一的蓋可（GEICO）。他這位有錢人聘請了眾多的業務來幫他推銷各種保單。

如果問問那些理財專家們：「你們到底接受過多少財商教育？」答案應該是：「不多。」

如果你問他們：「你們看過多少本書？」答案也應該是一樣：「不多。」

接著再問他們：「你很有錢嗎？」順便也不妨問問他們是否可以不用上班但不愁衣食無缺？

人類和猴子

多年前，有人安排猴子和選股專家來進行一場投資比賽。牆面上寫了許多公司的名稱，猴子藉著丟飛鏢來選擇投資標的。選股專家則是努力發揮自己多年所學以及累積的操作經驗，配合個人分析與判斷能力來進行選股。

一年之後的結果是：猴子贏了。

支領高薪的魯蛇（Loser）

CNN *Money* 網站於二〇一五年三月十二日發表了一篇文章，內容提到：「令人震驚的是：有86％的大型基金經理人的績效，確實敗給了當年度加權指數的表現。」

這些受過高等教育，支領高薪的投資專家竟然無法打敗當年度的大盤表現。該文章還繼續指出：「不用懷疑，他們並非只是一時大意罷了。根據標準普爾（S&P）的資料，這些基金經理人當中，有89％的人，近五年來的表現都不如大盤，而有82％的人近十年來也都無法超越指數的表現。」

換句話說，如果一隻猴子誤打誤撞選了標準普爾 500 指數，那麼這隻猴子連續五年可以打敗將近九成的基金經理人，若經歷十年，則績效也會贏過八成以上的基金經理人。以上內容想表達的是，如果猴子都能打敗高薪的投資專家了，那麼你也一定可以。

標準普爾 500 指數（S&P 500）

即使說猴子能打敗標準普爾 500 指數，但所謂「打敗標準普爾指數」，並不意味著就能讓人每年都賺到錢。在不少狀況下，猴子和標準普爾指數兩者都賺不到錢。正如下圖所示，標準普爾也是有賺有賠的時候。

所以幹嘛還要長期投資？當市場

資料來源：FedPrimeRate.com | S&P 500 Index History

崩跌時，為什麼你還要跟著一起賠錢？就算分散投資風險也一樣會損失慘重。標準普爾指數原本就已經是由一群極度分散風險的股票所構成，因此無須多此一舉。

華倫．巴菲特

就連華倫．巴菲特的公司——波克夏海瑟威（Berkshire Hathaway）自二〇〇〇年股市崩盤之後的績效，也一直沒有比標準普爾指數來得理想。

不知道當股市再次發生崩盤之後，又會發生什麼樣的情況……

問：你是說華倫．巴菲特的績效沒有打敗標準普爾 500 指數？你的意思是說他也在賠錢？

答：你看看上面這張圖就明白了。

波克夏海瑟威與標準普爾 500 指數
（五年投資報酬率）

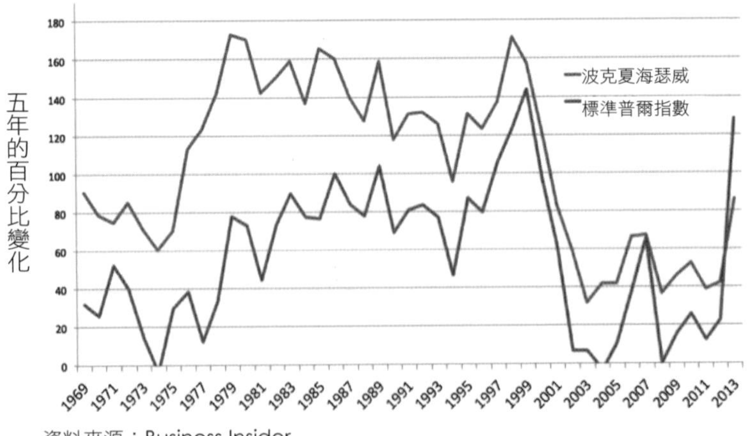

資料來源：Business Insider

問：到底是哪些人會把錢交給他來投資？

答：就是那些會問「我應該拿我的這些錢怎麼辦？」這種問題的人們。

問：這些賠了錢的人怎麼辦？難道你不會替他們感到難過？

答：當然會啊。要不然我幹嘛開課、出書並且發明理財遊戲？我也曾經破產過，我也曾經賠錢過，因此我知道這種感受是如何。每當看到有人為了錢在掙扎都會讓我心痛不已。

如果華倫・巴菲特一樣也會賠錢，你是否願意考慮看看，與其把自己的錢交給這些投資專家，是否應該先投資自己來獲得正確的財商教育？

畢竟連猴子都能打敗專家了，你真的沒有理由不勇於一試。

第二章

為什麼存錢儲蓄的人是輸家

窮爸爸：「存錢儲蓄是聰明的作法。」

富爸爸：「存錢儲蓄的個個是輸家。」

我們現在所面臨的金融危機，其正式發動的日子是一九七一年八月十五日，也就是尼克森總統宣布切斷美元與金本位制連結的那一天。

你這個傻瓜，問題就是出在錢上面

一九七一年八月十五日也是美國開始大量印鈔票的日子。

一九七一年八月十五日也是有錢人開始變得越來越有錢——而窮人和中產階級開始越變越窮的日子。

一九七一年八月十五日也是存錢儲蓄者開始淪為輸家的日子。

發出警告

《富爸爸，窮爸爸》一書於一九九七年四月八日問世。我們之所以選擇自行出版的原因，是因為所有的出版商都不願意承接它，甚至還有人說：「你書中所寫的內容根本毫無道理。」

這些出版商都不認同富爸爸對於金錢的看法，特別是第一項觀念：「有錢人從不為錢工作。」

然而，富爸爸給我們的第一項觀念，是所有優質財商教育的基礎觀念。

有錢人從不為錢工作的理由有很多，其中有一個理由就是因為稅賦的關係。富爸爸經常會說：「那些為錢工作的人需要負擔最高額度的所得稅。」

最重要的理由是因為從一九七一年開始，美元不再是真正的金錢，它變成了一種法定通貨。

問：什麼是法定通貨？

答：所謂法定通貨是一種毫無價值的通用貨幣，除了具備政府的擔保之外，它完全不具有任何實際上的價值。

問：什麼叫做政府的擔保？

答：簡單來說，政府透過各種法令，來宣示某種紙張成為該國的法定通用貨幣，讓民眾可以用它來相互彼此交換實際有價值的事物。舉例來說，政府規定百姓一定得要用某種通貨來繳納該國的稅賦。這麼一來你就無法用任何其他事物，例如黃金或雞鴨牛羊等來納稅。

問：那麼國家發行法定通貨有什麼不對？

答：政府的開支通常會遠遠超過它的稅收，政府也習慣於做出財力上無法兌現的承諾。因此政府選擇用舉債的方式來印更多的鈔票，以彌補財政缺口，結果造成該國的通貨越來越不值錢。

問：所以我就得賣力工作來賺更多的錢……而物價也一定會越變越貴？

答：完全正確。

問：請問有沒有法定通貨曾經變成廢紙的前例？

答：歷史上所有的法定通貨到最後都變得一文不值。這是因為各國的政客們個個都不懂得要如何賺錢，他們最大的本事就只是知道如何花錢罷了。

法國哲學家伏爾泰（Voltaire, 1694-1778）曾說過：「紙鈔終究會回歸到它們原本真正的價值——也就是零。」

在美元採行金本位制的年代中，政府想要憑空印鈔票是件很不容易的事情。但美元從一九七一年開始就變成了一種負債——只不過是一張拿美國納稅人的稅金來做擔保的借據罷了。只要納稅人不抱怨，那麼政府的印鈔機就永遠不會停下來。不斷的印鈔票，就好比是拿酒給一個醉醺醺的水手喝，因為酒精能讓酗酒的人獲得短暫的滿足感，就算會對身體造成長期毒害也都無所謂了——政府用這種方式來彌補赤字也是一樣的道理。在這種情形之下所發行的鈔票，個個都是一種具有毒害民眾財富的通貨。

從一九七一至二〇〇〇年的二十九年間，整個世界都陷入了紙醉金迷的投資狂熱。很不幸的，這場投資派對已經宣告結束了。

歷時三十年的投資派對

下圖就是在敘述這個長達三十年的投資派對。

如圖所示，這場派對於二十一世紀開頭的二〇〇〇年起，漸趨式微。

道瓊 120 年來走勢圖

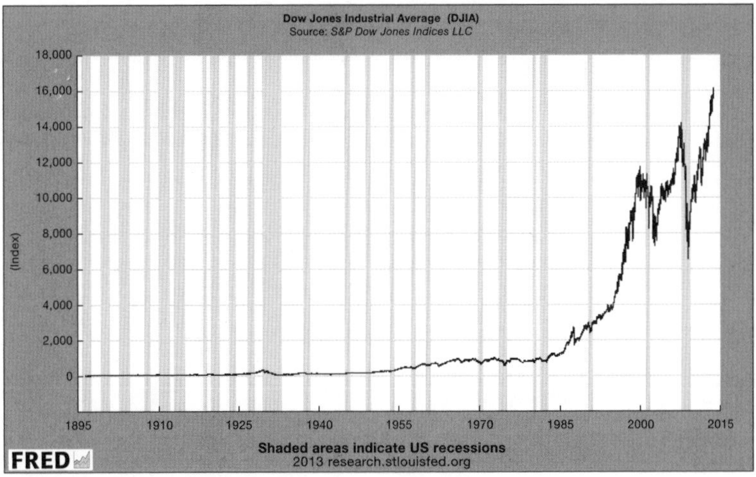

資料來源：FRED - Federal Reserve Economic Data

三次大崩盤

本世紀開頭的十年間，世界就經歷過三次大規模的崩盤了。首先是二〇〇〇年的網路泡沫化（dot-com）所造成的崩盤，然後是二〇〇七年的房市大崩盤，緊接著是二〇〇八年的股市大崩盤。

每當市場崩盤時，各國政府印鈔機就會加速運轉，想藉著發行更多的鈔票，來維持世界經濟於不墜。

問：所以從一九七一至二〇〇〇年的全球大繁榮完全是靠印鈔票撐出來的？

答：是的。

問：而現在這場派對已經結束了？

答：是的。

問：但各國政府仍然繼續大量發行通貨？希望用更多的鈔票來挽救當前的經濟狀況？

答：是的。由於這種通貨膨脹的關係，使得存錢儲蓄的人們個個都淪為輸家。

如今利率已經跌至接近零的水準，對於存錢儲蓄的民眾而言，無疑是雪上加霜。然而諷刺的是，當今的銀行內部錢滿為患，民眾卻是越來越貧窮。為什麼會發生這種現象，原因正是我們平日使用的是有毒的通貨，問題就出在我們稱之為錢的通貨上，因此那些只懂得為錢工作和拚命儲蓄的民眾，就成了被毒害的對象。

為什麼存錢儲蓄的人們是輸家

人們在一九七六年及以前，是可以靠著儲蓄來致富的。舉例來說：在一九七六年擁有一百萬美元的儲蓄金額，乘以當年15％的存款利率，就等於每年擁有十五萬美元的收入，在當時那個年代，十五萬美元可以讓人們過著非常優渥的生活。

但現在的世界卻已經是大為不同了。

如今，一百萬美元的儲蓄金額乘以2％的存款利率，等於每年只能獲得兩萬美元的收入。相較之下，你就可以體會這些通貨的價值到底貶值了多少，而且以現在來說，2％的存款利率還算是高估的了。

現在讓我們把通貨膨脹這項因素一起加進來考慮，來好好檢視目前的利率水準。如果現在的通貨膨脹的水準為5％，那麼你上述這筆儲蓄存款實際上每年都發生了3％的實質虧損。至於為什麼會一直發生通貨膨脹，就是因為政府一直不斷的在印鈔票的關係。

請再加入下列事實一併考慮：全球有30％的地區，甚至開始採行負利率的政策。

問：意思就是說當我把錢存到銀行裡，銀行反過來還要跟我收錢？

答：負利率就是這個意思。

問：把錢存到銀行，銀行還要向我收取費用，這麼一來還有誰會想要存錢？

答：我不知道。我認為這麼做一點道理都沒有。

有錢人越來越富有的原因之一，就是因為有錢人很喜歡舉債。有錢人懂得如何用負債來讓自己變得更加有錢。

低利率的環境就好像是在向我呼喚：「拜託你來跟銀行借錢！我們所擁有的存款正在進行週年慶大拍賣」一樣。

富爸爸的預言

《經濟大預言：清崎與富爸爸的對話》一書於二〇〇二年出版。書中，富爸爸預言史上規模最大的崩盤將發生於二〇一六年左右，他同時也預言了在發生史上最大崩盤之前，將會有一些規模較小的崩盤發生。

問：這些較小規模的就是指二〇〇〇、二〇〇七以及二〇〇八年所發生的崩盤嗎？

答：是的。

問：他是如何這麼準確地預測到這些事情？

答：理由有很多。最主要的理由是，政府選擇用印鈔票的方式來解決赤字問題行之有年，而歷史上早有借鏡可以參考。

歷史的教訓

中國是史上首先大量發行紙鈔的國家。

歷史上率先大量使用紙鈔的國家是中國，年代可以追溯至西元六一八至九〇七年的唐代時期。結果這些紙鈔逐漸蔓延到了鄰近的印度、波斯、和日本等國，但是這些紙鈔的壽命為時短暫，因為當民眾之間不再願意接受這種紙鈔後，各國之間的貿易就隨之戛然而止。

問：為什麼人們會開始拒絕使用新發明的紙鈔？

答：因為政府永遠都不會有所節制，每每都會印出太多的鈔票。如今，全球政府也都在這麼做。

羅馬帝國亡國的原因之一，就是因為政府開始向農民課稅來支付戰爭所需。而當新增稅收也無法應付戰爭開支時，羅馬皇室就開始稀釋他們貨幣的價值，稀釋貨幣本身的價值，就和現在各國政府大量印鈔票的手法是一樣的。

問：什麼叫做稀釋貨幣？

答：意思就是說他們把原本質地純正的金銀幣摻入其他廉價的金屬（例如鎳或銅），或者把硬幣邊緣削掉一些等等的手段，結果造成貨幣的價值大幅下跌。很快的，民眾就不再相信國家所發行的這些價值被稀釋過的通貨。

美國在一九六四年也做了同樣的事情。從當年起，一般硬幣不再用純銀來做，因而後來「純銀」硬幣的邊緣上都鍍了一層銅，就是為了避免硬幣被切削等等事情的發生。

美國印鈔票的簡史

喬治．華盛頓為了支應獨立革命的軍費，發行了所謂的「大陸幣」（Continentals），而當大陸幣的價值跌到零的時候，所有的士兵都不願意繼續打仗了。因此，「連一張大陸幣都不值」（Not worth a Continental，亦即「一文不值」）這句俗諺，至今仍然流傳在民間。

美國南北戰爭期間，南方聯邦藉著印鈔票來和北方對抗。結果南方的「邦聯幣」（Confederate）也很快的變得一文不值。

問：所以，富爸爸的預言是基於歷史的經驗？

答：是的，不過當然還有其他因素。真正優質的財商教育必須要涉獵一些金融歷史才行。唯有回顧過去，我們才得以前瞻未來。

就如同紐約洋基隊的傳奇教練尤吉．貝拉（Yogi Berra）的名言：「根本是似曾相識

——從頭再來一遍。」（It's déjà vu all over again.）

如今隨著全球政府不斷的大量印鈔票，我們貨幣的毒性就越來越強。

問：他們為什麼要發行越來越多的鈔票？

答：是為了避免當前金融體性的崩壞。

讓我們再次看看道瓊工業加權指數一百二十年來的走勢圖。

如你所見，當尼克森總統於一九七一年切斷金本位制之後，整個經濟就開始起飛。

藉著大量印鈔票，美國促使全球的經濟產生了泡沫化。從二〇〇〇年開始，這個泡沫就開始漏氣，為了避免市場崩跌，各國政府被迫要發行更多的鈔票。

但這個蔓延全球的經濟泡沫，於二〇〇七年的房市崩跌，以及二〇〇八年的金融風

道瓊 120 年來走勢圖

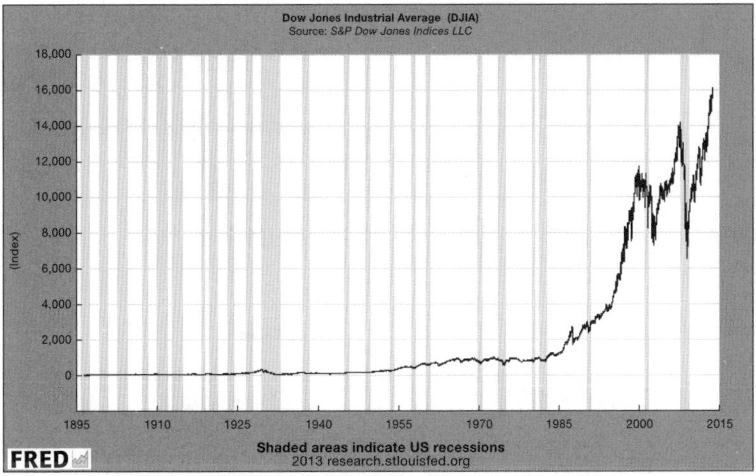

資料來源：FRED - Federal Reserve Economic Data

暴等情況發生時，再次被戳破。之後的幾年，各國政府還是仍然馬不停蹄的印了更多的鈔票。

問：意思就是現在世界經濟的泡沫有再次破滅的危險？

答：是的。自二〇〇八年起，美國聯準會和財政部聯手進行人類史上規模最大的一次印鈔票行動，並且命名為「量化寬鬆政策」（quantitative easing）。

政府過度發行鈔票的結果如下圖：

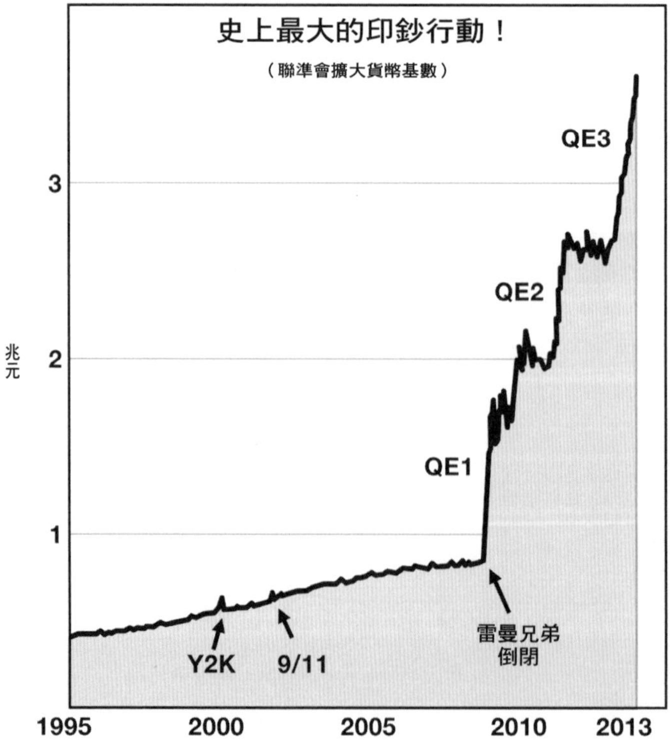

從一九一三年聯準會成立至一九七一年尼克森切斷美元的金本位制這個期間，美元失去了90%以上的實質價值。

而自一九七一年至二〇一六年間，美元再次失去了原本僅存價值的90%。

問：所以，有錢人越來越有錢，窮人和中產階級越來越窮，主要原因是我們平常在使用的通貨所造成的？

答：是的。而且下列這五個原因，將兩者的差距越拉越大。

一、全球化：所謂全球化就是工作機會逐漸外移至工資低廉國家的現象。工廠都是有錢人所擁有的，所以當他們聘用廉價勞工時，就會變得越來越有錢。

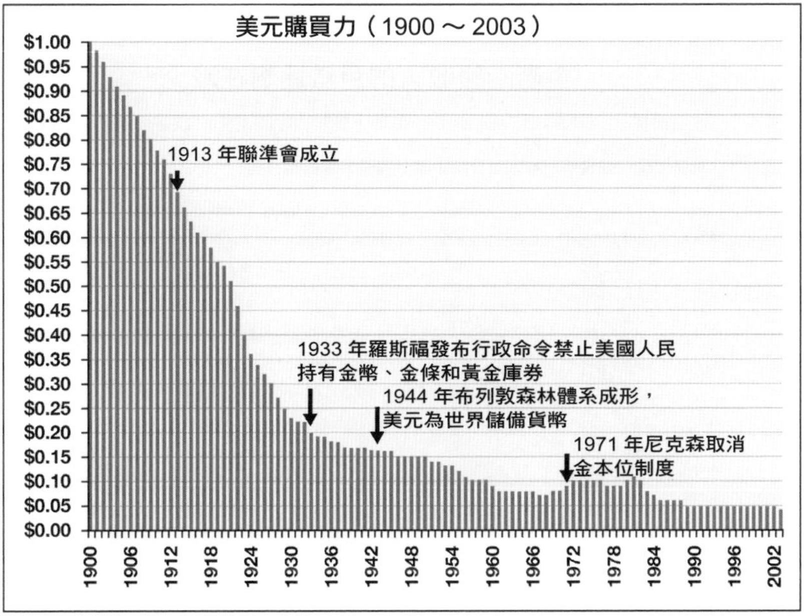

就業機會都到哪裡去了

美國跨國企業從 2000 年起大量增加海外聘用的人數，且大幅減少國內的職位。（自 1999 年累積的數據至今）

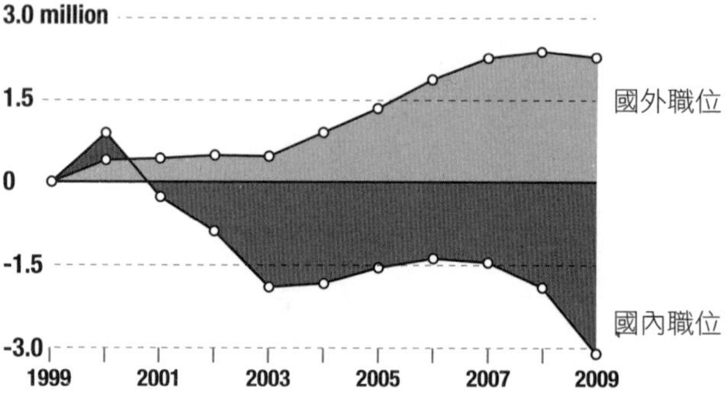

資料來源：華爾街日報

中產階級收入的戶數逐漸在減少

中產階級的收入水平不但一直持平，而且從 1970 年起，擁有中產階級收入的戶數一直不斷地在減少。在 2010 年間，擁有國民平均所得 1 至 1.5 倍的中產階級收入的戶數，占全體國民的 42.2%，比之前 1970 年的 50.3% 少。

收入範圍在國民平均收入 ±50% 戶數占全體戶數的百分比

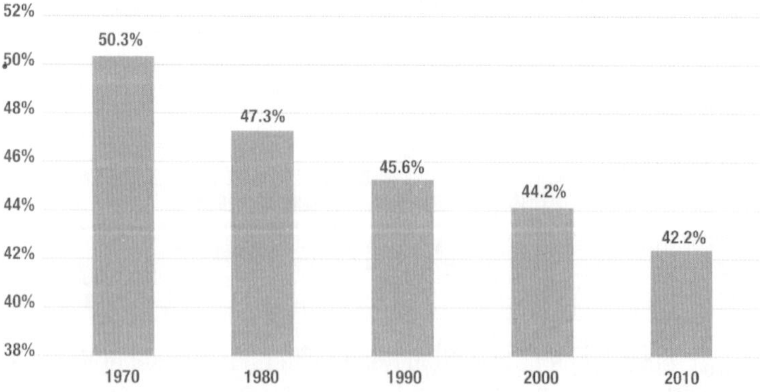

Source: Alan Krueger, "The Rise and Consequences or Inequality." Speech at Center for American Progress, Washington, D.C. January 12, 2012

Center for American Progress

二、科技：當一個為錢工作的人要求獲得更高的報酬時，那麼企業裡的工程師就會發明人工智慧機器人、寫幾套軟體、或是用人工智慧程式等等做法來取代這位工人的工作。人工智慧機器人不會要求特殊的福利或申請休假，同時還能二十四小時不停的工作。

三、金融化：大量印鈔票的科學。

以下是一些對金融化這個名詞的定義，應該會對各位讀者有所幫助。

金融化是一個過程，也就是指金融市場、金融機構以及金融菁英等開始擁有巨大的影響力，來大大操縱該國經濟政策與經濟產出的過程。金融化就是金融機構與市場等不斷擴張其規模以及對大眾影響力的一個過程。

一般上來說，大眾對於金融化的瞭解偏重於金融工程學（financial engineering）的領域。世上最頂尖的金融工程師不斷發明各種像科學怪人一般的衍生性金融商品（derivatives）。其中有一頭怪獸名字叫做次級房貸，來讓那些原本負擔不起「美國夢」的民眾得以申請貸款來購買屬於自己的房屋。這些金融工程師把這些有毒（有問題）的貸款重新加以包裝，並給予「特優」的投資等級，然後用「資產」的名義出售給全球的投資者來購買。

巴菲特把衍生性金融商品稱之為「金融界大規模毀滅性的武器」，他很清楚這些衍生性金融商品所具有的殺傷力。然而，穆迪信評公司（Moody's）還給予這些有毒資產特優的投資等級，這些大規模毀滅性武器相繼於二〇〇七年開始爆發，幾乎造成全球經濟的癱瘓，美國政府卻用納稅人的錢來給銀行界進行紓困，結果這些釀成大禍的銀行家不但沒有坐牢，有的甚至還領到鉅額的年終獎金。

四、竊賊統治（Kleptocracy）：亦即裙帶資本主義（Crony capitalism）。

或許你還記得本書開頭幾頁中的一幅漫畫……

竊賊統治的定義如下：

⑴當權政府或官方機構剝削或剽竊國家資源；受到盜賊般的統治。

⑵上位者藉著剽竊其他人成果來獲得財富與權力的社會結構。

如今，猖獗的竊賊統治政權不僅僅在美國發生，其實早已蔓延至世界各地。舉凡政治、運動、教育、商業甚至宗教等，到處都充斥著各式各樣的腐敗現象。現在已經有很多人把華盛頓「哥倫比亞特區」（District of Columbia）謔稱為華盛頓「腐敗特區」（District of Corruption）。

到底誰才是抱持著「理所應得」的心態？
讓我們一起來譴責這個仰賴社會體系的米蟲！
接受社會福利制度保障的民眾
工作一輩子並從薪水當中預扣退休金，退休後每年只能依靠 14000 美元來過活。
美國國會議員的特殊禮遇
享有免費的醫療健保，巨額的退休金，每年還有 67 天的給薪休假以及無上限的病假日數等福利。

金融化唯有在竊賊統治的情況下

才有可能會發生。

五、戰後嬰兒潮：二次世界大戰戰後（一九四六至一九六四年）出生的大量人口，造就了一九七一至二〇〇〇年的經濟大繁榮。很不幸的是，這些嬰兒不再年輕了，這群人早已變成了所謂的「老年人口」。他們大量消費的年代早已結束，而他們所居住的豪宅也即將要被變賣。

趨勢研究中有「人口統計可以決定未來」這麼一說。《經濟大預言：清崎與富爸爸的對話》一書中的內容，大部分都是基於戰後嬰兒潮世代人口統計資料所得到的結論。光是美國，戰後嬰兒潮世代的人口就有七千五百多萬人，而這些人消費開支的最高峰也都已經成為過去式。這些人會享受更長的壽命，行為也會越來越年輕化，但接下來的幾年，他們從社會取走的價值將遠比投入還來得多，因此他們對全球經濟所產生的動盪，要一直到二〇五〇年前後才會宣告結束。

下一波的嬰兒潮世代，是一九八一至一九九七年間出生的千禧世代（millennial generation）；美國有八千一百多萬的千禧世代人口，他們的消費支出高峰將會出現在二〇三六年的前後。

一代新人換舊人

西方世界已經是日薄崦嵫，而新世界才剛剛要崛起。所謂的新世界就是指印度、越南、中東、南美、非洲、以及東歐等新興市場而言。這個新世界是屬於千禧世代發揮的舞台，因為他們一出生就處於網際網路的時代，並且熟諳各種新科技的運用。

就像上個世紀的戰後嬰兒潮世代對全球產生了巨大的震撼，千禧世代也已經開始在各個新世界裡大展宏圖。恐怖主義、移民潮、優步（Uber）、愛彼迎（Airbnb）、以及網路戰（cyber warfare）等等，都是這次改變風潮的濫觴。

經濟成長的末日

如果你打開電視聆聽所謂的財經專家談話，他們經常滿口都在講「成長」這兩個字。成長這個詞彙的確容易讓人怦然心動，同時也容易引起一般人的興奮感（例如「經濟有所成長」或者是「個人所得有所成長」等等）。二○○八年金融海嘯爆發後，專家不斷喊說「綠芽已現」，意思就是，他們在期待嶄新的經濟成長發生。

讓我們再仔細看看下頁圖中，二○○八年的低點。

存錢儲蓄的人們的確在二○○八年成為最大的輸家，美國聯準會就是在當年啟動了人類歷史上規模最大的一次印鈔票的行動，而且至今尚未有停止的現象。

道瓊 120 年來走勢圖

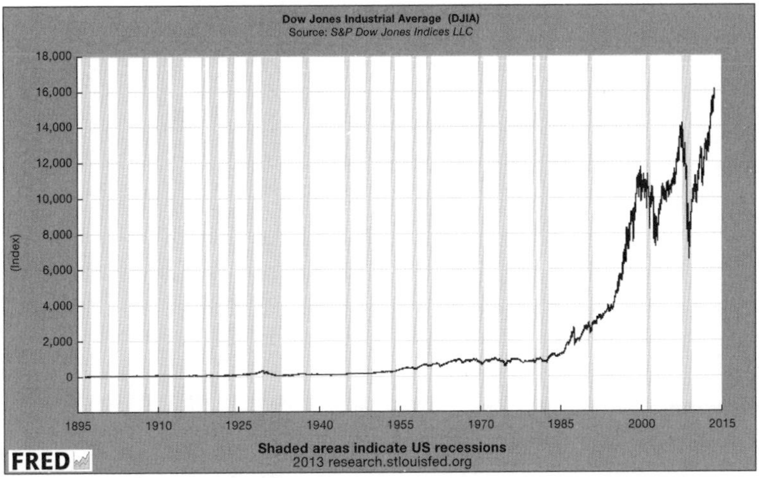

資料來源：FRED - Federal Reserve Economic Data

巴菲特給存錢儲蓄者的警告

巴菲特於二〇一〇年，對存錢儲蓄的民眾提出了以下的警告：「我可以肯定告訴你們，當今最糟糕的投資項目就是抱著現金。絕大部分的人都在倡議『現金為王』等類似的觀念，但是，現金隨著時間的流逝，卻是越來越不值錢。」

我們的領袖們還在期待當前的經濟能冒出綠芽，希望能創造更高的經濟成長率，他們寄望藉著發行更多的鈔票的手段，來挽救當前的經濟萎靡不振的狀況。

羅斯柴爾德銀行帝國中的羅斯柴爾德（Rothschild）動爵則經常表示：「這是人類貨幣史上最偉大的一次全球性實驗。」羅斯柴爾德家族說得一點也沒錯，因為他們家族從一七六〇年的德國地區開始，一手打造出當今全世界現行的銀行體制。

問：政府可以挽救我們嗎？

答：沒辦法，因為我們面對的並非政治上的問題。羅斯柴爾德銀行帝國的創始人梅耶・安姆斯・羅斯柴爾德（Mayer Amschel Rothschild, 1744-1812）說過最有名的一句話是：「如果讓我掌管一國的貨幣體系，我就用不著在乎是誰在制定法律。」

問：所以不管是共和黨或民主黨誰來主導政治都不會有所差別？原來整個世界是由這些特定有錢人士在控制的？

答：完全正確。永遠不要忘記這條至理名言：「誰手上握有黃金，誰就有資格制訂法則。」

富爸爸教我要按照有錢人的規則來行事。如果你想要進一步瞭解有關於有錢人的行事規則，那麼就請你繼續閱讀下去。

第三章
為什麼稅賦會合法地讓有錢人越來越富有

窮爸爸：「納稅是愛國的行為。」
富爸爸：「不繳稅才是愛國的行為。」

在二〇一二年總統選舉期間，歐巴馬公開宣稱他每年繳納30％的稅賦，他的對手米特．羅姆尼則公布了他的納稅額度只有13％。

稅賦的議題也是葬送羅姆尼通往白宮之路的主要原因之一，有數百萬的民眾為此而氣憤不已。成千上萬的百姓把他當成罪犯和會作弊的人，因此數百萬的民眾決定把票投給民主黨候選人歐巴馬；這是人們因為稅率差別而產生了共鳴，認為「歐巴馬跟我是差不多一樣的人」。

「無知」這個形容詞並不是愚痴的意思。根據字根字意，是「無視」或是「忽略」的意思，也就是說，一個人必須自主的不想要知道某件事情的狀況下，才會有忽略事實與無知的狀況發生。

根據韋氏字典的定義——

無知：對於知識的匱乏

無視忽略：拒絕留意

我們大部分的人都知道稅賦是我們這一輩子最大的支出之一，但是絕大部分的民眾仍然選擇忽視稅賦這個議題。這些人選擇對此抱著無知的態度，然後卻將自身的憤怒發洩在羅姆尼等這類懂得如何賺錢，以及合法節稅的人們的身上。

由於缺乏財商教育，絕大部分的民眾對稅賦是處於無知的狀態。因此，也就是這種人，才會把選票投給那些答應當選後會「向有錢人課稅」的候選人，然後選後仍然搞不清楚為什麼自己所繳納的所得稅卻逐年提高。問題並不是出在稅制上，癥結在於那是政府過度開支所造成的。

為什麼財富和收入不平均的現象會越來越明顯的原因之一，就是因為稅賦的關係。簡單來說，有錢人懂得如何賺取更多的收入，同時完全合法地比窮人和中產階級繳納更少的稅。有錢人不一定比別人聰明，但是他們絕對不會對繳稅抱著無知的態度。

重複性課稅

除了所得稅之外，還有其他不少種類的稅賦，甚至還有所謂的「重複性課稅」。粗略估計，當消費者每花一元時，將近有80％的錢會直接或間接的，被政府以某種稅賦的名義課走。

舉例來說，如果你花一元來買汽油，你這一元不但已經是自己的稅後淨餘（意思就是已被課過稅的收入），而當石油公司收到你這筆錢之後，它還要支付其他各種支出和稅項給政府。到頭來，你給石油公司的這筆油錢，只有極少部分才會成為它們真正的利潤。石油公司最後還得為了這筆利潤（你給他們的這筆款項中的極小部分）再次繳納年度所得稅……這樣難怪會有人高喊「萬萬稅」了！

我認為應該會有不少人同意，當今社會嚴重缺乏財商教育的現象一樣出現在我們政治領袖的身上。大部分的上班族都跟窮爸爸一樣，只知道如何花錢，卻根本不知道要如何賺到錢；而我們政治界領袖在財商方面的無知，正是造成這次全球性金融危機的核心關鍵。

稅賦簡史：一七七三年，波士頓茶葉黨事件

該事件完全是反稅制的革命——進而引發了美國的獨立戰爭。美國民眾在一七七三年拒絕繳稅是一種愛國的行為。

從一七七三到一九四三年間，除了少數特殊狀況以及戰爭（例如內戰期間）的關係，美國基本上是一個完全無須繳稅（或說是稅賦極低）的國家。不繳稅是一種愛國的行為，美國的經濟因此而蓬勃發展。

稅賦簡史：一九四三年，稅捐稽徵法案（*Current Tax Payment Act*）

第二次大戰所費不貲，政府需要大筆的錢來打仗，因此政府以「暫時開徵」的名義頒布了「稅捐稽徵法案」。

該法案在歷史上的特殊地位，是美國政府史上第一次被允許在民眾收到薪資之前，就可以直接先行扣除其所得稅的法律依據。該法案真的可謂是「政府把貪婪之手直接伸到民眾口袋之中」的惡行！這也就是為什麼有錢人從不為錢工作的另外一個原因之一。

在一九四三年之後，政府開始對更多民眾的薪資伸出魔爪，而且金額也越來越大。我還記得在一九六〇年代初，當我打開人生第一封薪水袋時，一直搞不懂我大部分的薪水都跑到哪裡去了。

問題就是出在這個原本應該只是暫時性的稅捐稽徵法案，後來反而被因循前例的變成了一種經常性的稅賦。政府從此擁有一台完全合法的財富吸塵器，可以直接把錢從你的皮夾裡給吸走。

稅收有助於消弭戰爭

如果我們真的想要和平降臨這個世界，那就強制政府非得用稅收來提供戰爭所需要的資金（亦即不能利用發行公債、舉債、或者印鈔票等其他方式為之）。

二戰盟軍最高統帥艾森豪總統在一九六一年卸任，他在對全國民眾所發表的離職演說中，警告全世界的眾人，所謂的「軍事工業聯合體」一直不斷的在暗中擴張其勢力。美國從那年起就連年征戰，至今從未停止過。

問：為什麼美國一直要不停的發動戰爭？

答：因為戰爭是有利可圖的。戰爭提供大量的就業機會，同時也會讓很多人變得非常有錢。

最後的一次戰役

五星上將艾森豪曾經親自上前線體會過，因此熟知戰爭的可怕之處。他是最後一位用民眾稅金來打仗的總統。

問：用民眾的稅金來打仗，真的有這麼重要嗎？

答：因為納稅人會要求政府盡早結束戰爭。艾森豪總統清楚知道，納稅人不太管政府到底是否忙著打仗，但是百姓一定會痛恨為了打仗而一直增加稅收的政府。因此，當年不斷上揚的所得稅率也扮演了提早結束韓戰的重要角色。

問：那，我們國家現在是如何應付戰爭開支的所需？

答：目前美國都是用舉債的方式來供應戰爭所需，而非靠民眾的稅收。今日戰爭所背負的債務，美國將來要靠好幾個世代才能還得清。

問：這是否就是尼克森總統於一九七一年切斷金本位制的原因？是不是美國在越戰當中投入了太多的錢？

答：這是其中一個原因。軍事工業聯合體一直將大筆的經費投注在一場我們永遠都不會打贏的戰爭之中。這點我很清楚，因為我當時人親自在越南的前線。戰爭是很愚蠢的行為沒錯，但是戰爭對一些人來說也是非常有利可圖的。

窮人和中產階級將自己的子女送上戰場，而有錢人卻變得越來越有錢。我很怕現在所謂的「向恐怖主義宣戰」，又會變成一場我們註定永遠也打不完的戰爭。結果是戰爭雙方的有錢人越變越富有，而兩國無辜的民眾卻要面臨家破人亡的命運。

問：所以繳稅是一種愛國，也是一種不愛國的行為？

答：是的。這完全要看你個人所抱持的觀點是什麼，以及，你所接受過的財商教育而定。

石油美元

尼克森總統於一九七四年和沙烏地阿拉伯聯合大公國的皇族簽下協議，雙方同意從那時候起，全球的石油都必須用美元來進行買賣。因此美元通貨變成了所謂的石油美元。

問：美國為什麼要這麼做？

答：因為尼克森總統於一九七一年食言而肥，片面取消當初（布列敦森林體系）向全世界承諾美元會以黃金來做擔保的承諾，因此美元的地位與影響力開始受到威脅，進而動搖美國霸權的地位。藉著強迫全世界要用美元來買賣石油，美國就可以確保美元持續在世界舞台上擁有霸主的地位。

別忘了，石油是全球經濟的血脈。石油取代了（貨幣體系中的）黃金，因此那些能掌控石油的國家就能控制整個世界。二次世界大戰爆發的原因也是因為石油的關係。日本之所以會偷襲美國的珍珠港，是因為美國藉著海軍之力，先切斷了日本從南太平洋的石油供給鏈。當初越戰的爆發也是為了石油，因為美國不希望越南將所生產的石油賣給中國。

歐元於一九九九年成立，威脅到了美元原有的地位。薩達姆．海珊（Saddam Hussein）於二〇〇〇年宣布，以後伊拉克賣石油給歐盟時要改用歐元（而非美元）來結算，結果美國以九一一恐攻事件為藉口向伊拉克出兵。但事實上，在九一一事件中，進行恐攻的多數恐怖份子卻是來自於沙烏地阿拉伯地區。

擁有非洲最大石油蘊藏量的利比亞，其領導人穆阿邁爾．格達費（Muammar Gaddafi）當年是否也落得跟海珊一樣的下場？格達費於二〇一一年提議非洲和其他回教國家一同聯合起來，創造出一個用黃金來擔保的新貨幣「第納爾」（dinar）。如此一來，這些國家就可以用這種新貨幣來買賣石油，而不再受石油美元的箝制。如果他的計畫成功了，那麼將會奪走目前全球中央銀行體系特有的地位，結果聯合國聯軍迅速進攻利比亞，格達費在提出提議三個月之後身亡。如今，伊斯蘭國組織（ISIS）和其他恐怖組織造成了全球性的動盪不安。

問：為什麼石油的歷史這麼重要？

答：因為稅賦的關係。我個人享有這麼高的所得稅扣抵額，幾乎都是來自於投資美國石油事業的關係。

問：所以你投資了像是雪佛龍（Chevron）或埃克森美孚（Exxon Mobil）等石油公司？

答：不是。那種投資項目是給被動投資者用的。我是一位專業的投資者。

問：所以被動投資者和專業投資者所享有的所得稅寬減額（tax break）項目是不一樣的囉？

答：是的，這是因為稅制規定的關係。閱讀本書你將會對這方面有更進一步的瞭解。想要成為一位專業投資人，建議你務必要尋求真正專業的稅務諮詢。

問：那麼投資石油並享受高額所得稅寬減額算不算是一種愛國的行為？

答：我怎麼想並不重要。重點是，你是怎麼想的呢？

跟湯姆學財稅

開採石油所享有的所得稅寬減額

任何國家都會決定怎麼做才能對國內經濟有所幫助。美國於一九六〇年決定將能源獨立（不依賴原油進口）納入國家經濟政策之中。因此為了鼓勵石油鑽探與開採，美國國會通過兩項所得稅寬減額（tax break）來鼓勵民間的參與。第一種所得稅寬減額規定：對於鑽探新油井的支出，允許投資者全額列舉扣除，其中80％得以在開發油井前兩年之內先行列舉扣除完畢。這個項目被稱之為「鑽探的無形成本」（intangible drilling costs）。第二種所得稅寬減額規定：允許投資者只需提報該年度85％的油井所得。這個項目被稱之為「耗竭百分比」（percentage depletion）。這兩項所得稅寬減額所產生的綜合節稅效應，目的是希望鼓勵美國納稅人投資於各種石油天然氣開發案，和美國政府一起合夥鑽探並開採原油。

並非所有的註冊會計師都是一樣的

湯姆．惠萊特對本書的貢獻不但重要，而且還深具價值。我認識不少這方面的人才，但相信我，湯姆是我目前見過最聰明的財稅策略專家。

有些註冊會計師真的非常愚蠢。多年前我剛開始創業的時候，我諮詢一位非常有名的註冊會計師說：「我要如何少繳一點稅？」結果他回答說：「少賺點錢就可以了。」

還有另外一位屬於一家著名會計師事務所的註冊會計師，給我的建議是：「你擁有太多的不動產了。我建議你賣掉大部分的房地產，然後拿這筆錢去投資股票、債券、以及共同基金等。」

他是在二〇〇六年這麼建議我的，如果我當年聽從他的話，就會在二〇〇八年整個傾家蕩產。

韋氏字典的定義

韋氏字典對於「愚蠢」的定義為——

(1)思慮遲緩

(2)慣於做出不明智的決定

愚蠢的同義字還有遲鈍（dull）、愚鈍（dense）、愚笨（dumb）等。

從某些方面來說，我也是很愚蠢的。我知道自己（相信你們也一樣）都曾經做過愚蠢的決定。只要講到稅賦，我就是一個大笨蛋，這也就是為什麼我要花錢聘請稅務顧問來給我專業的建議。

要不是我一路上有富爸爸的指點，以及不斷學習財商教育的關係，或許我也會聽從那些註冊會計師愚蠢的財務建議。這也是有錢人越來越有錢的另外一個原因。和窮人與中產階級相比，有錢人擁有更聰明的顧問團隊。

問：那麼一般人要如何區分顧問的好壞？

答：你必須自己先變聰明些才有辦法。如果你本身無法區分建議的好壞，那麼給你任何建議也是枉然的。

坦白說，註冊會計師給我的建議，一定得符合我自身所擁有的財商教育和投資經驗才行。我們以駕車為例，我自己必須要先學會怎麼開車，而不能一開始就急著聽從職業賽車選手所給的專業建議。

更優質的財稅建議

多年來我一直聘請湯姆・惠萊特來擔任我個人的財稅顧問。湯姆指導我如何在人生和事業的快車道上疾駛前進。他幫助金和我賺進數百萬美元的收入，同時也幫我們節省了上百萬美元的所得稅。他是我們夫婦最重要的老師之一。

我想表達的重點是，我自己必須先做好準備，才夠資格聆聽湯姆在財稅方面所給予的專業建議。若不是我在致富的道路上非常用功，恐怕湯姆現在也無法給予我這麼優質的節稅建議。

我敦促湯姆寫出《免稅的財富》（*Tax-Free Wealth*，暫譯）這本書的目的，就是想要讓大眾知道應該要怎麼做，才能幫助自己為進入有錢人的世界做準備。

問：你的意思是說，就算我有大學文憑以及高薪的工作，湯姆一樣無法對我有所助益？

答：完全正確。事實上，如果你是一位上班族或員工，那麼湯姆能幫你的就非常有限。你只要找一般的代客報稅服務就很足夠了。

跟湯姆學財稅

最傑出的顧問都受過最優質的財商教育

當我們接受了更優質的財商教育之後，我們的投資風險就會降低，投資報酬率同時也會大幅增加。對你的顧問來說，也是一樣，當你的財稅顧問懂得不多時，你被查帳或是所得稅溢繳的機會就會大增。當你的財稅顧問越熟悉稅法，那麼你被查帳和溢繳的機會就會大大的降低。

很多人問我，在財稅方面我到底是屬於保守派還是激進派，我相信我是當今數一數二保守的財稅顧問，因為我每天花很多時間來研讀稅法。我喜歡用下圖這種方式來表示：

稅法

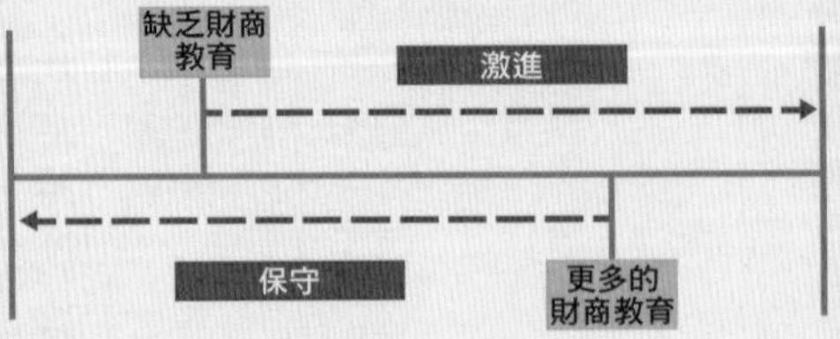

到底是誰在繳納最多的稅？

下圖為現金流象限圖，出自《富爸爸——有錢有理》（*Cashflow Quadrant*）這本書，是富爸爸叢書系列中發行的第二本書。

E代表雇員（Employee）。

S代表自僱者、中小企業，或像是醫生、律師、不動產業務或職業運動員等（Self Employed）。

B代表超過五百位員工的大型企業（Business）。

I代表投資者（Investor），是指主動型投資者，而非被動型投資者。

現金流象限圖也同時呈現出了誰在繳納最多（以及最少）的稅賦。

問：所以說，當稅捐稽徵法案於一九四三年通過後，任何為錢而工作的人都要繳納最高額度的稅賦？

答：是的。這也是為什麼富爸爸教我們的第一個觀念正是「有錢人從不為錢工作」。

每個象限所承擔的稅賦百分比

問：也就是說，專業投資者繳的所得稅最少？

答：沒錯。

問：我也是個投資者。我擁有一個退休金計畫，我會撥款到自己正在工作的公司所安排的退休金帳戶之中。我有一些股票、公債、共同基金、以及指數股票型基金ETF所構成的投資組合。我也擁有一些免稅的投資收益。而且我是退役軍人，還享有固定的退休俸。我這樣算不算是I象限的人？

答：不算。你應該屬於一位被動投資者。成為一位專業投資者是完全不一樣的事情。換種方式來想想看：老虎伍茲是史上最偉大的高爾夫球選手之一，然而就算我拿著伍茲所用的同樣球桿、穿著和伍茲同樣的釘鞋和襯衫等，我也不可能打進高爾夫世界盃大賽、成為像伍茲一樣的職業高爾夫球選手。

換句話說，被動或專業投資者的差別，並非是從投資了哪些投資工具來判斷，區別的重點反而是在投資人的本身。想要過著I象限裡的生活，那麼就需要接受大量且優質的財商教育。

問：你認為我可以做得到嗎？

答：這就完全看你自己了。只有你能回答這個問題。

消費者與生產者

我們可以用消費和生產的觀點，來檢視E、S、B、I各個象限裡人們之間的差異。位於E象限裡的人，只能憑一己之力來生產，他們通常也得消費（耗掉）跟生產出來等同的價值。位於S象限裡的人（在有聘請員工的狀況下）的產出稍微會多一些，而他們的消費確實也會比自己所產出的稍微少一些。反觀位於B或I象限裡的人們，他們的產出遠遠比自己所消費的還要多出許多。例如，B象限裡的人，他們創造成千上萬的工作機會，而I象限的人則是提供各象限生產所需的能源、食物以及住宅等等。但這兩種人的消費水準幾乎與E和S象限裡的人們差不了多少。因此，政府會透過所得稅寬減額來鼓勵並且獎勵這些人，因為他們會生產出維持一國經濟所需的食物、能源以及住宅等，讓其他民眾過著快樂而有生產力的生活。

B和I象限

每個象限裡都有所謂的有錢人，也有為數不少的有錢上班族，以及有錢的自由業者（醫生、律師、運動員或藝術家等）。E和S象限裡同時存在著有錢人和窮人。

世界上最有錢的人則是活在I象限裡頭，I象限裡完全沒有所謂的窮人，他們所擁有的財富多寡不一而足，但是絕對不可能是窮光蛋。

問：他們既然這麼富有，為什麼只需要繳納最少的稅？

答：因為「誰手上握有黃金，誰就有資格制訂法則。」

問：所以你會按照I象限裡的規則來行事？

答：是的，而且你也可以。這些規則完全適用於任何人。

問：那麼E象限裡的規則卻不一樣？

答：非常不一樣。

問：你花了多久的時間才到達I象限之中？

答：的確花了不少的時間。凡事都不可能一蹴可幾。

我於一九七三年從越戰返回美國。我的窮爸爸建議我重返校園、攻讀碩士，然後選擇E象限裡的生活。我的富爸爸建議我上一堂不動產課程，並期待我將來有一天可以過著I象限的生活。

問：那麼你決定怎麼做？

答：我兩個建議都聽了。我在白天身為海軍陸戰隊的飛行員，晚上進修企管碩士的學位。

我也報名了為期三天的不動產課程。

問：後來呢？

答：六個月之後我決定放棄攻讀企管碩士學位。

問：為什麼？

答：理由有很多，其中一個是因為老師的關係。企管碩士班的講師都沒有實際社會經驗，他們只是在傳授課本知識的職業老師。

不動產課程的老師在現實生活中是一位真正的不動產投資客，他的教學方式激發了我想要進一步學習的興趣，反觀企管碩士班的講師，上課都非常無趣。不動產老師教授的內容都是跟I象限裡相關的事情，而企管碩士班的講師都在陳述E象限中的觀念。六個月之後我就選擇退學了——因為我清楚知道自己的目標在哪裡。我希望將來有一天能以專業投資人的身分，活在I象限之中。

四十年前，我為了這個為期三天的不動產課程花了三百八十五美元，這筆錢在當時，相當於我從事海軍陸戰隊飛行員的半個月薪資。該課程並沒有給我所謂的答案，但是教會我接下來應該要學習哪方面的事物，以及上完課之後應該要動手做哪些事情。我到今天仍然以學生自居，不斷的學習各種新的知識。

問：你那堂三百八十五美元課程的投資報酬率如何？

答：後來為我賺進了數百萬美元。最重要的是，我開始學習如何運用負債和稅賦來致富。

問：讓你致富的原因是負債和稅賦？

答：是的。有意思的是，一樣的負債和稅賦，會使其他多數人更加的貧窮，卻讓那些擁有財商教育的人們越來越富有。我從那一堂三百八十五美元課程裡所學到的知識，簡直是無價的。

問：我是否應該要重返校園？

答：你要重返哪種學校，完全取決於你打算進入哪個象限而定。我想要在I象限裡生活，跟那些世界上最有錢的人們為伍。當我上完那三天的不動產課程，我仍然不停的上課與學習。我對於學習有關I象限的事物，永遠都是樂此不疲。

問：你認為人們是否應該要攻讀企管碩士班？

答：當然了，因為企管碩士班提供四個象限扎實的基礎教育，一旦畢業，你就可以選擇自己想要往哪個象限前進。別忘了，並非是由職業來決定你所處的象限。舉例來說，一位醫生可能是被醫院聘僱的醫生（E象限），或是成為一位開設個人診所的醫生（S象限），或是負責興建且經營整間醫院的工作（B象限），也可以同時做I象限裡的專業投資者。

這其中的差別就在於心態、技能以及所接受的財商教育而定。如果你想要在B和I象限裡過生活，那麼你一定得要懂得如何用負債和稅賦來致富。

問：所以那個為期三天的不動產課程，是你進入I象限的入門課程？

答：是的。但別忘了我一再強調：那堂課程只是一個開端而已。我的老師鼓勵我們要不斷學習，因此我就聽話照做了。我後來又報名參加了許多如何投資股票、外匯交易、選擇權、黃金白銀等課程，以及各式各樣的理財規劃、舉債、節稅、籌措資金等財務課程，以及關於如何購買小型住宅區或籌備大型土地開發案等各式各類不動產相關課程。我非常喜歡在I象限裡進行各種各樣的學習。

如果你曾看過《創業鯊魚幫》（*Shark Tank*，亦稱「創智贏家」）這個電視節目，你就會知道I象限裡的人們到底是怎麼做的。他們會審視各種傳統商業、不動產或新創業的投資機會，並且決定這個產品或這位創業家是否值得進行投資。

問：I象限就是這樣子在過生活的嗎？

答：是的，真的是一種很棒的人生，的確比上班好玩多了。

問：你花了多久的時間才到達I象限之中？

答：當我四十七歲、金三十七歲的時候，我們總算達到了財務上的自由，但這一路走來卻非常坎坷。我和金甚至有一段時間處於無家可歸的狀態。從這過程當中，我們不但獲得了財富與自由，還同時獲得了無數的財商教育、知識、智慧、經驗以及理念相似的朋友們。

問：那麼，我要花多久的時間才能做到？

答：這完全就要看你自己了。我認識一些天生就具有I象限本事的人物。但我不是這種人，因此我的確花了不少時間才學會。金就是I象限的天生好手，她非常熱愛她在I象限裡的生活。

稅制只不過是一種獎勵制度

我想要強調的重點是：位於現金流象限E和S的人們，需要承擔較高的所得稅率，除非他們願意投資提升自己的財商教育，否則湯姆能給予這些人的幫助極為有限。

我和湯姆遇見過很多非常成功的會計師、律師和醫生等，都會向我們說：「你們的辦法在這裡行不通。」無論我們在地球上的哪個城鎮，一定會有某個專業人士舉起手來跟我們說：「在這裡不能這麼做，這麼做是違法的行為。」

問題出在於這些專家死守著自己所屬象限的心態與觀念。一個人需要接受財商教育，才有辦法從現金流象限E和S，移轉到B和I象限中。

當我和金於一九九四年到達I象限之後，我和她一起成立了屬於B象限的富爸爸集團。成立的目的，是要提供足以讓人進入B和I象限的財商教育，給那些處於E和S象限的人們。不過當然，沒有任何人能夠保證你最後一定會進入B和I象限之中。

我們於一九九六年推出第一個產品就是「現金流 101」這款遊戲，並於一九九七年推出《富爸爸，窮爸爸》一書，該書於二〇〇〇年榮登《紐約時報》暢銷書排行榜第一名，並且維持六年不墜。出書一個月之後，歐普拉來電邀請我上她的電視節目，那一天大大改變了我的生命以及富爸爸集團的方向。

很多人以為我是「一夕成名」的人物，或許，從某種觀點來看，這種說法不能算錯。就在一個小時之內，我在歐普拉的節目中，向上百萬的觀眾講述我兩個爸爸——富爸爸和窮爸爸——的故事，並闡述財商教育的重要性，因而讓我從無名小卒一夕變成家喻戶曉的人物。但我可以向你保證，早在歐普拉來電之前，我就已在財商教育投注了大量的時間，並且下過很深的功夫。

對稅賦做個總結

米特．羅姆尼繳稅的稅率是13％，而歐巴馬總統需要繳30％的稅，這是因為羅姆尼是活在B和I象限裡的人，而歐巴馬卻是E和S象限的人。他們對世界抱持著非常不一樣的觀點。

這就是真正的財商教育的威力。

獎勵投資條例（鼓勵措施）

當我和湯姆在全球各地一起上台教學時，他都會解釋稅制和所得稅寬減額等都是一種獎勵投資的措施。對不同的象限而言，其獎勵措施也都不盡相同。

舉例來說，E和S象限的人比較偏好那些能賺到更多錢、獲得更多收入、更高薪資以及分紅等等的獎勵措施，也就是說，大部分都是在為錢工作。

處於B和I象限裡的人，則是為了獎勵投資條例而工作。他們可以間接藉著所得稅寬減額等等，賺到更多的錢。

舉例來說，B象限裡的人，因為聘用了大量的員工而享有各種所得稅寬減額；政府之所以會這麼做，是因為政府需要創造大量的就業機會。如果一個國家擁有大量的上班族，那麼國家就會有源源不絕的大量稅收，因此，政府才會給予像伊隆．馬斯克（Elon Musk）等這樣的企業家，相當優惠的所得稅寬減額——美國各州和政府給予馬斯克的所得稅寬減額，高達數十億美元。

因為處於I象限的關係，當我提供公寓住宅讓大眾居住時，就能享有鉅額的所得稅寬減額。如果投資家不再提供住宅，那麼政府就得動用大筆納稅人的錢來解決這個問題，因此，與其向全體民眾課徵更高的所得稅，政府寧可藉著稅制獎勵像我這一類的專業投資者，來協助他們解決民生的問題。你可以把這種情況想成我和政府成為合作夥伴的關係，因而享有特別的稅賦獎勵。

如果完全依賴政府來提供公寓住宅給民眾，那麼該國就變成了完全由政府主導的社會主義。如果由像我這種民間投資人來興建，那麼該國就仍然是資本主義的社會。以我個人而言，我傾向於在資本主義社會裡成為現金流象限中B和I象限裡的一份子。

跟湯姆學財稅

政府的獎勵措施

就連E和S象限的人們也可以享有所得稅寬減額度。以美國為例，那些購屋居住的民眾可以享有扣抵貸款利息支出的獎勵。那些願意將收入放入個人退休金帳戶（IRA）、註冊退休儲蓄計畫（RRSPs）、以及澳洲的超級年金計畫（Superannuation）等退休金帳戶之中的人們，也可享有相當的所得稅寬減額度。此外，捐款給慈善機構也一樣可以享有某種程度的所得稅寬減額。這些都是政府鼓勵民眾的獎勵措施。

B和I象限裡的人享有種類更多、金額更巨大的所得稅寬減額，主要是因為政府需要這兩個象限裡的人們從事諸如改善經濟、創造就業機會以及提供民眾和其他企業食物、能源、和燃料等服務。

也許你現在開始瞭解為什麼我會聘請湯姆．惠萊特當我的財稅顧問，以及一起合著本書的原因。他會確保我在經商時做出正確的決定，以及本書內容的準確性。我不想因為做生意而身陷囹圄，也不想因為錯誤內容而誤導了你。

我之所以會聘請湯姆．惠萊特當我的財稅顧問，是因為每項投資案件和事業體都不盡相同。我們會婉拒大部分的投資提案，是因為絕大多數的案子經過再深入分析研究之後都行不通，而每當我們一起檢視這些投資案件後，都會變得越來越聰明。

千萬不要忘記，當有人說「你們在這裡不能這麼做」時，這個人大概是位於E或S象限裡的人。他們的想法也並不算有錯，因為他們的確不能在那兩個象限裡這麼做。但是只要你願意投資自己，接受B和I象限的財商教育，那麼你將來一定也可以這麼做。

跟湯姆學財稅

你們在這裡不能這麼做稅

每當我聽到這番說詞的時候，其實是在告訴我「在他所處的狀況下」是不能這麼做的，從這個觀點來看，他們說得也沒錯。想要跟我和羅勃特做同樣的事情，那麼你必須先改變你所處的狀況才行。舉例來說，房客無法將每月居住費用全額列舉為扣除項目（租金），但是自用住宅就可以這麼做（借款利息）。因此，若想要大幅列舉扣除房屋支出，那麼納稅義務人需要改變自己所處的狀況，也就是從房客變成屋主才行。想要享受其他眾多應稅所得減免（deductions，扣除額）、稅額減免（credit，亦稱租稅扣抵）和租稅獎勵（tax benefits，稅賦補貼）等也是一樣的道理。納稅義務人需要把自己擺在對的位置上，才能享有這些租稅上的獎勵。如果這麼做了，無論是貧是富，人人都能沒有差別地享有稅賦上的各種優惠或減免。有錢人就是比中產階級和窮人更懂得如何把握各種機會，把自己擺在最有利的位置上。

本書稍後，湯姆和我會詳加探討我和金在現實生活裡曾經投資過的項目——也就是那些E和S象限裡的人們所說的「你們不能這麼做」的投資案。

第四章

為什麼犯錯會讓有錢人越來越富有

窮爸爸：「犯錯會讓你越變越笨。」
富爸爸：「犯錯會讓你越來越聰明。」

你是否曾經看過嬰兒學走路的樣子？嬰兒會努力站起來，搖搖晃晃一陣子，然後跨出第一步。絕大部分的情況下，他會跌坐回地面，然後開始嚎啕大哭，但我們都知道接著會發生什麼樣的事情。很快的，嬰兒再次站起來、保持平衡、搖搖晃晃後再次跌倒，然後再一次啜泣。他會一直重複這個過程，直到他學會走路、跑步、騎腳踏車、駕駛汽車、然後離開父母自立為止。

這個過程是人類與生俱來的學習方式，因此人們得藉著不斷犯錯來學習。如果嬰兒在學走路的過程中，每一次跌倒就得受到懲罰，那麼所有嬰兒註定在地上用四肢爬一輩子，更不可能長大成人、離開父母的懷抱。

在當前的學校體系中，學生藉著聽課、閱讀自修，然後參加考試的方式來進行學習。假設這次考試一共有十道題目，而考生寫錯了其中三題，那麼老師就會給他打個七十分，然後開始教導全班下一個單元的內容。

學校制度忽略了這次考試當中最重要的一環，也就是學生所犯下的錯誤。並非鼓勵學生從錯誤當中學習，學生反而是因為答錯題目而遭受到懲罰。這讓很多學生從學校畢業的時候，覺得自己很愚笨（就算自我感覺沒有這麼糟糕，但也絕不會認為自己很聰明伶俐！），同時也會變得非常害怕犯錯，而且也對自己的學習能力缺乏足夠的自信。

學生犯了錯，就是在告訴老師他們哪裡還有不清楚的地方，而且多數情況下，學生犯錯是在反映老師的教法哪裡出了問題。這些錯誤對學生和老師而言，都是讓兩者變得更聰明的絕佳機會。

絕大部分的學生在畢業一年後，都會忘記在學校裡學過的75％的內容，也就是那些所謂的「標準答案」，然而，他們腦海中卻永遠都會烙下「千萬不可以犯錯，犯錯就完蛋」的負面印象。

富爸爸非常重視錯誤，他經常會說：「上帝是藉著錯誤來和你進行溝通的。這些錯誤好像是在跟你說：『喂，醒醒吧，你要注意了，現在這裡有你需要學習的事物。』」

小時候，我跟富爸爸的兒子每週都會到富爸爸的公司裡打兩天零工。每當工作結束之後，他就會坐下來聽取我們當天的匯報（debrief），他想要知道我們在當天學會了什麼，我們有哪些事情還搞不懂，以及我們犯下了哪些錯誤等等。如果我們犯了錯誤，他就會要求我們講實話，他絕對不准我們養成用謊言來掩飾自己錯誤的習慣。在他的觀念中，唯有在不承認錯誤時，犯錯才會變成一種罪惡。

跟湯姆學財稅

專家最討厭犯錯

會計師、律師、醫生、網路工程師以及其他各行各業的專家們，通常會習慣於待在E和S象限之中。他們花費畢生之力要把事情做對，因此對這些人而言，要承認自己的錯誤，多半會是一件非常不容易的事情，這也就是為什麼他們之中，只有極少數的人才能進入B或是I象限之中。這種人無法明白自己犯錯，以及允許別人犯錯的好處在哪裡，而這是讓這些人裹足不前的最大障礙之一。

全世界最好的老師

富爸爸派給我們的家庭作業，就是要閱讀跟創業家有關的書籍。看完一本書之後，我們就會聚在一起進行「讀書研討會」，討論分享我們各自在書中所學到的事物。就因為他的這項要求，讓我們看了許多和創業相關的好書。富爸爸經常說：「書就是世界上最好的老師之一。」

我們在讀書會中看過並且進行討論的書當中，我最喜歡的其中一本就是湯瑪斯．愛迪生的傳記。他在一八四七到一九三一年間的人生當中不僅僅是一位發明家，同時也是世界級企業奇異公司（General Electric）的創始人。

老師在愛迪生求學期間給他的評語是「笨到無法教他任何事情」，而且被貼上「朽木」（addle）的標籤。因此他離開學校，回到家裡由母親親自教導，因此他就有充裕的時間來學習自己想要獲得的知識。

愛迪生其中一項偉大的發明，就是現代實驗室的雛形。在他自己所設計的實驗室裡，人們可以像團隊一般的進行各種實驗——在這個環境中，他跟團隊擁有犯錯和失敗的自由，直到大家獲得最終的成功為止。

他的實驗室研發結果包括了諸如電報、電話、電燈泡、鹼性蓄電池、電影攝影機等，許許多多改變了全世界的偉大發明。這樣的成果對於一個曾被老師評為笨到無法教導的學生來說，應該算是相當不錯的成就了。

在愛迪生所有名言中，我個人最喜歡的是：「我並沒有失敗。我只是發現了一萬多種不成功的方式而已。」

而對於那些會選擇放棄的人們，愛迪生是這麼說的：「很多失敗的人生，是因為這些人放棄的時候，不知道自己離成功只是一步之遙罷了。」

應該有不少讀者曾經聽過上述這兩句名言。因此我想問問你：你這輩子因為害怕犯錯，或害怕失敗，因而受到了多麼嚴重的局限？你是否會害怕被老闆開除，擔心沒有工作做，或是害怕在別人面前丟臉？

鄰家的百萬富翁

在一九七一到二〇〇〇年期間，一般民眾是不需要做出任何改變的，因為他們受到了全球經濟蓬勃發展的庇蔭。

《原來有錢人都這麼做》（*The Millionaire Next Door*，直譯：鄰家的百萬富翁）該書於一九九六年出版，並且立即成為當年最暢銷的書籍之一，因為它完全反映出當年全球民眾熱衷的生活方式。

中產階級愛死了這本書。書中給百萬富翁所下的定義，就是一位擁有大學文憑，一份高薪工作，以及坐擁一間郊區高級住宅的中產階級。這些百萬富翁開著例如富豪（Volvo）或豐田（Toyota）等低調的車子，完全聽從時下理財專家給予他們的投資建議，亦即「好好存錢儲蓄，還清債務、長期投資於由股票、債券、以及共同基金所構成的，風險經過分散的投資組合之中」。

結果世界發生了巨大的改變

再次回顧前面提過、關於道瓊工業加權指數一百二十年來的走勢圖，我們就會看到，就在《原來有錢人都這麼做》出版之後，股市就發生了一次不小的跌幅。而到了二〇〇八年時，很多這一類的百萬富翁不再是你的鄰家，因為隔壁那棟已變成了「被法拍的房屋」。

《富爸爸，窮爸爸》一書則是在一九九七年出版，而且書中闡述的內容與前者恰恰反。《富爸爸，窮爸爸》的內容，就是在講那些真正是有錢人的人才會懂，而那些「鄰家百萬富翁」卻不清楚的事情。

二〇〇八年，世界的金融體系差一點崩毀，因此全球各國政府為了撐住經濟而開始發行數兆美元的通貨。有不少「鄰家百萬富翁」在這次動盪中，幸運避掉了宣布破產的命運，但這些百萬富翁只是帳面上的百萬富翁，例如「身價的百萬富翁」，或「房屋淨值的百萬富翁」，或「退休金帳戶金額的百萬富翁」等等。問題在於這些人幾乎都沒有受過真正的財商教育，且這個現象至今仍然沒有任何改變。

如今，不再是憧憬未來的退休生活，這些「鄰家的百萬富翁」個個都憂心忡忡，害怕在下一次金融動盪當中失去自己一輩子所累積的財富。他們清楚知道全球經濟非常不對勁，也有不少人更擔心自己健康良好，萬一壽命超過自己所預期，到時候退休金不夠花，那該怎麼辦？

萬一我失敗了怎麼辦？

本章的重點就在講犯錯這件事情。多數人在學校裡所學到的，就是要極力避免犯錯。結果害怕犯錯的恐懼成為心理上的一道障礙，影響著他們的學習能力，進而阻絕了他們所需要學會的新事物。

在本書的一開始我提到過，一般人會來問我：「我應該要拿自己的錢怎麼辦？」會這樣提問的人們，相信在當前的經濟狀況下，一定面臨了很大的問題。

問：他們為什麼面臨了很大的問題？

答：因為這些人就是存錢儲蓄、購買自用住宅、還清債務、並且在股市當中長期投資的民眾。

問：那麼在下一次風暴當中，就是這些人很可能會變得一貧如洗？

答：是的。

問：那麼這些人應該怎麼做？

答：他們有幾種不同的選項，但我仍然建議他們要去接受真正的財商教育，而不是把他們的錢交給所謂的投資理專。這些民眾嘴邊經常會掛著以下的話：

萬一我失敗了怎麼辦？

萬一我犯了錯怎麼辦？

萬一我賠了錢怎麼辦？

這麼做風險很高不是嗎？

這麼做不嫌累嗎？

我不喜歡操心這種事情，反正我有社會保險。

問：所以當他們害怕犯錯的時候，是沒有辦法教導他們任何新事物的，是嗎？或許他們根

本也不想要學習新的事物？

答：完全正確。過著「鄰家百萬富翁」那種生活方式的日子已經結束了。只要把自己的錢交給所謂的專家，然後等著成為百萬富翁的時代，也已經離我們遠去了。

羅斯柴爾德勳爵有一番話，透露著嚴重警告世人的意味：「檢視世界各國央行這六個月以來的作法，它們仍然持續在進行著人類史上規模最大的一次貨幣發行實驗。就因為如此，我們的經濟已經邁入了一個完全未知的領域之中。由於當前市面上極低的利率水準，加上全球有三成以上的政府背負著巨額的債務，但其債券實質殖利率為負值，而各國政府同時還在進行鉅額的各種量化寬鬆貨幣政策等狀況下，會造成什麼樣不可預期的後果，非常令人憂心。」

問：這番話是什麼意思？

答：意思就是，全球的金融已經面臨了巨大的問題。

在西元一九七一年到二〇〇〇年間，那些擁有一份高薪工作、存錢儲蓄，並且被動投資於股票市場的民眾，個個都大有斬獲。

但這些所謂的「鄰家百萬富翁」在退休前夕，都會將自己手中的股票轉換成債券，藉著獲得長期穩定的投資收益，來供養自己退休之所需。投資公債這種作法在一九七一年到二〇〇〇年間是非常穩當的作法，因為所有的債券都屹立不搖——幾乎沒有投資上的風險，又十分安穩。

然而，如今在低利率的環境下，存錢儲蓄的民眾都淪為輸家；股票市場正在經歷歷史上最大的一次泡沫化危機；原本屹立不搖的各國公債，目前都已經變成了極不穩定的定時炸彈。如果利率水準再次開始上揚，那麼將很有可能引爆全球的債市危機。

大規模毀滅性的武器

我在本書的前面曾經提過，有錢人跟一般人之間的鴻溝之所以會越拉越大，最主要的原因就是因為金融化（financialization）的關係。在金融化的過程中，整個世界開始製造出所謂的有毒貨幣，以及稱之為衍生性金融商品的有毒資產等等。華倫·巴菲特把這些金融化產品稱之為：「大規模毀滅性的武器。」

而且巴菲特很清楚的知道這件事情，因為他所擁有的公司——穆迪信評公司（Moody's）就曾大力推薦這類「大規模毀滅性的武器」，也就是不動產貸款抵押證券（Mortgage Backed Securities，簡稱 MBS）。MBS 是把一群窮人的房貸——信用評比不佳的次級房貸（subprime）——集中起來，然後藉由財經工程師的包裝，像是變魔術一般，將這些次級房貸搖身一變成為號稱特優等級（prime）的投資標的。

當穆迪信評公司把這些大規模毀滅性武器貼上「非常安全穩當的投資」的標籤之後，

這些有毒資產就被賣到全世界的金融市場裡去了。後來這些有毒資產所引發的金融風暴，震垮了全球的金融界。

問：所以說，如果穆迪信評公司沒有給予特優投資的評比，那麼這些衍生性金融商品當年就不會被賣到全球各地？

答：是的。當巴菲特和他的朋友們大賺數十億美元的同時，有數千萬受害者的財務狀況被毀於一旦。後來政府高層的官員為了保護這些不當得利者的利益，還動用納稅人數千億美元的資金給金融界的友人進行紓困。這是金權政治行徑最囂張、最過份的一次事件。

問：所以二〇〇七年房市崩盤，以及二〇〇八年銀行破產和股市重挫的主要原因，都是因為這些經過金融工程而變出來的衍生性金融商品所造成的關係？

答：是的。房地產市場本身的價格並沒有崩盤，而是那些衍生性金融商品本身接連引爆，幾乎癱瘓了全球的金融市場。

如果你想要更進一步瞭解衍生性金融商品到底是什麼，以及它們所具有的毀滅性力量，那麼有一部叫做《大賣空》（*The Big Short*）的電影非常值得一看。該電影除了寓教於樂之外，你將會對這些大規模毀滅性的金融商品有更進一步的瞭解。

我在二〇〇八年接受CNN電視台主持人沃夫．布里澤（Wolf Blitzer）訪問時，我在現場直播新聞中警告金融市場即將崩盤，同時預告美國最古老的一間銀行——雷曼兄弟即將爆發財務上的危機。在事情爆發六個月之前，我就在電視上提出了這些預警。你可以造訪 RichDad.com/RDTV 這個網站來搜尋這個影片的內容。

別急……還有更糟糕的事情在後頭

二〇〇七年，在發生金融風暴的前夕，市面上大約有七百兆美元極不穩定的衍生性金融商品。二〇一七年，這個金額已經達到了一千兩百兆美元之譜。

問：萬一再次引爆金融風暴，又會發生什麼樣的狀況？

答：那些所謂的鄰家百萬富翁很可能在劫難逃。

問：如今這些衍生性金融商品是否比較安全了？

答：沒有。根據二〇一六年九月一日《華爾街日報》（*The Wall Street Journal*）的報導，全球規模最大的銀行之一德意志銀行（Deutsche Bank）已經面臨了嚴重的問題。這間於一八七〇年成立，在全球擁有十多萬名員工的銀行界巨擘，已經開始出售部分業務和資產來籌措現金。當今推動的負利率政策，像是癌症般的侵蝕了各個銀行的獲利模式。該報導中也提到，該銀行的衍生性金融商品已經過熱，接近熔解的臨界點，就和二〇一一年日本福島核電廠所發生的狀況如出一轍。

問：有沒有更容易的方式來進一步瞭解衍生性金融商品到底是什麼？

答：你可以試著用橘子來理解。橘子汁是橘子的一種衍生性商品，而濃縮橘子汁則是橘子汁更進一步的衍生性商品。

房貸就是從房子本身演變出來的另外一種衍生性金融商品。這些金融工程師將上百萬筆不同的房貸綁在一起，把它變成一種經過濃縮的貸款，然後把這種有毒資產輾轉賣給全世界。只要這些申請次級房貸的屋主（申請這類貸款的人，有時候連工作都沒有）每個月還能按時繳交房貸，那麼全球金融界就會持續維持天下太平。

原子能研發的戰爭

原子彈就是從原子量92的鈾元素（化學符號U）所衍生出來的產品。像我這種在一九六〇年代長大的小孩子，是活在隨時可能爆發原子戰爭的恐懼之中。我們從小就被灌輸蘇聯和中國都是我們的敵人，而且隨時都有可能會攻擊美國；為了應對原子彈的威脅，我們的學校舉行了各種滑稽可笑的防爆演習。在老師的命令下，小學生隨時要鑽到課桌椅下方並且要用手來保護頭部。

如今國際間各種勢力在武器方面仍然相互競爭，並且在意識形態上相互叫囂著。原子彈以及大規模毀滅性武器的威脅，是真正存在於這個世界之中，打擊伊斯蘭國組織（ISIS）以及全球恐怖分子等等也是勢在必行的。目前金權政治也早已滲透進全球各國政府、跨國企業、中央銀行以及金融界等處，不過到目前為止，學校裡根本沒有傳授多少和財商教育有關的內容。

E象限的奴隸

對大部分的人來說，在求學期間所受的教育將會影響個人一輩子。一般民眾的思維模式與人格基礎，在缺乏震撼學生思維模式的教育環境裡，幾乎就像是用同一個模子鑄造出來的。

當父母對孩子說「好好上學唸書，然後找份好工作」這種話的時候，這個孩子就是接受了E象限的思想教育。

最大的問題就是對大部分的人來說，E象限是他們唯一所能想到的生活方式。絕大部分的民眾根本不知道世界上存在著遠比E象限更廣闊的天地。

雖然我們都是人類，但是我們各自都是非常不同的存在。雖然全球各地人們所採用的語言都不一樣，但是位於E象限裡的人們所講的話卻都是一樣的。他們經常會說：「我想擁有一份安穩、沒有變動的工作，每個月可以領固定的薪資，享受大量的福利津貼，以及足夠的休假日數。」不管這個人講的是英文、西班牙文、德文，或者是史瓦希里語（Swahili），他們所講的內容都是一致的。

身為人類的存在

一個人類的存在，是由四種不同的領域所構成，分別是：心理、肢體、情緒和精神。我們當前的教育體系，則是被設計成要將一個學生的身心靈、情緒以及精神塑造成「雇員」（職員）的存在。

問：是不是就因為如此，一般上班族很難放棄穩定的工作以及固定的薪水？當人們缺乏真正的財商教育時，是否就只能被恐懼的情緒所左右？

答：絕對是這樣的。在缺乏財商教育的狀況下，人們只能活著，但無法追求所謂自身的存在。

問：是否為了避免民眾追求自身的存在，所以學校教育中才不具有真正的財商教育？

答：就我個人的觀點以及研究調查來看，事實的確是如此。目前整個西方世界的教育體系是基於當年普魯士（Prussian）的教育體制演變而來，而這種教育體制的目的，是要把一般民眾訓練成完全聽話照做、服從命令的工人和士兵。

我並不是認為服從命令是件壞事情，我個人也懂得服從命令，我也會遵守法律。而且一個人必須要先懂得如何被人領導，才能成為一位優秀的領導人。倘若人們開始不聽從規矩或不遵守法律，那麼整個社會將陷入一片混亂。

然而，讓我憂心的是我們當前的教育體系是在利用恐懼教導學生，而這也是導致人們無法好好進行思考的原因之一，因為人們滿腦子都在擔心害怕犯錯、害怕失敗以及害怕丟臉等等的顧慮。當一個人缺乏情緒智商（EQ）以及財商教育時，那麼這些人一從學校畢業，就註定成為E象限裡的囚犯，並且一輩子求出無門。

刑求室（The Torture Chamber）

從大學畢業後，不少資優生會進入研究所或更專業的學院，然後成為S象限裡的專家。這些人就會成為執業的醫生、會計師或是律師等等。

也有很多人會成為S象限裡面所謂的自由業者。他們會從事例如不動產仲介、按摩芳療師、電腦工程師、網站設計師、演員、藝術家以及音樂家等工作。極少數人雖然也會在財務上獲得巨大的成就，但處於S象限的多數人則不然。

還有一小部分的人會成為S象限裡面的小企業家。他們或許會成立一間餐廳、開一家花店，或是一間健身房等等。

問：你為什麼會把S象限稱之為「刑求室」？

答：因為S象限是最痛苦糟糕的一個象限。當一個人決定離開E象限的時候，個人的開支就會立即大幅上揚，但收入卻是同時大大地減少，各種政府的規定與法規也會接著排山倒海而來。你也不能再享有醫療與口腔保健、退休基金或給薪休假等等原本員工特有的福利。你的收入會減少是因為你還得兼顧客戶服務以及行政雜事等等，而不能像從前那樣完全發揮並從事自己擅長的工作。你這份新工作是要打造並且經營一個全新的事業體，同時要和各種消耗自己時間與金錢的對象打交道。

問：這是不是就是九成新創業的公司無法熬過五年的原因？

答：是的。

問：那麼當事業成形之後，這種狀況是否會有所改善？

答：只會改善一點點而已；對S象限的創業家來說，這場夢魘永遠不會停止。

舉例來說，S象限中的人們永遠承擔著最高的稅率（有些地方甚至還高達60％），這也是很多中小企業選擇不持續擴大規模的主因，因為擴大營業規模必須付出的成本與心力，往往和獲得的收入不成比例。

問：有沒有什麼好消息呢？

答：好消息是現在市面上有很多教導人們如何成為創業家的課程。現在也有很多學校開始推出各種跟創業相關的進修課程，讓人們避免承擔不必要的風險，而能從E象限順利轉入S象限之中。壞消息是這些課程大多都在訓練人們成為S象限裡的創業家。

問：那麼，成為一個S象限裡成功的小企業家到底有什麼好處？

答：因為S象限是所有象限中最重要的一個象限。

問：為什麼？

答：因為當你在S象限創業成功後，你就變成了一位真正成功的創業家，而且你再也不會回到E象限裡去就業了。

最好的消息

如果你能在S象限裡面致富並獲得成功，那麼你就有資格進入B和I象限之中。麥當勞創始人雷．克洛克（Ray Kroc）從麥當勞兄弟手中買下麥當勞企業之後就是這麼做的。他把麥當勞兄弟S象限的事業，轉變成一個B象限裡的大型企業，且因而賺進了上百億美元的財富。

問：你是否也曾經做過同樣的事情？

答：是的。雖然規模完全不能跟麥當勞相比，但是作法與過程跟麥當勞非常類似。我目前仍然尚未成為一位億萬美元的富翁。

問：你一路上從E象限裡的員工，變成S象限的自由業者，然後進入B和I象限之中，這個過程是否很不容易？

答：對我個人而言，每次轉換象限的時候，都是一件很痛苦的事。

問：為什麼？

答：因為進入不同象限，人們需要接受的教育都完全不同，每個人需要學習的內容也不盡相同，人人所面臨的挑戰也都不一樣。

當年我從E象限轉變到S象限時，我必須完全改變自己的存在模式。我得拚命掙扎摸索與學習一些我原先根本一無所知的事物。我完全沒有穩定的收入，但是我的員工照常領月薪並且享有各種福利與津貼。我必須自掏腰包購買辦公家具、設備以及文具用品。我必須跟各種金主會面來籌措資金購買我這個尼龍錢包事業的一切所需。每當我自己或員工犯下任何錯誤的時候，所有賠掉的冤枉錢也都得由我一個人來承擔。

就像嬰兒一樣，在學會走路之前必須要先跌倒過幾次，我在學習進入S象限時，幾乎天天都在跌倒——而且必須完全靠自己努力振作起來。要不是富爸爸教我必須要珍惜每次犯錯的機會，並從中學到教訓，我早就放棄這條路了，我很可能就會成為愛迪生口中所謂的「失敗的人生」。愛迪生說過：「很多失敗的人生，是因為這些人放棄的時候不知道自己離成功只是一步之遙罷了。」

我在獲得成功之前，必須經歷過無數次慘痛的失敗。唯有如此，當我們在進行象限的轉換時，我們個人的存在才會跟著一起發生改變。

當我在S象限裡獲得成功之後，就已經準備好要進入B和I象限了。我所認識的每一位成功的企業家，都是經歷過同樣的改變過程。

問：那我什麼時候才能學到有關於B和I象限裡的事物？

答：這就是本書接下來準備要傳授給你的內容。

就目前來說，我希望你能清楚瞭解失敗的人以及富足的存在這兩者之間的差異。

必須要付出什麼樣的代價？

改變所處的象限需要俱足以下四個條件。

一、靈性上的智商（Spiritual Intelligence）**：**當你內心平靜時，你就會開始領悟內心有著更巨大的自己，是一個絕對能實現夢想的存在。

二、心理上的智商（Mental Intelligence）**：**是一種清楚知道自己有能力學習任何事物的認知。

三、情緒智商（Emotional Intelligence）：指一個人從錯誤當中學習的能力。在某些情況下（例如憤怒的時候），情緒智商的重要性遠比心理智商還來得重要，甚至不只三倍。就算是別人犯下的錯誤，忍住不去責怪他人亦同。責怪他人就等於是告訴別人我的情緒智商非常低。責怪（Blame）可以趣解成「一個在責備他人的怪胎」（Be Lame），一種差勁的存在。別忘了，所有的硬幣有著三個面，亦即正面、反面以及側面邊緣的那一面。擁有高度情緒智商就表示你能站在硬幣邊緣的立場上，同時看待正面與反面兩種截然不同觀點來進行學習。

四、肢體的智商（Physical Intelligence）：一個能將所學實際應用出來，將理想化為實際行動，然後在跌倒之後重新站起來的能力。

如果你能在日常生活鍛鍊這四種智商，那麼無論外在環境、經濟情況發生什麼樣的改變，你都一定會變得比今天更加的傑出與優秀。

第五章
為什麼市場崩盤可以讓有錢人越來越富有

窮爸爸：「我希望市場不要發生崩跌。」
富爸爸：「市場漲跌跟我無關。」

如果今天各大百貨公司全面打對折，那麼一定人滿為患，你我連擠都擠不進去；如果換成華爾街股票價格腰斬，那麼鄰家的百萬富翁們個個都風聲鶴唳，躲得不見蹤影。

善護地球的巨人

我在一九八三年看了由巴克敏斯特．富勒（R. Buckminster Fuller）博士所寫的《強取豪奪的巨人》（*Grunch of Giants*）這本書，讀完之後，我就預見了我們現今所面臨的金融大危機。

富勒博士經常被人稱之為「善護地球的巨人」。他因為設計出穹頂建築（geodesic dome）而聲名大噪。一九六七年的時候，我從紐約國王角（Kings Point）——當時所就讀的學校所在地——出發，藉著搭便車的方式前往了加拿大的蒙特利爾省，參觀當年的世界博覽會，其主題為「人類和我們的世界」。當時我特別想要親眼看到富勒博士所設計、被當成美國館的巨大穹頂建築。該建築物的確令人嘆為觀止。

我在一九八一年的一個週末，參加了富勒博士在加州柯克伍德（Kirkwood）滑雪度假中心所辦的課程，這堂課完全地改變了我這一輩子人生的方向。

我之後在一九八二以及一九八三年間再次上了一些他所舉辦的課程。他在這些課堂裡教導我們要如何去預測未來，但很不幸的，在最後一堂課結束幾天之後，富勒博士就去世了

富勒博士因為很多事情而舉世聞名。他本身是一位科學家、建築師、數學家，以及一個未來學家。他所做出的預測中，很多都非常精準的實現了。舉例來說，他預測在一九九〇年左右，世界上會出現一種從未所見的新科技。結果就如時鐘般的準確，一九八九年因為高等研究計畫署網路（ARPANET）的推出，因而誕生了網際網路。這是富勒博士逝世後第六年所發生的事情。

一九八三年出版的《強取豪奪的巨人》（*Grunch of Giants*），「Grunch」這個字眼是「全球性的現金大劫案」（Gross Universal Cash Heist）的縮寫。富勒博士在書中解釋這些世界超級有錢人是如何剝削全球民眾的財富，並且警告世人將來又會演變成什麼樣的情況。富勒博士所說的話，跟我富爸爸多年來警告我的內容如出一轍。

誰是強取豪奪的巨人

富勒博士在《強取豪奪的巨人》一書中寫道：

「是誰在主導著這些強取豪奪的巨人們？沒有人確實知道。這些人控制著全世界的銀行界，連最不為人知的瑞士各家銀行也難逃其魔掌。當他們的代表律師告訴銀行要怎麼做的時候，所有的銀行家都會聽話照做。他們在技術上一直維持著合法性，如果有人膽敢質疑或挑戰這一點，他們也都擁有萬全的準備與因應之道[2]。代表這些組織的律師事務所叫做『馬基維利，馬基維利原子與石油』（Machiavelli, Machiavelli, Atoms & Oil）。有些人認為名稱中的第二個馬基維利，代表著他們是源自於黑手黨（mafia）的意思。」

我想表達最重要的一點就是：我們現在應該都瞭解到，當前的金錢與金融制度完全被少數人非法操縱，而這是一種極為不公平的狀況。這些強取豪奪的巨人們所主導的金錢遊戲，一直在利用貨幣、銀行體系和金融制度等等，不斷的剽竊全世界民眾的財富。

全世界正在甦醒當中

引用自二〇一六年三月二十六日《經濟學人》雜誌（*The Economist*）的一些報導內容：

2 譯註：意指包括暗殺與發動戰爭等。

「美國原本是充滿機會與希望的樂土，但現在所謂的機會，都是在保障精英分子的商機；有三分之二的美國民眾認為整個國家的經濟被人非法操縱，專門獨厚特定的利益團體而已。原本所抱持的希望，如今已經從失望且轉變成憤怒。」

「美國開國精神就是提供創業家一個自由的園地，但現在完全不是這麼一回事了。」

「幾乎可以確定現在的遊戲規則是被非法操縱，並且是偏袒某一方的。」

問：我們是否能阻止這些強取豪奪的巨人？

答：你可以嘗試看看，但是與其直接對抗強取豪奪的巨人們，我決定學習並瞭解這些巨人們的遊戲規則。我決定不要成為一位受害者，這也就是為什麼我從一九六三年就開始學習如何預測未來……絕對不去玩那些巨人們為我們一般民眾所安排的遊戲規則。

問：那些人給我們安排了什麼樣的遊戲規則？

答：這個遊戲規則一開始所下的指令就是「好好上學唸書，認真工作，按時繳稅，清償所有的負債，以及存錢儲蓄。」

如何預測未來

如果想要前瞻未來，就必須先懂得如何回顧歷史。富勒博士把這種作法稱之為「預測模式」（prognostication）。接著，我分享富勒博士當初是如何教導我預測未來的方法，這裡再次借用道瓊工業加權指數一百二十年來的走勢圖來做為例子。

現在只要看這張圖近二十年來的走勢，你也可以開始預見未來將會發生什麼樣的事情。

一九一三年：聯邦儲備銀行（聯準會）成立。同年，美國通過第十六條憲法修正條例，允許政府可以向民眾開徵所得稅。

問：聯準會和開徵所得稅，這兩者竟然都是在同一年發生的事情？

答：是的。聯準會需要藉著民眾所繳納的稅金才可以憑空創造出美元這種貨幣。

道瓊 120 年來走勢圖

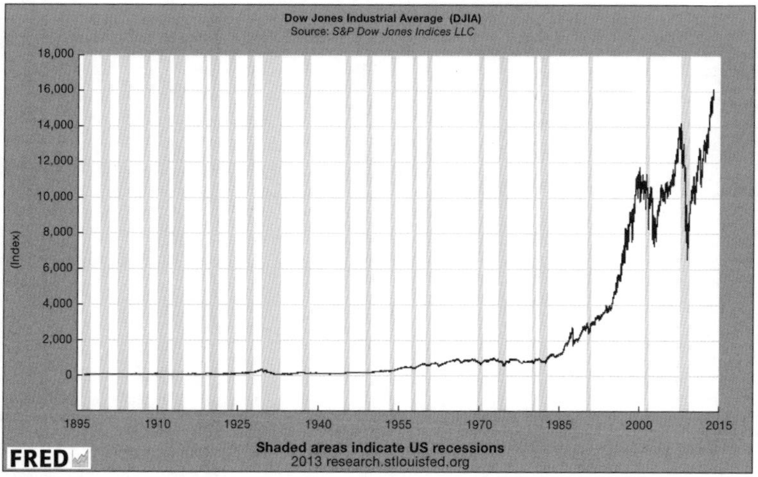

資料來源：FRED - Federal Reserve Economic Data

跟湯姆學財稅

稅金會創造更多的美元出來

聯準會之所以能發行美元貨幣，是因為這些紙鈔完全是由美國納稅人一起來擔保其價值的。如果目前的稅制不存在，那麼美元就會失去擔保，聯準會因此就無法憑空發行鈔票。

問：為什麼那一年這麼重要？

答：因為當前經濟危機就是從一九一三年當時開始啟動的。如果當年沒有成立聯準會與國稅局這兩個單位，那麼現在也就不會面臨金融風暴的危機。

很多專家學者同意，如果聯準會不存在，那麼也就不會有動輒發行印製數千億美元的量化寬鬆政策（QE）存在。如果沒有聯準會，那麼二〇〇七年也不會爆發次級房貸的風波。如果沒有聯準會這樣的機構，二〇〇八年也就不會倒掉這麼多間銀行，而且如果沒有聯準會，那些大銀行就不可能獲得到由民眾納稅錢所提供的紓困金。

這就是為什麼想要瞭解目前金融危機的始末，一九一三年是一個非常關鍵的一年。

一九二九年：美國股市發生了大崩盤。而這次股市的重挫，造成了接下來的經濟大蕭條年代。經濟大蕭條深深的震撼了美國的民眾。由於在財務上嚴重的缺乏安全感，因而導致了後來所推出的大社會政策（the Great Society），也是當今許多社會福利政策的濫觴。如今這些各式各樣的社會福利政策，因為多年來資金不足的問題也即將逼得美國政府宣布破產。

如果包括像是社會福利政策以及醫療健保制度等等的未給付金額在內，那麼美國國債於二〇一七年已經高達了兩百二十兆美元之譜。

一九三五年：美國羅斯福總統頒布了社會福利政策法案。如今美國有數百萬的民眾的退休生活所需，完全得仰賴美國政府的資助才能得以維持。

一九四三年：美國通過並頒布了稅捐稽徵法案，也就是國會竟然允許政府可以在民眾拿到薪水之前，從中直接先行取走原本年底才要繳納的所得稅。

一九四四年：由於布列敦森林體系（Bretton Woods）的關係，讓全球採用美元作為世界的儲備貨幣。意思就是說美國答應全世界，美元這個貨幣將會用黃金來擔保其價值，而全球其他國際在互相進行貿易時，都得用美元來進行結算。

這麼一來各國的中央銀行就不再需要儲備黃金，只要擁有美元即可。在這個協議下，美元就等於「跟黃金一樣好」（所以當年被稱之為「美金」），並且成為全世界各國的儲備貨幣。在這種體制下，給了美國一種前所未見在經濟上的絕對優勢，因此使得美國以及許多的美國民眾變得極度富有。

一九七一年：美國尼克森總統公然違背了布列敦森林體系的協議（片面取消了美元用黃金做擔保的承諾），因此聯準會就開始大量發行美鈔。如果尼克森當年沒有切斷美元的金本位制，現在也不會有這些金融危機產生。

一九七二年：尼克森總統敲開了中國的大門。因此美國穩定保障的工作機會就逐漸移往到薪資低廉的國家去了。也因為如此，使中國在短短三十幾年當中，從一個赤貧的國家搖身一變，成為當前世界的強權之一。

一九七四年：尼克森總統和阿拉伯聯合大公國簽下了協定，美元不但從此用石油來作為擔保，並且規定全世界進行石油交易時都一律要採用美元來進行……因此讓美元成為人類歷史上最具有影響力的貨幣。

因為有石油美元這種制度，聯準會現在可以毫無忌憚的大肆發行貨幣。好消息是美國的經濟因此而迅速起飛，但壞消息就是造就了恐怖分子的崛起。

由於恐怖分子的關係，有數千的民眾死於恐攻，更有數百萬的民眾因為連年不停爭戰而流離失所……而發生戰爭最大的原因，就是石油美元。美國政府經常自詡扮演著世界警察的角色，事實上並非如此；美國之所以會發動各種戰爭，純粹只是為了捍衛石油美元在全世界霸權的地位。

問：什麼叫做霸權？

答：所謂的霸權，就是某國凌駕於他國之上的情況。由於跟沙烏地阿拉伯及其他石油輸出國家達成協議，因此，讓美國擁有非常強勁的經濟、領先全球的生活方式、極高的生活水平，以及凌駕全球他國的一種不公平的競爭優勢。

問：假使石油美元的時代結束了，會發生什麼樣的事情？

答：好問題，沒有人確切知道會發生什麼樣的狀況。當各國央行開始拋售原先當成儲備用的美元通貨時，大概會有數千兆美元流回美國國內，很有可能造成後果極為嚴重的通貨膨脹問題。美國的霸權終將有結束的一天，而有錢人和中產階級與窮人之間的鴻溝卻依然會越拉越大。

問：所以一九七三年爆發了中東危機，就是因為美元變成了石油美元的關係？你的意思是說，現在會有數百萬的難民湧入歐洲，都是因為石油美元所造成的影響？

答：這個問題很值得玩味。你現在已經開始學會如何藉著回顧歷史來預測未來的方法了。

一九七八年：美國推出 401(k) 國民退休福利計畫。如今有八成的戰後嬰兒潮世代民眾認為，自己在退休之後註定要過著拮据的退休生活，但當年推出這種退休金制度，並不是為了要保障戰後嬰兒潮世代們的退休生活。當初推行這個退休金制度的原因，只是為了讓華爾街的有錢人變得更加富有。

一九八三年：富勒博士《強取豪奪的巨人》一書問世。

一九八七年：美國股市發生黑色星期五大崩盤。美國聯準會前主席亞蘭．葛林斯班頒布了所謂的「葛林斯班對策」（Greenspan Put，直譯「葛林斯班的賣權」，亦即由聯準會擔保股價不會再下跌的措施）；這個機制的正式名稱是「總統金融市場工作小組」（The President's Working Group on Financial Markets），圈內人士把它稱之為「崩盤救援小組」（The

Plunge Protection Team）。

問：崩盤救援小組的作用是什麼？

答：每當市場發生崩跌時，就會有來源不明的資金形成巨大的買盤（很多人懷疑是聯準會出的錢），會立即搶進股市來穩住股價。

當葛林斯班和聯準會於一九八七年出手防止股市持續崩盤後，有錢人就確切知道政府一定會出面挽救他們。這麼一來，不管這些有錢人在華爾街玩什麼花樣，都是穩賺不賠的。

你自己觀察看看，從一九八七年葛林斯班出面保證萬一股市出事，聯準會一定會當金主來出錢挽救大家之後，所有的投資市場都迅速起飛。聯準會等於對那些超級有錢人做出「保證不賠錢」的投資擔保——如果市場不幸發生崩盤，那麼聯準會就會提供有錢人所謂的投資安全網。這麼一來有錢人不管做什麼都是穩賺不賠的。

一九八七至二〇〇〇年：道瓊工業加權指數呈現拋物線的上揚走勢，而鄰家的百萬富翁們個個跟著一起發財。

這個期間，許多中產階級和被動投資者所擁有的401(k)、個人退休金帳戶（IRA）、以及政府與企業等退休金帳戶，因為自有住宅價格不斷上揚以及股市的上漲，個個都成了百萬富翁。在一九七〇至二〇〇〇年間，對大眾而言，想要「致富成功」幾乎是輕而易舉的事。

一九九六年：《原來有錢人都這麼做》這本書在這年出版，作者湯瑪斯．史丹利（Thomas J. Stanley）在書中頌揚那些靠著買下一棟房子，過著量入為出的生活，並且長期投資於股市之中成為百萬富翁的一般民眾。

聯準會主席葛林斯班在同年做出了「非理性的繁榮」的警告，而這個警告就在告訴世人說這場投資盛宴即將結束。這點他最清楚，因為這場投機盛世根本就是他本人和聯準會一手創造出來的。他用「非理性的繁榮」這些文字的意思，就是告訴市場說：「你們這些小鬼都已經喝醉了，我準備要斷你們的酒水了。」

一九九七年：《富爸爸，窮爸爸》一書在這年出版，書中警告說有錢人從來不為錢工作，存錢儲蓄的是輸家，以及你的自有住宅並不能算是一項資產。

問：你寫《富爸爸，窮爸爸》這本書就是要警告世人用的嗎？

答：是的。我在警告大家說這趟「投資順風車」已經結束了。這次的市場泡沫即將要破滅，而且全球性的現金大劫案即將又要再次發生。

問：你的意思是說美國戰後嬰兒潮世代很可能會淪成為泡沫破滅後一貧如洗的世代？

答：是的。我在二〇一七年寫這本書的時候，中產階級的生活水準不斷的下滑，而貧窮民眾的數量同時也在激增當中。

請花點時間來研究下頁的圖表，它呈現的是美國社會福利保障制度（Social Security）

社會福利保障制度的盈餘和赤字

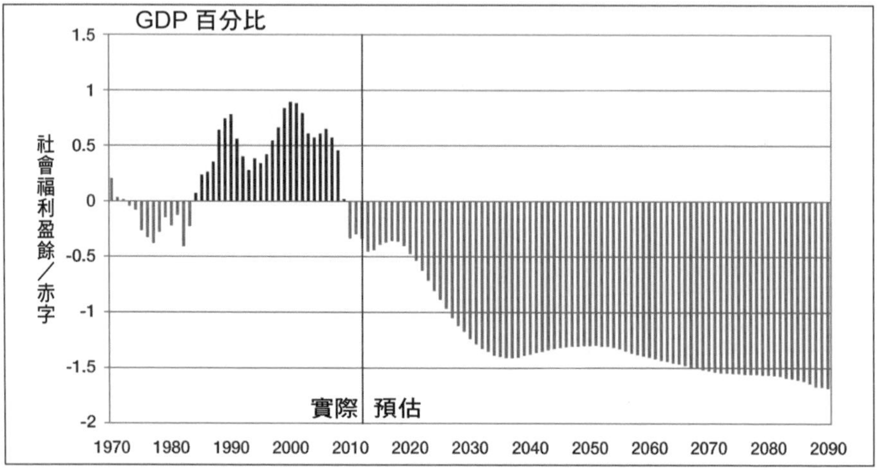

過去的歷史與趨勢，以及目前的盈虧狀態。從這張圖當中，你是否能預見這些戰後嬰兒潮世代，以及他們的孩子與子孫們，即將要面對什麼樣的未來？

你現在也開始在運用預測模式的能力了。不知道你所預見的未來會是什麼樣的世界？

一九九九年：歐洲各國聯合成立了歐元體制。

二〇〇〇年：伊拉克的薩達姆．海珊宣布他打算用歐元來買賣伊拉克的石油。

二〇〇一年：美國世界貿易中心遭受攻擊。十九位恐怖分子當中有十四位來自於沙烏地阿拉伯聯合公國。沒有任何一位恐怖份子是來自於伊拉克。

回顧歷史：一九一四年六月二十八日

奧匈帝國王儲法蘭茲．斐迪南大公爵（Archduke Franz Ferdinand）在塞拉耶佛（Sarajevo）被刺身亡，因此引爆了第一次世界大戰。同一天，英國簽下了擁有了美索不達米亞平原油田的採礦權（該地區如今是在伊拉克境內）。摩蘇爾（Mosul）在當年，甚至到現在都是一個非常重要的城市。二〇一七年間，在我寫這本書的同時，伊拉克部隊為了奪回摩蘇爾地區的掌控權，正在和伊斯蘭國組織（ISIS）進行戰鬥。

石油在人類歷史以及全球經濟上，一直扮演著舉足輕重的角色。一九四一年，當美國切斷日本石油供給線之後，日本就發動了珍珠港事變。美國發動越戰也是為石油的關係，而不是為了共產主義；美國當年只是不想要讓中國獲得越南所出產的石油罷了。

從我個人的觀點來看，捍衛石油美元的確是有其道理所在，如果全球的石油買賣不再受到美元的限制，那麼美國的經濟一定會立即一蹶不振。

三次大崩盤

西元二〇〇〇到二〇一〇年這十年間，本世紀已經發生過三次大崩盤。

二〇〇〇年：網路泡沫化所造成的大崩盤

二〇〇七年：次級房貸風波所造成的大崩盤

二〇〇八年：那些「大到不能倒的銀行」所造成的大崩盤

這三次市場崩跌的規模，遠遠超過一九二九年經濟大蕭條前的股市崩盤，大上千倍不只。

許多鄰家的百萬富翁在二〇〇〇年到二〇一〇年之間，變得一貧如洗，在接下來下一次的經濟動蕩當中，相信會有更多的民眾受害。

二〇〇二年：《富爸爸：經濟大預言》一書在這年出版，我在這本書當中預測人類歷史上最大的一次大崩盤應該會發生在二〇一六年左右。我也在書中預測在二〇一六年大崩盤之前，應該會先發生一次規模較小的崩盤。結果在二〇〇七至二〇〇八年之間就發生了（在RichDad.com/TV可以找到我在二〇〇八年接受CNN電視台的主持人沃夫・布里澤訪問的影片）。

二〇〇八年：第三次大崩盤是銀行界的崩盤。在我受訪六個月之後的二〇〇八年九月十五日，一間擁有一百五十年歷史的美國銀行雷曼兄弟（Lehman Brothers）宣布破產倒閉。

當時聯準會主席班・柏南克（Ben Bernanke），以及美國財政部長漢克・鮑爾森（Hank Paulson，為美國高盛銀行前總裁），於二〇〇八年十月三日創造出「問題資產紓解計畫」（TARP，Troubled Assets Relief Program）。該計劃給了最大幾間銀行進行了所謂的「紓困」，這些銀行當中當然也包括了鮑爾森之前服務的高盛銀行。

接下來好幾個世代的納稅人都得為此而付出沉重的代價。

二〇〇九年：格達費建議將來要用黃金做擔保的第納爾這種貨幣，來買賣利比亞所出產的石油。

二〇一一年：格達費被殺身亡。

二〇一五年：歐巴馬總統開始冷落以色列總理班傑明．納坦尼雅胡（Benjamin Netanyahu）。這是因為以色列堅決反對歐巴馬總統打算向伊朗示好的友善外交計畫。

問：請問你到現在還堅持二〇一六年股市大崩盤的預言嗎？

答：是的。

二〇一六年一月當道瓊大跌時，股民平均賠了6.3％左右，而投資納斯達克的股民則是平均賠了8％左右。但這次的崩盤因為「崩盤救援小組」的介入而開始止跌回穩。油價在當年度也跟著下跌，利率也跌至歷史新低的水準。

二〇一六年八月有篇報導說，全世界最大銀行之一的德意志銀行面臨極為嚴峻的財務危機。該公司的衍生性金融商品投資部門已經達到了引爆的臨界點。當本書出版的時候，或許你已經可以更清楚的知道，這場即將爆發的金融危機已經發展到什麼樣的階段。

二〇〇二年《富爸爸：經濟大預言》一書當中，我同時也預言了恐怖主義將會開始蔓延。想要打倒美國只要攻擊石油美元就能達到目的。一旦石油不再用美元來進行買賣時，那麼美國將會面臨非常嚴重的問題。

二〇一六年：諸如伊斯蘭國ISIS等恐怖分子的組織不斷地在蔓延。美國公共電視節目《六十分鐘》（*60 Minutes*）所發行的雜誌裡報導說，美國提出法律訴訟，正式控告沙烏地阿拉伯對美國所做出的九一一攻擊行為。

同年，歐巴馬總統匆忙飛往沙烏地阿拉伯親吻阿拉伯國王的戒指。沙烏地阿拉伯與伊朗一直是宿敵。所以當歐巴馬總統打算移除對伊朗所做的各種禁運政策時，此舉惹惱了沙烏地阿拉伯。

當油價持續下探而伊朗又可以用歐元進行石油的買賣時，沙烏地阿拉伯的經濟以及社會福利政策等都受到了嚴重的衝擊。因此沙烏地阿拉伯威脅要在公開市場上出售沙特阿美石油公司（Aramco）。這是因為沙烏地阿拉伯想要立即獲得美國當初承諾他們的利益，他們清楚的知道這場遊戲已經玩完了。

中國跟蘇俄之間也在打造相互連接的石油天然氣管線，並且打算用各自的貨幣來進行石油天然氣的買賣。一九七四年的石油美元協議已經開始分崩離析。

大崩盤

事實勝於雄辯。以二〇一六年的數字來看，有數百萬的美國民眾已經多年沒有獲得加薪，也根本買不起房子，也沒有多少存款來作為退休之用，而且他們的孩子也都背負著巨額的助學貸款。同時美國政府債台高築並且越陷越深。對數百萬的一般民眾來說，這一次的「大崩盤」早已經悄悄的來到了……

這種狀況從二〇〇七和二〇〇八年到現在幾乎沒有任何改善。唯一的改變就是所有潛藏的問題只是變得更為龐大而已。而這才問題真正的所在。

問：對於那些失去自用住宅的民眾來說，難道你不會替他們感到難過嗎？

答：那當然了。我痛恨看到民眾失去工作、失去自己的房子、失去了退休金，以及失去對未來的希望。這就是為什麼我會在一九九七年寫下《富爸爸，窮爸爸》這本書，並且於二〇〇二年出版《富爸爸：經濟大預言》這本書。我用自己的方式盡力來警告大眾，並且希望藉著提供財商教育來幫他們來做準備。希望這麼說可以讓一些人心情平復一些：我們夫婦當年在金融海嘯前後，都沒有出手購買任何被銀行拍賣的私人住宅。

問：你的意思是說民眾被迫賣出（或被法拍）的自用住宅，到最後是被那些造成當年金融風暴的銀行們所收購？

答：當年的確發生了不少這樣子的事情。

回顧另外一段歷史……

讓我們回到二〇一三年一月。那些被法拍的民眾自用住宅，絕大部分都被避險基金和私募基金大量收購，而且資金來源就是由華爾街各大銀行提供的。當房價反彈速度開始超乎預期的時候，美國擁有最多不動產的私人機構黑石集團（Blackstone Group LP），還拚命加速收購全美各地的小家庭自用住宅。

根據彭博資訊網（Bloomberg.com）的資料，黑石集團從一百三十三億的基金中動用超過二十五億美元來買下一萬六千多間的住宅來作為出租之用。該公司打算將一個原本由散戶構成的不動產市場，轉型成一種由大型企業所主導，一種全新的資產類別。根據摩根大通銀行（JPMorgan Chase）的估計，這個市場至少會有一．五兆的規模。

黑石集團於二〇一五年底宣布不再買進家庭自用住宅後，房地產價格就開始再度上揚。人類史上最大的一次不動產跳樓大拍賣因此宣告結束。

這就是為什麼市場的崩跌會讓有錢人變得越來越有錢的原因。

問：你的意思是說這些市場都被非法操縱？

答：與其直接回答你的問題，讓我用巴菲特親自講的一則故事來回應你。他說：「如果你坐上賭桌參加賭局但搞不清楚到底誰是待宰的羔羊，那麼就甭懷疑了，你就是那個冤大頭。」

你是否開始瞭解為什麼富勒博士要寫《強取豪奪的巨人》這本書了？你是否開始瞭解要不是聯準會和國稅局於一九一三年相繼成立的話，現在也不會發生這麼多的金融危機？你是否開始瞭解為什麼我們的教育體系當中缺乏真正的財商教育？

現在你既然開始懂得如何預見未來，那麼請問你打算怎麼做？

大肆採購的時機

人人都喜歡折扣。大家都知道要等大拍賣或週年慶的時候才會大肆採購。很不幸的是，一般大眾所大肆採購的，例如名牌汽車、流行服飾或珠寶等等事物，卻是會讓他們越變越貧窮的東西。

有錢人大肆採購會讓他們越變越有錢的東西。他們會耐心等待股市的崩盤，然後用不可思議的價格買進他們一直想要擁有的股票。他們會為了不動產市場的崩盤而進行準備，然後用超低價買下各種房地產。他們也會用折扣價買進黃金、白銀、以及公司企業等等。

有錢人不會長期投資於股市，也不會什麼都買一點點來分散風險……而且，更不會聽別人推薦什麼就買什麼。

巴菲特對於分散風險是這麼說的：「分散風險是保護無知的人而採行的辦法。如果你很清楚自己在做什麼，那種情況下，分散風險是一種毫無道理的作法。」

共同基金的問題是在於它是一種經過分散風險的投資工具。所謂的指數股票型基金（ETFs）、不動產證券化基金（REITs）、和基金中的基金等等，也都擁有同樣的問題。

問：基金中的基金是什麼？

答：基金中的基金就是那些由其他基金（例如共同基金、指數股票型基金（ETFs）、或者不動產證券化基金（REITs）等）所一起構成的共同基金。這是分散風險最極致的手段。

以上這些風險分散的投資工具，是專門賣給鄰家的百萬富翁而設計的。但是很不幸，在面臨大規模毀崩盤時（例如本世紀前十年所發生的三次大崩盤），這種分散風險的方式仍然無法保護你的投資。想要成為I象限裡真正的投資者，那麼你得學會要如何「精挑細選」的本事，你必須要能看出金融文盲所看不到的事物才行。

為了崩盤來做準備

真正的財商教育就能協助你在崩盤發生之前，來為此進行準備。

問：你要怎麼知道大崩盤即將要發生了？

答：方法有很多種……其中包括研究歷史、看各式各樣的圖表、閱讀書報雜誌、聆聽智者的看法等等。

從我個人的經驗來說，當投資白痴個個都變成了「投資者」的時候，那麼崩盤是必然會發生的事情。

好幾年之前我就知道房市即將要崩盤了，因為市場充斥著極度樂觀的氣氛，沒有收入也沒有工作的民眾也開始進場買房；我個人所擁有的各種出租公寓乏人問津，原本無法按時繳納房租的房客們，個個都開始擁有屬於自己的自用住宅。當有一天超級市場結帳櫃臺的小姐遞了一張名片給我，對我說：「打個電話給我。我手上有一些你可能會感到興趣的房地產」時，我就知道為期不遠了。她最後還加了一把勁說：「房價還在繼續上漲，要買行動要快！」

那是二〇〇七年所發生的事情。我向她說了聲謝謝並且收下她嶄新剛印好的名片。我知道市場已經接近尾聲，很快的就是我進場大肆採購的時候了。

何時出手呢？也就是我和金跟富爸爸顧問肯．麥克埃羅伊，開始一起進行投資房產的時候。

第六章

為什麼負債可以讓有錢人越來越富有

窮爸爸：「負債會讓我越來越窮。」
富爸爸：「負債會讓我越來越富有。」

現在的金錢是一種負債。有錢人之所以會越來越有錢的原因之一，就是因為他們懂得如何運用負債來致富。而很不幸的，在缺乏財商教育的狀況下，負債卻會讓窮人和中產階級越變越窮。

川普說過很經典的話：「你要知道我是負債之王。我超愛舉債的，但負債是件詭譎而且充滿危險的事情。」

由於銀行不斷核准次級房貸貸款給那些原本就已經買不起房屋的民眾（絕大部分甚至沒有工作），因而造成了房市的大崩盤。數百萬習慣把自用住宅當成提款機使用的民眾，因為房市的崩盤而失去了自己的房子。如今助學貸款總額已經超過一．二兆，遠遠超過全美國所有信用卡的卡債金額，這已經成為美國政府當今最大的財政來源。

雖然助學貸款會讓無法完成學業的學生越來越窮（就算畢業也不一定找得到工作，找到了工作也不一定還得起），但助學貸款卻讓美國政府越來越有錢。

似曾相識

二〇一六年五月二十一日《華爾街日報》報導

美國信用卡卡債總金額按現在的成長趨勢來看，今年將會突破一兆美元，而且各家銀行仍然在積極推廣這些塑膠貨幣，消費者同時也越來越能接受這種背著卡債生活的方式。預計二〇〇八年七月的卡債總額將會創下歷史新高達到一．〇二兆的水準，恰好就是金融海嘯爆發的前夕。

除了卡債之外，這些銀行還接受數百萬原本信用不佳民眾申請次級房貸的要求。信用卡業務是銀行界當今少數僅存還能獲利的方式。

美元變成了一種負債

當尼克森總統於一九七一年切斷美元的金本位制後，美元就變成了一種債務。此舉是人類歷史上最大的一次經濟變革。

從一九七一年開始，存錢儲蓄的民眾就淪為輸家，而懂得舉債的人卻越來越有錢。

負債是如何讓有錢人越來越富有

當我在全球各地演講時，經常會有人問我說：「負債是怎麼讓有錢人越來越富有？」容我用信用卡來解釋這一點。假設說你收到一張全新的信用卡。信用卡本身並不是錢，你擁有的只是所謂的信用額度。接著你去逛街購物然後買了一雙一百美元的新鞋子。此時你拿出這張新的信用卡，然後像變魔術般的，這筆一百美元的「錢」就這麼憑空就被變出來了，在這同時也憑空變出了一百美元的債務。接著這變出來的一百美元就流入了經濟體系，而人人都開心不已。問題在於說，你現在必須認真工作來還清這一百美元的債務。

問：就由於我具備將來清償一百美元債務的能力，也就是用「我所開出的借據」，來憑空創造出這一百美元？

答：是的。

問：所以這一百美元是一種債務？只是一紙承諾罷了？是我自己先開出給別人的借據？

答：是的。

問：那麼我就是在憑空製造出錢來？

答：理論上是的。

問：這也就是為什麼信用卡公司一直要我申請數張信用卡，同時還鼓勵我多多使用？

答：完全正確。

問：為什麼？

答：理由有很多。

其中有個理由是因為當你我借錢消費時，就會刺激經濟的擴張。當你清償債務時，經濟就會萎縮。

另外一個原因就是負債會讓有錢人越來越富有的。如果負債不會讓有錢人變得越來越富有，那麼這些有錢人是不會發信用卡給你用的。

有錢人發信用卡並不是因為他們喜歡你這個人。他們之所以會給你擁有某種額度的信用，是因為當你使用信用卡時，他們就會藉著利息來獲得收入。如果你只繳納每月最低應繳金額時，他們還會賺到更多的錢。

問：所以政府允許有錢人發行信用卡是因為政府需要刺激景氣，促進消費來創造就業機會？

答：理論上是的。就像一般持卡人背負信用卡卡債一樣，銀行也不希望國家還清所欠的款項。例如希臘和美屬波多黎各等地都已經面臨了違約的狀況，違約的意思就是欠方無法繳納「最低應繳款金額」的情況。此時銀行就會讓該國進行所謂的「債務重整」，意思是銀行同意再次重新貸款給該國家，也就是說，銀行願意借出更多的錢給這些國家，讓它們可以持續繳納貸款的利息。

問：銀行真的會拿出更多的錢給一個國家……只是為了讓它們可以繳納「最低應繳款額」？

答：是的。銀行會願意而且一直在這麼做。

問：所以信用卡公司只要持卡人繳納最低應繳金額就是這個道理？希望我永遠都不要清償所欠的款項？

答：是的。你的最低應繳金額就等於租房子時所繳納的租金一樣。這麼做你永遠都無法還清你的信用卡卡債，就像租房子的租客不管繳多少房租，他永遠也不會擁有該幢房屋是一樣的道理。你的信用卡每月最低應繳金額會讓有錢人越來越富有，就跟每個月的房租會讓不動產投資者越來越富有是一樣的道理。

不勞而獲的錢

以信用卡買一百美元鞋子的例子來看，這一百美元完全是憑空產生、不勞而獲的錢。當信用卡刷下去的那一剎那，這一百美元債務立即成為有錢人的一項資產，而同樣的一百美元卻成為持卡人（無論是窮人或中產階級）的一項負債。

問：所以倘若我想要成為有錢人，我必須要像有錢人一樣，學習如何利用負債來致富？

答：理論上是這樣，但運用債務時你務必要特別留心才是。需要接受正確的財商教育，才有辦法學會如何運用負債來致富的方式。

債務是一把雙面刃。負債可以讓你致富，但是哪天突然發生了某種變化，負債也會讓你變得非常、非常貧窮。

當房市在二〇〇七年崩盤時就發生了上述這種情況。數百萬的民眾以為自己很富有——因為他們擁有很高的自有住宅房屋資產淨值（home equity，銀行估計價值減去尚未清償房貸金額）——由於房價大漲，所以很多人就把自宅當成提款機來使用（把這筆淨值借貸出來花用）。結果市場突然崩盤，這些屋主瞬間從天堂掉到地獄之中，現在他們積欠銀行的總負債（原先尚未清償的房貸加上後來借出來的房屋淨值）竟然高於這間房屋能在市場賣出的價格。這些人一夕之間就淪為窮人，其中更有不少人因此失去了一切。

這也就是我和金發明了現金流桌遊。它是唯一會鼓勵玩家要運用負債來勝出的財經教育遊戲。

問：要我們在用真正的錢之前，先藉著遊戲中的假錢來學習如何運用負債？

答：完全正確。千萬別忘記：負債也是深具危險性的。負債就像是一把上膛的槍枝，可以救你的性命——但是也有可能奪走它。

理財上的傻瓜

當我跟人解釋說：「我是用負債來購買資產」時，很多人會跟我說：「這麼做風險很大耶！」但也同樣就是這些人會毫不猶豫地刷卡負債，來購買像是一百美元鞋子這一類不是資產的事物。

有錢的債務人

當今世上最有錢的公司之一蘋果電腦，目前擁有兩千四百六十億美元的現金。即便是如此，由於近幾年來利率水準偏低，所以該公司仍然借貸了數十億美元的負債。為什麼蘋果公司還要借錢？這是因為對該公司來說，借錢的成本比資金匯回——也就是把在國外所賺到的錢匯回國內（還得要繳稅）——來得低很多。

有錢的執行長

很多企業的高層行政主管領的是股票選擇權而非現金。就因為如此，總裁或執行長就會因此借錢來買回公司的股份，當股價上漲的時候，總裁和高層行政主管就會以高價賣出他們手上的「選擇權」，讓自己越變越有錢……但他們這麼做的同時，公司員工和股東們卻越來越貧窮。

從一九七一年起，許多公司的總裁選擇運用負債在股票市場進行投機操作，而不是利用這些負債來讓公司成長或創造更多的就業機會。

學習如何運用債務

那麼一個人要如何學習將負債當成金錢來使用？我先用一則你應該聽說過的故事來作為開始。

我在一九七三年從越戰返回美國。當時我的窮爸爸建議我念研究所並且拿到工商管理碩士；而我的富爸爸則是建議我要投資不動產。

我的窮爸爸鼓勵我要成為E象限裡擁有高薪的上班族；我的富爸爸鼓勵我要成為I象限裡的專業投資者。

有一天我在看電視的時候看到一則廣告，介紹一堂免費的不動產投資課程。我參加了那一堂課，並且也喜歡課堂中所教導的內容，因此我就進一步投資三百八十五美元參加為期三天的進階課程。當時三百八十五美元並非一筆小數目，因為我當時還是現役的海軍陸戰隊隊員，而且薪水不高。

那堂三天的課程簡直是棒透了！指導老師並不是冒牌貨——他是一位非常有錢、富有經驗、一位熱愛教育的成功投資者。在課程最後要結束的時候，指導老師給了我這輩子接受過最棒的建議之一。他說：「你的教育從離開教室之後才算開始。」

他派給我們的作業是要找三到五人形成小組，在九十天內一起檢視一百間在市場上公開販售的不動產，並給每個物件進行評估。他也規定我們說在前九十天的時候不許出手投資或買下任何物件。

一開始我們湊足五人小組，但是在第一次約定見面的時候就已經少了一、兩個人。九十天過後，最後只剩下兩個人。

重拾課本

在九十天內檢視完一百間不動產並且給予每個物件寫出一頁的評估報告之後，我看中了我這輩子第一個投資機會。那是一棟一房一衛浴的公寓住宅，剛好位於夏威夷茂宜島的海灘邊。整個開發案的廠商宣布破產，而該公寓的拍賣價格是一萬八千美元，賣方同時也願意提供九成的貸款。

我必須籌措10％頭期款所需要的一千八百美元。我把信用卡交給不動產仲介後，這棟公寓就變成我的名下了。我完全是借用別人的錢（Other People's Money, OPM）來買下我的第一次投資案。我在該不動產中完全沒有動用到自己所擁有的金錢。

每個月底當我付清所有的開支（包括房貸與管理費等）之後，我口袋裡可以多出二十五美元，因此我的投資報酬率應是無限大的。由於我個人沒有拿出任何錢出來，所以我獲得的投資報酬率是無限大的。

雖然二十五美元不是一筆大錢，但是我從中學到了太多非常寶貴的經驗。我學到了負債是一種金錢，以及負債完全是免稅的。

問：為什麼負債是免稅的？

答：良好財務素養需要懂得負債與權益這兩個詞彙。簡單來說，權益就是你所投入的錢，負債就是別人的錢。當一般人買房時通常會先預付一筆頭期款，而這筆所謂權益的錢，通常是屋主「稅後淨利」所構成的。意思就是說屋主早就為這筆錢繳納了所得稅。

問：當你運用債務來繳頭期款時，根本沒有所得稅的問題？

答：正確。如果你知道要如何正確的使用負債，那麼負債是一種成本極為低廉的資金。但當你運用負債來買進債務（例如用信用卡買之前那一雙鞋子），而且又只能繳得起每月最低應繳金額時，那麼負債將會變成一種非常昂貴的代價。

問：所以你第一次所投資的不動產百分之百是用負債來買進，然後每個月還獲得了二十五美元的淨現金流？

答：是的，而且這二十五美元也是一筆免稅的收入。

問：你是怎麼做的？

答：這就是為什麼要接受財商教育的原因。我的顧問——註冊會計師湯姆．惠萊特，將會在下一章進一步解釋讓有錢人越來越富有的稅賦制度以及節稅策略。

跟湯姆學財稅

為什麼債務是免費的

基本原則是：所有收入都是應該要繳稅的。所謂的收入就是你個人所拿，也可以毫無顧忌地自由運用的錢財。債務並不是一種收入，因為你將來一定要清償這筆負債。所以當你借錢來投資時，這筆錢是不用繳稅的。就因為如此，債務的成本比權益還來得便宜許多。因為權益是稅後的收入，早就被課過所得稅。所以即便貸款利率是5～6％的水準，負債遠遠比運用需要繳納40％所得稅的權益還來得便宜許多。

進階策略

很明顯的，這個位於茂宜島上的不動產是一個過度簡化的例子。如今同樣一棟房子市價大概在三十萬美元左右。當初不應該把它給賣了，真是悔不當初！

金投資的第一棟房子價值四萬五千美元。她拿出五千美元的頭期款，並且獲得每個月五十美元的正現金流。兩年之後，金以九萬美元將這棟房子賣出，並且將她所賺到的資本利得再次投入其他投資用的不動產之中。

怎麼辦到的：因為銀行允許金來「承擔起」賣方的債務。銀行根本不想要那棟房子——它想要得到的是貸款人每個月所繳納的房屋貸款。

如今我和金，以及富爸爸顧問肯・麥克埃羅伊（Ken McElroy）共同擁有超過一萬棟的出租不動產。我們完全不用工作，每個月都享有完全免稅的現金流收入，而且每個月的收入幾乎是許多人一輩子都賺不到的工資。投資不動產所需的精神與心力都是一樣的，唯一和之前不一樣的，就是收入以及每個月兌現支票時，金額中「零」的數目而已。

多年下來我們的確增進了不少的財商教育水準和實際經驗。

對於那些像是帕夫洛夫（Pavlov）實驗中被制約的狗一樣，一直在聽話照做把自己辛苦賺來的錢交給華爾街長期投資的民眾感到難過……因為他們這麼做是完全學不到任何真正的財商教育。

這就是為什麼有錢人越來越富有的重要原因之一。

問：用信用卡來繳房屋的頭期款，風險應該不小吧？

答：是的，但是其風險遠遠比拿信用卡買一千八百美元的鞋子還來得小很多。一般上來說不動產具有相當的保值能力。反觀鞋子，一旦有人穿過一次之後，鞋子的價值就

損益表

收入
支出 **窮人以信用卡來支付日常生活費（食物、衣服、汽油等）**

資產負債表

資產	**負債**
有錢人利用「負債」來購買資產	**中產階級利用「負債」來購買各種債務（例如房屋和汽車等）**

會減少90%左右。有什麼人會想要租用別人穿過的鞋子？但是願意租下別人曾經住過，位於夏威夷白色沙灘上的公寓倒是為數不少。

這就是有錢人越來越富有的另外一個理由之一。有錢人的焦點著重於資產而非收入，並且懂得如何運用債務來買進資產，並且讓它越來越有價值。

在現金流桌遊中有所謂的小生意與大買賣。觀察別人玩這款遊戲是一件非常有意思的事情，我發現藉著觀察各個玩家的習性，總是很快的就能看出到最後輸的會是哪一位。這種人的特色就是遊戲才一開始就迫不及待的從事大買賣。

銀行最喜歡不動產了

資產一共分為四大類型：事業（包括創業）、不動產、有價證券（股票和債券等）、原物料。

不管是哪一種類型的資產，都有可能為此籌措資金或舉債來擁有它。這四種類型當中，不動產是最容易這麼做的資產。銀行最喜歡放款來讓人投資不動產，而且他們為什麼願意這麼做是有道理的。

創業貸款

如果你造訪銀行然後跟他們說：「我要申請一百萬美元的貸款來創業」，那麼銀行應該不會認為跟你有什麼好談的。如果他們比較熱心，說不定會建議你去申請政府商業司的青年創業貸款（SBA）。

如果你本身名下沒有不動產來質押，那麼申請到創業貸款的機會應該是微乎其微。

跟湯姆學財稅

銀行要的是保障

銀行幾乎不會放款給新創事業，是因為銀行傾向於追求保障。不動產是相當有保障的資產，銀行也很清楚不動產的保值性不差，因此當貸款人無法償還貸款時，銀行可以沒收作為抵押品的房屋，然後把房子轉賣出去來收回原先的貸款金額。但是當創業家的公司破產失敗後，銀行是無法收回當初的放款金額。所以當銀行方放創業貸款時，幾乎無法擁有什麼樣的保障。這就是為什麼銀行要政府部門出面擔保青創業貸款，這麼一來當你創業失敗時，銀行可以向政府部門求償。

股票債券的貸款

券商或許會讓你用融資融券來投資股票或債券，意思就是說券商給予你某一種程度的信用額度（或信用貸款）。但是萬一你在投資時犯了錯而賠錢，那麼券商會發出保證金追繳通知單，並且立即出售你當初協議中的抵押品。

跟湯姆學財稅

融資融券貸款

由於股票的流動性極佳，所以也可成為一種很不錯的貸款抵押品。但是股價有時候會有巨大的波動，這也就是為什麼券商只會給你股票投資組合總值一小部分的貸款（大部分的情況下都不會超過50％）。當你無法清償貸款或股價發生大跌時，券商就能迅速出脫這些流動性極佳的股票來收回貸款。

原物料貸款

如果你打算運用負債來購買黃金或白銀，我想沒有銀行家會願意接受你所申請的貸款。雖然銀行會接受客戶用黃金與白銀當成貸款的抵押品，但是我到現在還找不到一間銀行願意以5%的利息貸給我為期十五年，額度為一百萬美元的貸款，來讓我拿去購買黃金與白銀。

金幣銀幣是「有長腳」的，但不動產是跑不掉的。各國政府對不動產都有多年的權狀文件、法律條文、歷史交易記錄、以及金額變化等等的完善紀錄。這也是為什麼銀行家偏愛不動產的原因之一。

如果你想要創業或投資不動產，請先投資自己，接受正確的財商教育並且從小做起，不斷的累積實際經驗才是成功的關鍵。

好消息是：你可以藉著四種資產類別當中任何的一種來致富——但先決條件就是要具備正確的財商教育。

明智的選擇自己所處的象限

問：當年在你離開海軍陸戰隊之前，富爸爸叫你上不動產課程是不是因為這些原因？

答：那只是其中一個原因罷了。他叫我這麼做最主要的原因是希望我趁年輕的時候，就開始把焦點擺在I象限之中。

我的窮爸爸希望我把焦點擺在尋求E象限中高薪的工作。

條條大路通往不動產的天堂。《富爸爸：房地產聖經》（*The Real Book of Real Estate*）

是由一些真正在投資不動產的作者一起寫的一本書（其中有兩位是川普的兩個兒子——唐納二世和艾瑞克），書中網羅了各種與投資房地產相關的策略與公式，以及川普傳授給兒子的投資知識。

很久很久以前

在很久很久以前……政府為了鼓勵你購買他們所發行的公債，因此會給你一筆利息收入，這樣才能彌補政府稅收不足以及入不敷出的問題。

在很久很久以前……銀行之間會彼此競爭來吸引你這位客戶的存款。銀行會給予烤麵包機或全套餐具（有時候甚至是現金）來當作完成開戶的贈品，鼓勵你前來儲蓄。

如今歐美和部分亞洲國家的銀行，已經開始打壓儲蓄存款的民眾。如果現在有人要開戶存款，歐洲和日本的銀行甚至還要向客戶索取費用。這種狀況被稱之為負利率政策（Negative Interest Rate Policy），全球的銀行遲早都會跟進採行這項政策。這個趨勢已經證明了堅持存款儲蓄的民眾到最後必定是最大輸家的鐵證。

為什麼會發生這種現象？是因為當今世界上發行了太多通貨的關係。銀行不想要保管你的存款，因為你的儲蓄存款是銀行的一項負債。銀行想要的是借款人，那些懂得向銀行借錢的人物。這就是為什麼當今利率水準這麼低迷的關係。

在很久很久以前……民眾相信銀行會拿大眾的存款從事有效率的生產來促進整體經濟

的成長。

如今銀行家和企業高層主管並沒有將大眾的存款拿去促進經濟的成長。

我念了六個月的工商管理碩士之後就決定輟學。我以為那會教我學習如何打造並發展一間公司，結果課程的內容卻在教我「如何藉著操縱市場來賺大錢」。如今眾多的商學院仍然在教導我們最聰明、最頂尖的學生要如何操縱市場來獲利，而不是教導學生如何籌資進行研發、打造事業、以及創造大量的就業機會。

當初成立股票市場和銀行等等機構的目的，是為了幫助各種公司行號來籌措資金，同時也讓儲戶一起分享公司獲利的成果。其實最大的諷刺與矛盾是：全球最富有的一些公司在完全不缺錢的狀況下，仍然非常積極的向眾多銀行借貸大筆的資金來投資股市（而非用於營運和擴張）。

這也是促使窮人和中產階級越來越貧窮的原因之一。

總而言之，美國民眾開始明瞭現存經濟體系早已被破壞殆盡，而且絕大部分的民眾都因此而受害不淺。

這也就是為什麼伯尼．桑德斯在競選期間不斷的大聲疾呼：「財富和收入的不均是當代最嚴重的道德議題。」

這場道德危機肇始於我們的教育體制。當今的教育體制，也就是十二年國民基本教育中，幾乎都沒有教導和金錢相關的內容。就算我們現在所用的錢從一九七一年起已經變更為債本位制，但是絕大部分的民眾仍然抱持著要存錢儲蓄的信念，在缺乏財商教育的狀況

第一篇　總結

有錢人和窮人之間的差距越拉越大的原因有：

1. 聘用財務顧問
2. 瞭解稅賦
3. 運用債務
4. 願意犯錯
5. 是否儲蓄
6. 市場發生崩盤時的作法

現在你已經看完第一篇的內容，相信你對於財務硬幣的兩面有著更清楚的瞭解。我相信唯有藉著真正的財商教育，就能讓人們更加看清楚並瞭解各種不同的理財觀念。

但在進入財商教育這個主題之前，先清楚瞭解哪些內容都不算是財商教育，以及這輩子是否擁有財商教育會給個人財富帶來多巨大的差距，是一件非常重要的事情。

第二篇

這些都不算是財商教育

引言

雙「師」記（A Tale of Two Teachers）

很多人自以為自己曾經接受過正確的財商教育，而你既然選擇閱讀本書，我相信你比之前更加清楚的瞭解自己在財商教育方面的程度如何。或許你發現自己跟富爸爸抱持著相似的看法，並且決定要對金錢和投資抱持著終生學習的態度。

但在告訴你什麼才是「真正的財商教育」之前，我認為要先瞭解哪些內容都不能算是財商教育才對。舉例來說，很多人堅信自己擁有的自用住宅算是一項資產，但是在大部分的情況下，他們的自有住宅實際上是一項負債。將負債當成資產來看待，就是有錢人和一般人之間的差距越拉越大的主要原因之一。

財「傷」知識（Fianacially Il-literacy）

在釐清哪些不算是財商教育的內容之後，接下來的章節就能開始切入真正的財商教育，而且最重要的，也會講述在經濟發生大變動後，那些擁有財「傷」知識的民眾身上將會發生什麼樣的事情。

如果你已經做好準備，想要進一步檢視自己的財商教育是否扎實，想要衡量自己財務知識的程度水準，那麼你就可以開始閱讀第二篇的內容。

第七章 這些都不算是財商教育

窮爸爸：「我幹嘛要財商教育？我的學歷很高。我有份高薪的工作，也已經買了房子，而且還有不少的存款，以及政府給我的退休金與勞健保等福利。」

富爸爸：「如果跟一位笨蛋爭論，那麼笨蛋就會變成兩個。」

有專門給窮人和中產階級用的財商教育，同時在硬幣的另外一面，也存在著專門給有錢人用的財商教育。這也就是為什麼巴菲特會如是說：「只有華爾街這個地方，才會發生乘坐勞斯萊斯的富翁向乘坐地鐵的人們徵詢投資意見這種事情。」

在學習真正的財商教育之前，探討硬幣的另外一面，亦即哪些都不算是財商教育的內容也是相當重要的一件事情。

哪些不能算是財商教育的內容

《富爸爸，窮爸爸》一書於一九九七年出版，並於二〇〇〇年進入《紐約時報》暢銷書的排行榜。

就在進入排行榜沒有多久之後，我竟然成為歐普拉電視節目的座上賓，接受歐普拉．溫芙蕾（Oprah Winfrey）本人的訪問。就因為這一小時的訪問，我從一個無名小卒成為家戶喻曉的人物。

接著很多人開始聯絡我，我很快的成為許多電視節目、廣播節目的特別來賓，並且接受全球眾多報章雜誌的訪問。在無數的訪問中大家爭相詢問我的，都是我窮爸爸和富爸爸的故事，沒有任何一位問我有關於財商教育的問題。幾乎所有的訪問者都擁有相當高的學歷，並且都認為自己都知道什麼叫做真正的財商教育。

就如富爸爸曾經說過：「如果跟一位笨蛋爭論，那麼笨蛋就會變成兩個。」我得費盡各種手段向他們解釋他們自認為擁有的財商教育，事實上跟富爸爸所說的財商教育有著很大的出入。我們根本不在硬幣的同一面之上。

以下舉出一些受過高等教育的人們自認為是財商教育的內容。

經濟學

很多編輯和記者以為經濟學就是所謂的財商教育。雖然瞭解經濟是很重要的事情，但是我的富爸爸所講的財商教育並不包含所謂的經濟學。富爸爸經常會說：「如果懂經濟學就能致富的話，那麼為什麼大部分的經濟學家都不是有錢人？」

當今的美國聯準會所聘僱的經濟博士數目，遠比全球任何機構或組織還來得多。如果擁有博士頭銜的經濟學家能讓我們變成有錢人，那麼為什麼美國的經濟會陷於困境之中？只要檢視下面這張圖表就能略窺一二。

1940 年至今的美國國債

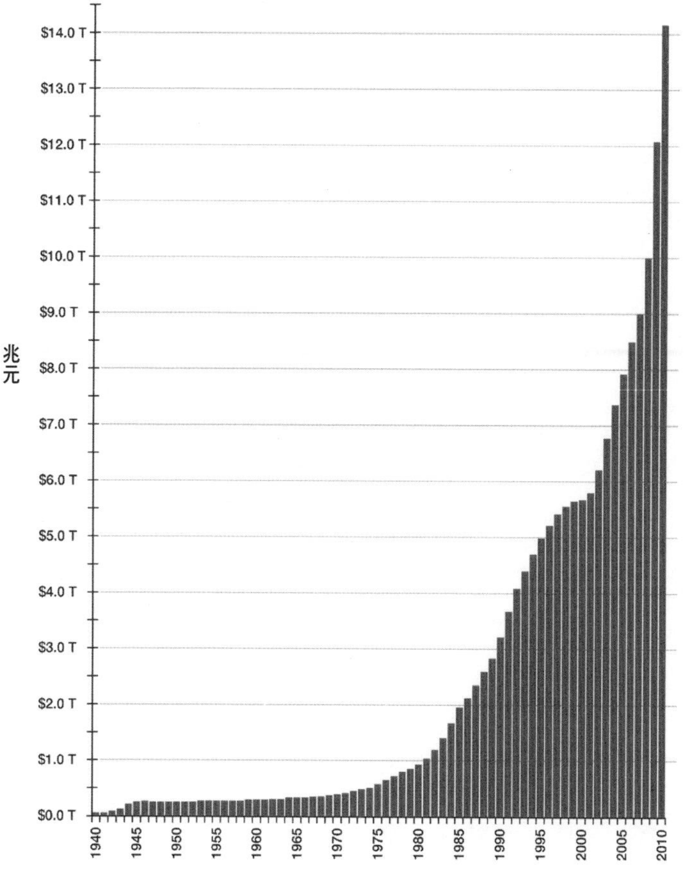

你無須擁有經濟學的博士學位，也看得出來這些身居高位的經濟學者不應該領取這麼高的薪水。

平衡收支（編列預算和記帳）

在一次訪問中，一名家喻戶曉的電視節目主持人說：「所謂的財商教育，就是要懂得如何平衡收支（balance a checkbook）。」當我對此提出反對的意見時，他就打斷我的陳述並且轉移了話題。

懂得平衡收支固然重要，但我的父母即便是懂得如何平衡收支，他們依然過著貧窮的生活。

存錢儲蓄

所有的訪問者都相信存錢儲蓄是一種明智的作法，一種聰明的理財手段。

當我在訪問中說：「存錢儲蓄的民眾都是輸家（loser）」時，很多訪問者的表情都變得非常難堪與不屑。

真正的財商教育必須要包括金錢的歷史這一部分。絕大部分的訪問者並不清楚尼克森總統於一九七一年切斷了美元的金本位制，美國因此而開始大量的發行通貨。

印鈔票

當政府在毫無節制地在印鈔票時，真正聰明的民眾怎麼可能會去傻傻的存錢儲蓄？

以下兩張圖表在本書前幾章中已經出現過。我現在利用它們再次強化大家的印象，讓你們更清楚的瞭解當政府大量印鈔票時會發生什麼樣的情形。

當政府開始大量印鈔票的時候，擁有財商教育的人們就會知道貨幣的價值越變越薄，而且生活支出會跟著越變

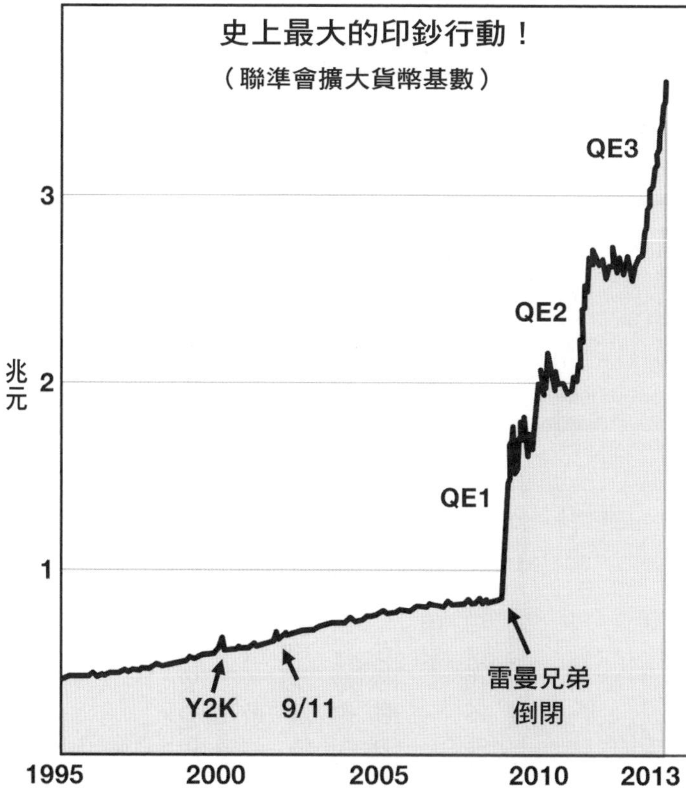

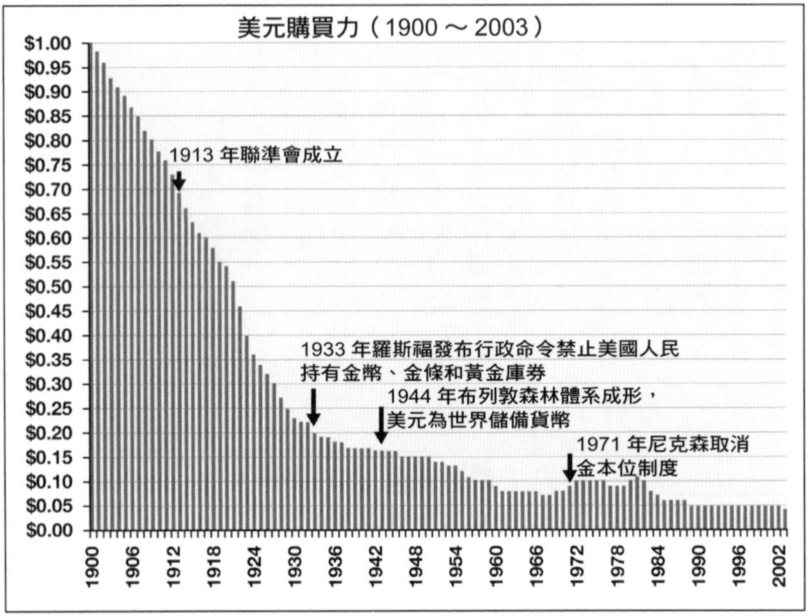
美元購買力（1900～2003）
1913 年聯準會成立
1933 年羅斯福發布行政命令禁止美國人民持有金幣、金條和黃金庫券
1944 年布列敦森林體系成形，美元為世界儲備貨幣
1971 年尼克森取消金本位制度

越高。

就如我們所說過的：「問題就是出在錢上面，你這個傻瓜。」

瞭解自己的信用積分（FICO score）

FICO信用積分（或信用分數）是一間知名的信用評比公司，該分數是用來評估你按時償還貸款的能力。各種公司行業會用這類的信用積分來評判來客是否值得給予房貸、個人消費代款、或發放信用卡。

個人信用積分的確重要，但這也不能算是財商教育，許多窮人和中產階級都擁有非常高的信用積分。

清償債務

我的窮爸爸堅信負債是一件很不好的

事情，他認為「無債一身輕」非常重要。由於他受過的財務教育極為有限，因此選擇無債的作法的確是好主意。無債一身輕對於窮人和中產階級的確是優質的建議。

然而富爸爸經常會說：「債務就是金錢。」他也說：「負債分為好債與壞債兩種。好債讓你越來越富有，而壞債讓你越變越窮。如果你想運用債務來致富，那麼你就必須投資自己來獲得財商教育，來區分好債壞債的區別，並且學會如何駕馭債務。」下圖是現行銀行體制的運作方式。

真正的財商教育必須要從總體的觀點來解釋銀行的體制。現行的銀行體制是一套由存款儲蓄者和借貸者所構成的仲介系統。就如上圖所示，如果沒有借貸者，那麼世界的金融體系就會開始分崩離析。

這就是為什麼大部分銀行所發行的信用卡會提供像是免費旅遊、現金回饋等等

「好處」，來鼓勵民眾舉債。銀行是賺借貸者這一方的錢，而非存款儲蓄者的錢。在二〇〇七年爆發次級房貸風暴之後，信用卡業務反而成為眾多銀行最主要的收入來源。

窮爸爸運用債務來購買自用住宅和汽車，而這些都屬於壞的債務。用壞債購買的事物都屬於負債。壞的債務就是那些必須由你親自償還的債務。

富爸爸運用債務來購買投資用不動產以及擴大公司營運規模等。這些都屬於好的債務，而好債會讓你越來越有錢。好的債務就是那些由他人來幫你清償的債務。政府也會給予懂得運用好債的民眾在所得稅上的寬減與優惠。

當今全球的銀行體系是基於「部分儲備制度」（Fractional Reserve System）來建立的。意思就是說每當有人將一筆錢存到銀行中，銀行就可以某種倍數的金額將這筆錢借給借貸者運用。舉例來說，如果部分儲備比率為10（亦即存款準備率為10％），那麼每當有人將一元存入銀行時，銀行就可以給借貸者十元的放款額度。如果通貨膨脹率太高，那麼各國的中央銀行（例如美國的聯準會）就可以運用各種金融操縱槓桿有效率的調控經濟，例如將部分儲備比率調降成5，那麼銀行每一元的存款只能放貸五元的貸款額。

當銀行調降存款利率時（這種現象早已經發生了），就在告訴我們一般大眾說：「我們不想要更多的儲戶了，我們需要更多願意向我們借錢的借貸者。」

低迷的存款利率迫使中產階級大舉投資股市與房地產，希望藉此獲得較高的投資報酬率。這些中產階級到處追逐著金融市場中的各種「泡沫」。當這些泡沫一旦破滅，這些中產階級將一無所有。

低利率的環境也在宣告以下的訊息：「拜託來向我們借錢。我們會以特別優惠的價格將錢借給你。」

對有錢人來說，低利率的環境讓他們更容易的賺到更多的錢。而對於窮人和中產階級而言（特別是存錢儲蓄的人），低利率將會給他們帶來財務上的災難。

諷刺的是，存款利息這種收入還要課稅，而舉債則是免稅的錢財。這也是有錢人會越來越富有的原因之一。

跟湯姆學財稅

儲蓄存款和債務恰為稅賦這枚硬幣的兩面

存款利息和負債兩者不但在稅賦上的地位不同（存款利息要課稅，舉債則否），而好債（用來購買資產的債務）衍生出來的貸款利息還可以進行所得扣抵。所以實際的情況是：舉債投資可以降低所得稅，而存款儲蓄反而會增加所要繳納的所得稅。

量入為出

在很久很久以前，量入為出以及存錢儲蓄這種作法是很有道理的。藉著節儉的生活以及儲蓄的行為，你很可能達到財務上的自由，甚至還有可能發財致富。

當尼克森總統於一九七一年切斷美元金本位制後，就開啟了政府和銀行大量印鈔票的門徑，因此量入為出以及存錢儲蓄這種作法就變得毫無意義。

下方這張圖表就在告訴我們中產階級正在面臨什麼樣的窘境。量入為出以及存錢儲蓄的作法在財務方面真的非常不明智，在當今世上，量入為出的作法只會讓窮人和中產階級越變越貧窮。

中產階級收入的戶數逐漸在減少

中產階級的收入水平不但一直持平，而且從 1970 年起，擁有中產階級收入的戶數一直不斷地在減少。在 2010 年間，擁有國民平均所得 1 至 1.5 倍的中產階級收入的戶數，占全體國民的 42.2%，比之前 1970 年的 50.3% 少。

收入範圍在國民平均收入 ±50% 戶數占全體戶數的百分比

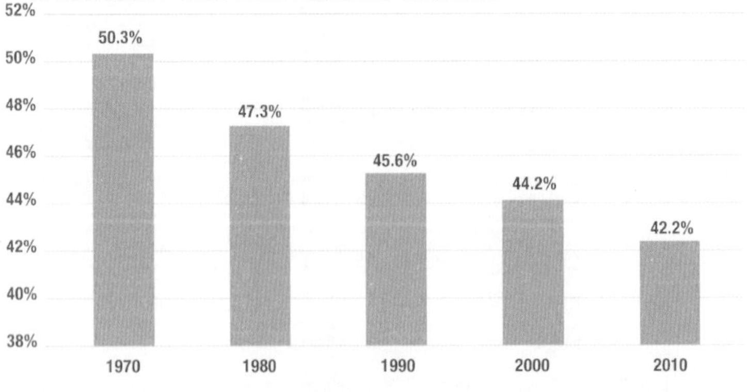

Source: Alan Krueger, "The Rise and Consequences or Inequality." Speech at Center for American Progress, Washington, D.C. January 12, 2012

Center for American Progress

長期投資於股市之中

讓我們再次檢視股市這一百多年來的走勢圖。

全球股市在二〇〇〇至二〇一〇年間已經發生過三次嚴重的崩盤。二〇〇〇年是網路泡沫化的崩盤，二〇〇七年為次級房貸風暴所造成的崩盤，而二〇〇八年則是銀行破產所造成的股市崩跌。

就如大家在第一章所看到的，連全世界公認最偉大的投資人華倫・巴菲特，都無法扭轉其公司——波克夏・海瑟威公司從二〇〇〇年之後一直虧損的狀態。

我相信還有更大的崩跌將要發生。

但很多人說：「別瞎擔心。不管股市將來發生什麼樣的事情，都不會像

道瓊 120 年來走勢圖

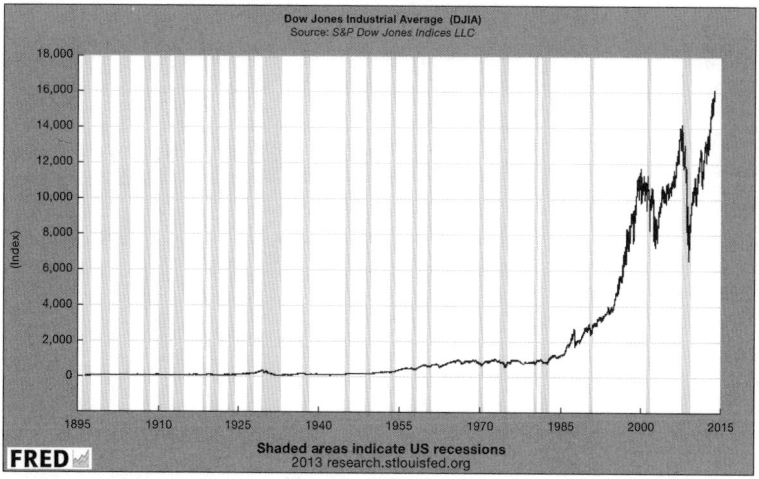

資料來源：FRED - Federal Reserve Economic Data

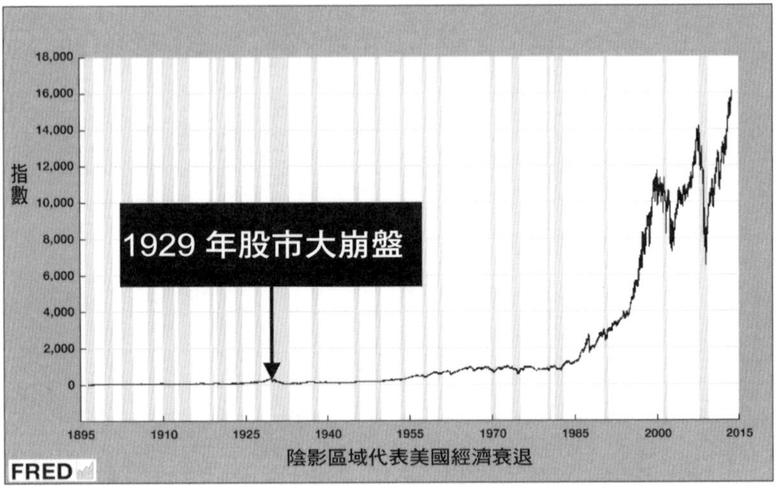

接下來會發生什麼樣的事情？

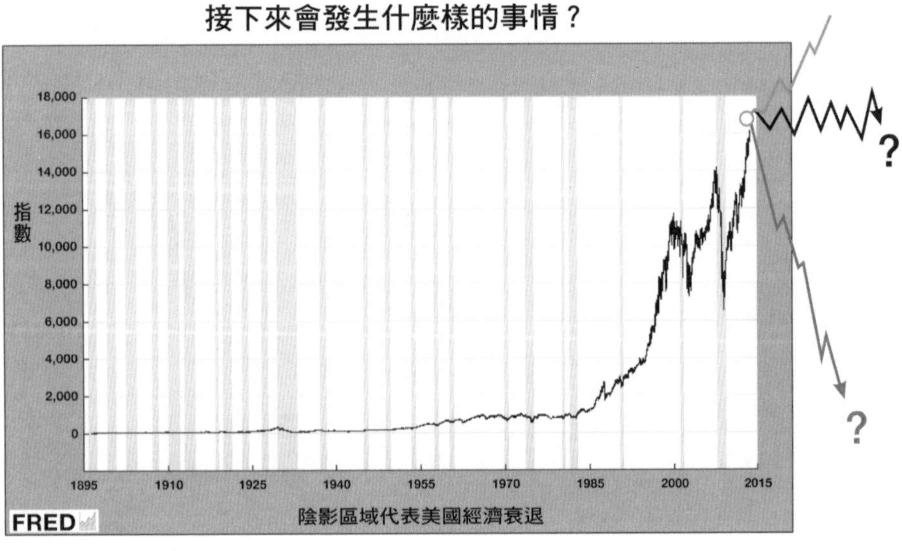

一九二九年跌得那麼慘。」我跟這些人抱持著完全相反的意見。

所以我想要請問你：當股市將會發生比一九二九年大上不只千倍的崩盤跌幅時，你為什麼還要長期投資於股市之中？

《經濟大預言：清崎與富爸爸的對話》（*Rich Dad's Prophecy*）一書於二〇〇二年出版。書中預言最大的一次崩盤將會發生在二〇一六年左右。下一張圖表在問我們一個很重要的問題：接下來又會發生什麼樣的事情？

如果股市持續上漲，那麼長期投資於股市就是一種有道理的做法。如果股市發生崩盤，那麼有錢人將會變得越來越富有。反之，數百萬的一般民眾（因為退休金與共同基金等）將會一貧如洗。如果你想要變得更富有，或許你應該開始拒絕聽從搭地鐵上班人們所提供的理財建議。

嗯……

到底會有多慘？

問：有沒有可能會有某個人突然站出來力挽狂瀾，挽救世界的經濟？

答：凡事都是有可能的。唯一的問題是，當前世界經濟就好比一幢紙牌屋一樣脆弱。

問：萬一經濟發生崩盤，那麼發生的速度會有多快？

答：如果經濟真的崩盤，那麼也應該會分成不同的階段陸續發生。也就是說如果你事先做好準備，那麼你在各階段將會有短暫的時間因應這些變化。

對於任何想要進一步瞭解世界未來的經濟趨勢的讀者，我會推薦菲利普．哈斯拉姆（Philip Haslam）所著的《當貨幣毀家滅國之時》（*When Money Destroys Nations*，暫譯）這本書。該書是一本傑作，書中有關財經的內容都非常精確，而且文筆平白直述易於閱讀。

菲利普．哈斯拉姆住在南非約翰尼斯堡，是一位非常靈光的年輕人。他擁有認證會計師的執照，同時也是一位經濟顧問、暢銷書作者以及講師。每當我和湯姆造訪南非時，菲利普就會上台助陣，證明湯姆所講的內容完全合乎南非的財稅法，並且會加強補充說明政府大量印鈔票的惡果，以及比特幣和世界金融等等的趨勢。

由於住在南非地緣的關係，菲利普決定跨越邊境進入鄰國辛巴威，親自觀察記錄一個原本非常富裕的國家，因為無節制地大量印鈔票（而非戰爭或自然災害所引起）導致自我毀滅的過程。

六大瀑布峽谷（Six Gorges）

菲利普在書中藉著「六大瀑布峽谷」的譬喻來描述惡性通貨膨脹的過程。在南非有個地方叫做「自殺峽谷」（Suicide Gorge），這個地區是由河流侵蝕出來的又窄又深的峽谷地形，而各峽谷之間又以大小不同的瀑布相連接。他向我們形容從第一個瀑布一躍而下之後，掉進一潭水池後，此時的他已經無法再回頭，唯有隨著河流繼續前進才能脫離這個峽谷地區。他必須一個接著一個從越來越高的瀑布一躍而下，跳入口徑越來越小且越來越淺的水池之中。然後，他利用自殺峽谷的經歷來描繪貨幣體系崩盤的過程。

他透過那些真正經歷過這次辛巴威貨幣體系崩盤的民眾口述，來說明整個崩壞過程的六大階段。書中的故事令人不寒而慄，如果你缺乏立即採取行動做出改變的決心，那麼請你務必要閱讀那本書（你就會有動力作準備了）。

以下內容摘自菲利普所寫的書，都是熬過這次崩盤過程的人們親口所述。

「他們被迫賣掉自己的房屋，因此（這筆錢）讓他們再多活了三年。三年後他和妻子真的變得一貧如洗，因此被迫搬到南非跟兒子一起居住。兩年之後這對夫妻（因為身體長期的損害）雙雙過世。」

「我父親的朋友原本是律師事務所的合夥人之一，且在那裡工作了超過五十年之久。他一輩子將自己的儲蓄投資於 Old Mutual（專門給員工投資用的基金公司）。由於惡性通貨膨脹的關係，他的退休金帳戶變得一文不值。Old Mutual 公司給他寄了一封信說每個月給他匯這麼一點點的錢沒有實質上的意義，因此會把退休金一次匯給他。結果當他領到他辛苦一輩子所累積的退休金之後，他用這筆錢買了一罐柴油。」

「你為什麼要接受一直會貶值的錢？你絕對不可以。政府一直強迫我們要用這些一直貶值的紙鈔。」

「我們家的糧食儲藏櫃會上鎖，因為食物就等於金錢，也是我們投資的全部。我們可以用食物買到任何事物——包括勞力、砂糖、米麵、燃油等等。食物就是我們的金錢。」

「各個女子監獄嚴重缺乏衛生棉和衛生用品。囚犯對於這些物品的需求遠遠大於美元鈔票，因此這些個人衛生用品很快就成為監獄中從事交易用的貨幣與媒介。」

「惡性通膨讓全國民眾都成了罪人，因為你非得進行違法的事情才能生存下去。」

「有一個替我們兼職工作的老太太，幫忙我們所幫助的那些孤兒院購買書籍，並且用美元來支付這筆款項，結果一位臥底的公職人員就跳出來進行臨檢。我們被迫要賄賂這位公職人員。我痛恨收受賄賂的人，但是當你面臨不賄賂官員就會有一位無辜的老太太要面臨牢獄之災時，我們也只好乖乖掏錢出來行賄。」

「他們的人生就這麼一點一滴的逐漸枯竭凋零。他們無法獲得任何醫療照顧、食物或水，而且很多人到死都搞不懂為什麼他們手上的錢根本買不到任何東西。許多依賴退休金過活的人們在家中不為人所知的死去屢見不鮮，也有很多老夫婦在資源見底的時候選擇結束自己的性命。」

曾經是一個富有的國家

很多人會說：「辛巴威會發生這種事情，是因為辛巴威是一個貧窮落後的國家。」我想提醒大家，辛巴威在五十年之前被稱之為「非洲的糧倉」，是一個非常富足的國家。

如今委內瑞拉面臨了和辛巴威同樣的情境。委內瑞拉也曾是一個非常富有的國家，該國擁有全球數一數二的石油蘊藏量。因此要問的問題是：為什麼這些曾經非常有錢的國家的民眾，會讓這種事情發生在他們的身上？

菲利普在該書中也講述了一則故事：「隨著通貨膨脹的發生，辛巴威國民們對自己國家的貨幣失去了信心，因此迫使政府採取像是管控機制、制訂物價以及不斷調動利率等等各種極端的手段，甚至還運用非常隱晦的說辭來避免民眾瞭解真正在發生的情況。」

聯準話（聯準會的語言）

聯準會前主席葛林斯班因為精通所謂的「聯準話」而舉世聞名。以下是葛林斯班親自所講出來的話：「自從成為央行的一員，我學會得要口齒不清楚地喃喃自語。如果你自認為你完全聽得懂我在說些什麼，那麼你一定是完全誤解了我話中的意思。」

聽信聯準會，或任何央行代表所說的話都不算是在接受正確的財商教育，充其量只能算是財傷教育罷了。如果歷代聯準會的主席們——葛林斯班、柏南克、珍妮特·葉倫、以及現今的傑羅姆·傑·鮑威爾（Jerome Jay Powell）等——願意說實話的話，那麼他們一定會跟你說：「問題就是出在錢上面，你這個傻瓜。」

當我在二〇一六年詢問菲利普·哈斯拉姆，他認為世界即將邁入哪個階段的峽谷時，他回答我說：「我相信應該是第三階段，甚至可以算是已經邁入第四階段了。」

你現在大致上應該對「哪些不算是財商教育」有了一定程度的瞭解，下一章節的重點則在陳述當一個人缺乏財務素養時，將會付出多麼慘痛的代價。

第八章
你是否擁有財務素養

窮爸爸：「我的自有住宅算是一項資產。」
富爸爸：「我的自有住宅算是一種負債。」

我的窮爸爸是一位受過高等教育的人。他當年是畢業生致詞代表，兩年內就修完大學四年的學分，然後到史丹福大學、芝加哥大學、西北大學深造來獲得各種博士學位。很不幸的，他嚴重缺乏財務上的素養，他完全搞不清楚資產與負債兩者之間的差別，因為他完全不懂金錢的語言。

由於他所具備的財務素養程度，反而迫使他得更賣力的工作，但一直遠遠落後於他人之後。雖然他每年都會獲得加薪，但是他的日常開支也跟著水漲船高。雖然他很努力記帳與節約支出，但是就是一直無法留住他所賺到的財富。

雖然他受過非常高等的教育，也是一位誠實、努力認真工作的顧家男人，扶養了四個孩子長大成人，同時也是當地人們景仰的人物，但是他去世的時候卻是身無分文。

缺乏財務素養的代價

我們都懂得聽說讀寫和算數等等學術能力上的重要性。人類必須藉助素養才能和外在世界產生有效的連結。

以下為學術素養方面的五種統計數據。

若小學生到達四年級的時候仍然無法順暢的閱讀書籍，那麼這種學生有三分之二的人在長大之後會進監牢或需要依賴救濟金才能過活。

美國坐牢的囚犯當中，超過70％的人不具有小學四年級程度的素養。

美國有四分之一的小孩長大之後不具備一般正常閱讀的能力。

到小學三年級仍然無法有效閱讀書籍的學生當中，有五分之四的人註定將來會以退學收場。

由二〇一一年的統計資料顯示，美國是經濟發展與合作組織（Organizaiton for Economic Cooperation and Development, OECD）各成員國家當中，唯一一個當今世代的教育程度卻反而低於前一世代的國家。

接受財「傷」教育所要付出的代價

我相信大家都會認同缺乏財商教育時，將會付出相當的代價。

缺乏財務素養會讓人們無所適從。財傷教育讓人們活在恐懼之中，牢牢死守著一種虛假的安全感，恐懼讓人們活在貧窮之中。缺乏財商教育的人們無法解決自己人生財務上的各種問題。

缺乏財務素養會摧毀人們的自尊心。缺乏財商教育的狀況下，由於無法有效率的採取果斷的行動，因此這些人的自尊心和自我價值感都蠻低的；缺乏財商教育的人們一輩子都會裝模作樣的好像知道要如何去理財。

缺乏財務素養會讓人們充滿挫折感與氣憤。夫妻爭吵或鬧離婚最大的原因之一就是為了金錢。缺乏財商教育的人們找不到正確的答案來幫助他們解決財務上的困境，這些人日以繼夜的為錢和收入擔心，無法輕鬆快樂、富足的過著有意義的生活。

缺乏財務素養會讓人們的想法一成不變。我發現缺乏財商教育的人們多半思想封閉，這些人認為有錢人都很邪惡，極度貪婪，同時又非常殘忍，許多人相信只要擁有更多的金錢就能解決他們所有的問題。

缺乏財務素養的人經常會說：「你不能這麼做。」就算那些擁有財商教育的人們在他們的眼前，或者是在當地做給他們看，他們依然堅持著自己原有的看法。由於缺乏財商教育因此讓他們的生命受到了限制，這些人堅持自己原有的信念的原因，是因為他們就能避免體會因為缺乏財商教育給人生所帶來的痛苦、混亂、丟臉、無助等等的感受。

缺乏財務素養的人會覺得他們是受害者。缺乏財務素養的人完全搞不清楚當前世界經濟的實際狀況，他們缺錢而產生的問題都是別人的錯，也有不少人認為都是那些有錢人害得他們變得越來越貧窮。

很多人都是當今稅制下的受害者。當他們聽說有錢人幾乎都不用繳納任何稅金時，他們就會憤怒不已。與其研究瞭解這些有錢人為什麼在賺大錢之後，幾乎都不用繳稅的真正原因（或者要如何讓自己可以大幅節稅的正確方式等），他們只會謾罵「有錢人都是騙子」或者「制度不公平」等言語。

缺乏財務素養會讓人盲目。缺乏財商教育的人們對於那些正在眼前，價值數百萬美元的投資機會都會視而不見……

缺乏財商教育的人們在金錢上反而更相信他們從未謀面的陌生人，而不是自己。這也就是為什麼數百萬的人們會一直問：「我應該拿自己的錢怎麼辦？」然後長期投資於股市之中，但是又完全不清楚到底是什麼樣的人在「管理」他們的財富。

缺乏財商教育的人們盲目信任，完全看不到即將崩盤的市場。

缺乏財務素養會製造貧窮。即便是金錢在全球氾濫成災，但是中產階級逐漸在消失，而且貧窮的人口數日益漸增，十分諷刺。

雖然各國銀行發行了數兆的美元，但是有數十億的人口仍然在說：「我買不起」。雖然利率水準處於歷史低點的水準，但是仍然有數十億的人口負擔不起房貸，更遑論買一間屬於自己的房屋。

缺乏財務素養讓人們不擅長於投資。缺乏財商教育的人們一般上來說都在不正確的時點以及不正確的地方，聽信不正確的資訊來投資不對的事物。他們喜歡買低賣高，當百貨公司舉辦週年慶時，這些人迫不及待衝進去大肆掠奪一番；但是，當華爾街所有投資工具在進行大拍賣時，這些人反而對這些難得的絕佳投資機會避之唯恐不及。

缺乏財務素養會降低人們的判斷力。缺乏財商教育的人們不懂得如何判斷事物的價值。這些人平常都以價格來決定是否購買，而不是基於事物的價值來付錢。一個缺乏財商教育的人無法判斷哪些事情才是重要的，哪些事物又是有價值的，哪些事情急需完成，以及自己行為會產生什麼樣的後果。

缺乏財務素養會讓人厭惡人生。成千上萬的人們身陷於自己所厭惡的工作之中，而且完全賺不到自己心目中理想的收入。經過估算將近有70％的美國人都不喜歡自己目前所從事的工作。他們出賣自己最珍貴的資產，也就是自己的人生，來獲取微薄的薪資。

缺乏財務素養會導致缺德的行為。在缺乏財商教育的狀況下，許多倫理道德和守法的精神都會逐漸淪喪。我們都聽說過當有人一旦開始嘗試藉著「賣點毒品就收手」、「下海幾次賺夠錢就好」或者「押個幾把也無傷」等等所導致的嚴重下場。成千上萬的人們為了錢而作弊、說謊以及偷竊，許多人寧可想盡辦法逃漏稅，而不是去學習如何合法的進行節稅。

跟湯姆學財稅

全球逃稅的風氣

每年報稅的時候，我總是會遇到一兩位客戶要我幫忙他們逃漏稅，或者想辦法掩蓋他們逃漏稅的事實。我都會向這些人解釋說一旦你更懂稅法，也就完全不需要逃漏稅，其中有些人會聽從我的建議並且從此不再逃漏稅，其他的人選擇找其他會計師繼續逃漏稅，而不願意用正確的態度與方式面對繳稅的問題。以義大利這個國家為例，他們將逃漏稅劃分成兩種不同的階段，小額逃漏稅有其特定的罰則，而大規模的逃漏稅有著完全不同的罰則。當我隨著羅勃特周遊各國時，經常發現許多人都習慣於逃漏稅，但是並不需要這麼做；藉著正確的財商教育，任何人都有權利完全合法的節稅，而且永遠都不需要擔心國稅局的稽查人員。

缺乏財務素養會讓人們扭曲事實。當人們身處在經濟方面的壓力與焦慮之下，他們經常無法看清楚眼前的事實，他們對於眼前的各種翻身機會也都視而不見。舉例來說，很多人相信一幢豪宅、拉風的名車、名牌的服飾、昂貴的名酒以及光鮮亮麗的外表等等，就等同躋身於有錢人的行列。

千里之行始於足下

就如生命中許許多多的事情一樣，財商教育是一種過程：財商教育可以改善人們的財務素養；財務素養可以提升人們解決財務方面的問題；解決財務方面的問題就會增進人們在金融方面的聰明度；而一個在金融方面聰明度高的人必定會成為一個更有錢的人。

問：你的意思是說，當我能解決更多金錢方面的問題之後，我就會變得越來越有錢？

答：是的。大部分的狀況下，有錢人解決金錢方面問題的能力，遠遠優於貧窮與中產階級的人們。

問：你的意思是說，如果我逃避不去解決金錢方面問題的話，我就會越變越貧窮？

答：是的。而且當你不去解決你的問題時，它們就會像一直累積的帳單一樣，反而會形成更巨大嚴重的問題。

問：我們的政府不就是在這麼做嗎？

答：它們的確是在這麼做。

問：那我們應該要如何改變這個世界？

答：這才是真正問題的所在，不是嗎？我的富爸爸經常會說：「如果你想要改變世界，那麼先從改變自己開始。」以前只要我對任何事情產生抱怨時，他就會要我在口中一直重複唸：「想要改變現狀，我就得先自己做出改變。」

到底什麼才是財務素養？

富爸爸的教導中，其中最重要的一項觀念是：「你解決問題的方式將會影響你一輩子。」

《富爸爸，窮爸爸》一書於一九九七年出版。該書的內容就是當年富爸爸用來教導九歲的小鬼頭——也就是我和富爸爸的兒子的財商教育內容。對於那些已經看過《富爸爸，窮爸爸》這本書的讀者們，接下來的內容請把它當成一次摘要式的複習。

下列這張簡單的圖表完全改變了我人生的方向。要不是藉著這種非常簡單明瞭的視覺化方式來呈現收入支出和資產負債等觀念，或許我早已跟隨著窮爸爸的腳步成為一位辛苦上班的雇員，然後一輩子為錢煩惱不已。

損益表

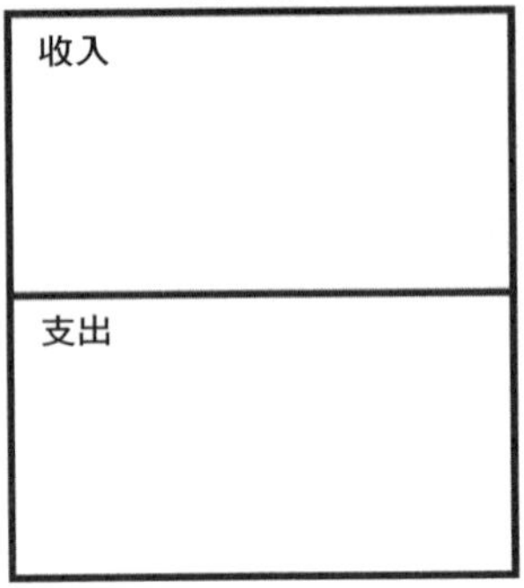

資產負債表

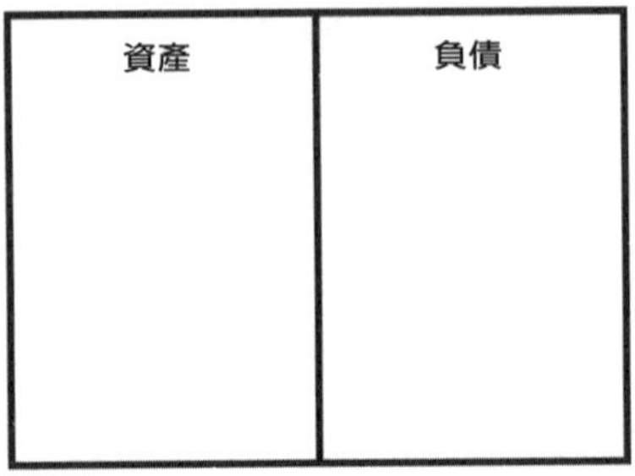

財務報表是所有財商教育最核心的概念。這也就是為什麼富爸爸經常會說：「銀行家從來就沒有跟我要過在校成績單。跟銀行打交道的時候，它們才不在乎我念的是哪一間大學，或者我的畢業分數，我的銀行家只想看到我的財務報表。你的財務報表是你離開學校之後的唯一成績單。」

從很小的時候，最基礎的財務素養，奠定了我整個人生的方向。

那些看不懂財務報表的人們在財務上就跟文盲一樣。就如你所知道的，受過高等學歷但仍然對財務報表一無所知的人們，多得如過江之鯽，這也就是為什麼當今世界會面臨如此巨大的財務危機。

圖解而非說教

我和富爸爸的兒子從九歲起就開始接受正確的財商教育，富爸爸用大量的圖畫以及非常少的文字來解說這些觀念。即便是如今長大成人的我，依然偏好運用大量的圖表而非文字來進行學習。

我的窮爸爸為了鐵飯碗的職位和穩定的薪資而努力工作，富爸爸為了那些能產生現金流的資產而努力工作。請問你自己注重的欄位是哪一個？收入或是資產？

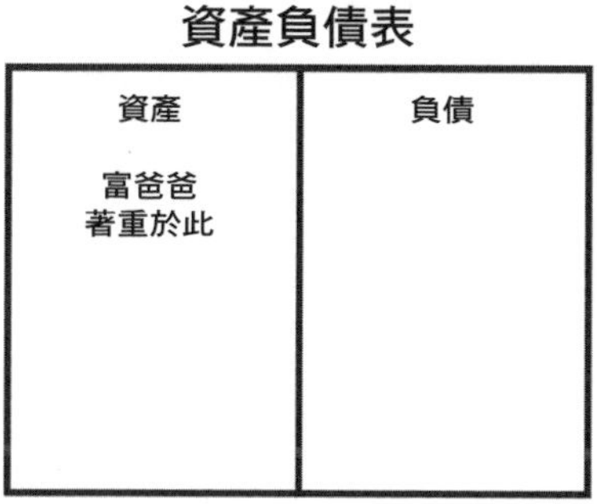

跟湯姆學財稅

財務報表的威力

藉由人們擁有哪些財務報表以及他們運用財務報表的方式，我就能判斷這些人們所具備的財務素養。身為員工或上班族的人，一般來說只會看收入這個欄位。在報稅的時候，這些上班族也只需要呈報自己的收入即可，幾乎沒有什麼可以扣抵的稅項。因此針對為於E象限的人們而言，他們所擁有的唯一財務報表就是他們的薪資單。

中小企業老闆的焦點通常是擺在收入和支出上面，而這兩者是在所謂的「損益表」上。這張財務報表詳細紀錄著他們從各方收到多少錢，以及一共花掉了多少錢。他們沒有製作資產負債表的需要。因此對於那些深處S象限中的中小企業老闆們來說，收入與支出，亦即所謂的損益表，是這些人唯一會運用的財務報表。

至於位於B和I象限中的人們，他們一定會交互運用兩種財務報表。他們藉著資產負債表來記錄自己所擁有的各項資產或負債；他們也會運用所謂的現金流報表，報表中呈現的是各種現金的來源，以及現金都花到哪裡去了。在報稅的時候，大型企業家和專業投資者必須附上自己的損益表和資產負債表。跟銀行家打交道的時候，這些人也懂得事先準備好自己的現金流報表，連同資產負債表和損益表一起呈報上去。

當我的會計事務所在幫客戶準備報稅資料時，無論其規模大小如何，我們都要求客戶要提供損益表和資產負債表。藉著這項要求，我們就能更加確認客戶提供給我們的資料是否精準確實；對國稅局來說也是一樣的，一間只拿得出損益表的公司，而無法提出資產負債表的公司，被國稅局抽查的機率，會比那些拿得出兩張報表的公司，高出五倍之譜。

六個重要的詞彙

財務素養最核心的關鍵，是由六個詞彙所構成的。

1. 收入
2. 支出
3. 資產
4. 負債
5. 現金
6. 流向

向任何一位創業家請教哪兩個詞彙最重要時，他們一定會異口同聲的說現金和流向。

問：為什麼現金流（現金和流向）這幾個詞彙是這麼的重要？

答：因為就是要藉著現金和流向這幾個詞彙，才能分辨什麼是收入、支出、資產、或者是負債。

舉例來說，收入就是現金在流入的一種現象。而費用則是現金流出去的狀況。

在現實生活中，平衡支票帳簿也是這種模式——把收到的錢放進來，然後因為支出而流出帳戶。

問：所以你才會說「懂得如何平衡支票帳簿等並不能算是一種財務教育」，原因就在於此？

答：完全正確。

問：因為平衡支票帳簿是完全用不著資產與負債等方面的知識？

答：完全正確。我的父母都懂得如何平衡支票帳戶，但是完全搞不清楚資產與負債到底是什麼。這也就是為什麼他們無法擺脫貧窮的主要原因之一。他們每個月月底都在懷疑自己的錢都跑到哪裡去了，因為他們以為房子與汽車等是一種資產，但實際上卻是負債，因而錢不斷的流出。

問：所以藉著資產與負債，就能決定這個人是有錢人、貧窮人、或者是中產階級囉？

答：是的，不同階級會聚焦在不同的區塊，就如左頁右圖所示。

問：所以你的意思是說，窮人會一直把心思擺在要如何存錢儲蓄，以及如何降低支出之上？

答：是的。

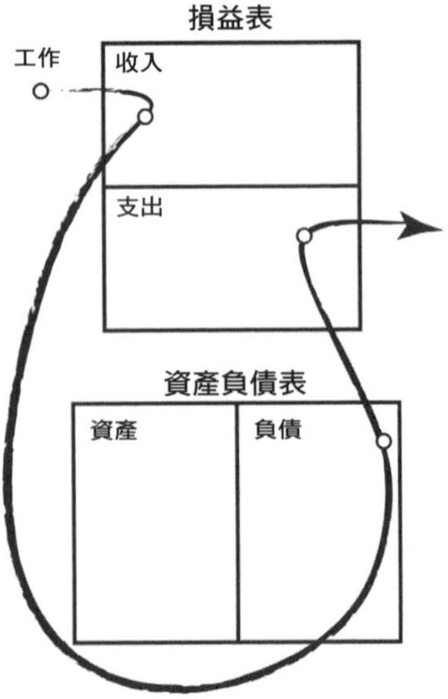

問：而有錢人則是專注於資產之上？

答：是的。

問：那麼為什麼中產階級也都專注於負債？

答：那是因為在絕大多數的狀況之下，中產階級並不懂得如何區分資產與負債兩者之間的差別。

問：所以你的窮爸爸才會把自有住宅當成資產，而富爸爸卻把自有住宅當成負債來看待？

答：是的。

問：為什麼會有這樣的差別？

答：答案是因為是否擁有財務素養的關係。因為硬幣

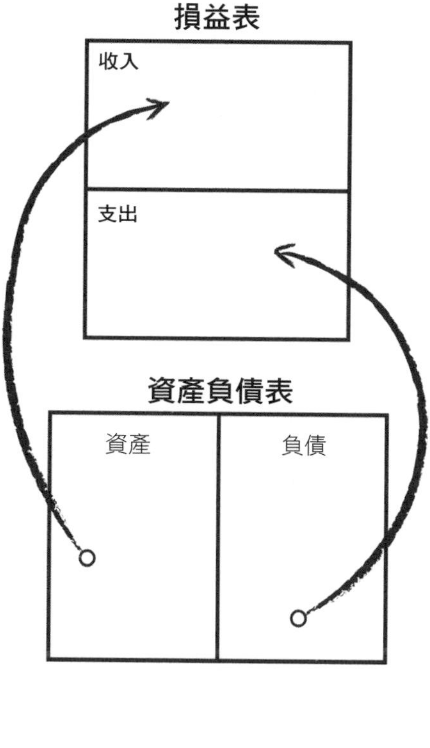

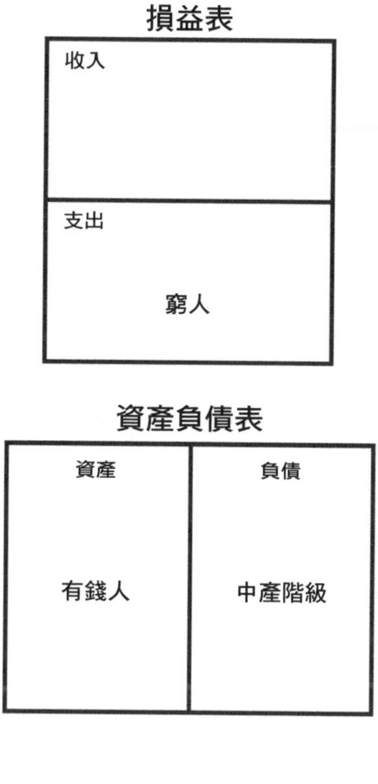

的另外一面就是所謂的「財傷知識」。

詞彙的威力

以下是兩個非常重要的名詞定義，而富爸爸就是藉著這兩個定義，讓我們瞭解到資產和負債兩者之間的區別。

資產：無論你是否上班與否，依然會一直幫你把錢放到你口袋之中的事物。

負債：就算自身價格會升值，但依然會把錢從你的口袋之中拿走的事物。

問：所以，是藉著現金的流向來區分何者是資產或者是負債，是嗎？

答：是的。

問：所以假使有一幢房屋一直會把錢放到你口袋之中的話，它就算是一項資產？

答：沒錯！任何事物都有可能變成一項資產或是負債，這完全要從現金的流向來決定。絕大部分的人們一直堅持把自己的自有住宅和自用汽車當成資產來看待，所以錢才會不斷的從他們的指縫中流失。

跟湯姆學財稅

負債與現金流

另外一種看待財務報表的方式，就是把它當成「財務狀況的報告」。當流入的現金流大於流出的現金流時，這個人的財務狀況是處於優良的狀態之中。如果你失去了工作收入來源時，那麼你的流入現金流完全取決於你所擁有的資產，而你的流出現金流也完全由你的負債項目來決定。因此我們可以把能夠創造流入現金流的事物定義成資產，同時，把那些創造流出現金流的事物定義成一種負債。而資產與負債兩者之間的差異，亦即現金流入與流出的差額，就是你個人的淨身價（亦稱之為財富水平）。

再重複一次，財務素養最核心的關鍵是收入、支出、資產、負債、現金流。

問：這是否就是你將遊戲取名為「現金流」的原因，把兩個重要的詞彙組成一個名詞？

答：是的。因為在真正的金錢世界中，能確實掌控現金的流向是至為關鍵的。有錢人懂得如何控制流入的現金流，而窮人和中產階級兩者則無法控制流出的現金。

問：這是否就是當今世界面臨金融危機的原因？因為各國領袖一直在創造負債，造成現金一直不斷的流出？

答：是的。除此之外，各國領袖還一直藉著印鈔票的方式來彌補該國所流出的現金。

改變焦點

鄰家的百萬富翁會把焦點擺在左圖中的這兩個資產之上。

當今最嚴重的問題就在於這兩種資產——儲蓄存款和股票基金——都是有毒的資產。

別忘了從一九七一至二〇〇〇年期間，那些懂得儲蓄並且會長期投資於股票市場的民眾，在財務方面，個個都擁有不錯的佳績。但是在二〇〇〇年之後，整個世界發生了巨大的改變。

一個擁有財務素養的人可以藉著閱覽次頁的圖表（一張我們早已經看過的圖表），並且瞭解這張圖表在透露什麼樣的資訊。

問：你為什麼要一直嚇我？

答：我並不是為了嚇你而跟你說這些事情的。雖然我知道這些事情會讓你感到不自在，但是我所從事的工作就是為了向全世界推廣財商教育，讓人人都能為即將來臨的改變做準備。

損益表

收入
支出

資產負債表

資產	負債
儲蓄存款 股票與基金	

問：那麼接下來會發生什麼樣的事情？

答：說實話，我不知道，也沒有人確實知道會在什麼時候發生。因為人類歷史中從未走到這個地步。

巴菲特在二〇一七年九月七日說：「有件事情我現在一定要告訴你，就是抱著現金這種作法是一種最差勁的投資。目前人人都在倡議現金為王或是類似的觀念，但是隨著時間的流逝，現金會變得越來越沒有價值。」

當年聽從巴菲特的建議，在二〇一〇年將現金投入股市之中的人們個個都戰果豐碩。問題是當我在二〇一七年寫這本書的時候，美國股市已經再度創下歷史新高了。我想問的是：當股市再度崩盤時，屆時巴菲特能否挽救這些投資者？

我們再次檢視巴菲特旗下的基金在面臨本世紀三大崩盤事件中的績效如何。

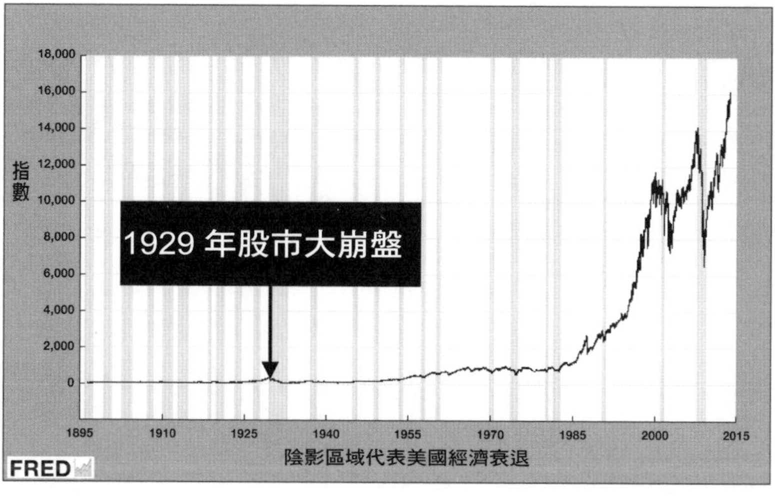

波克夏海瑟威與標準普爾 500 指數
（五年投資報酬率）

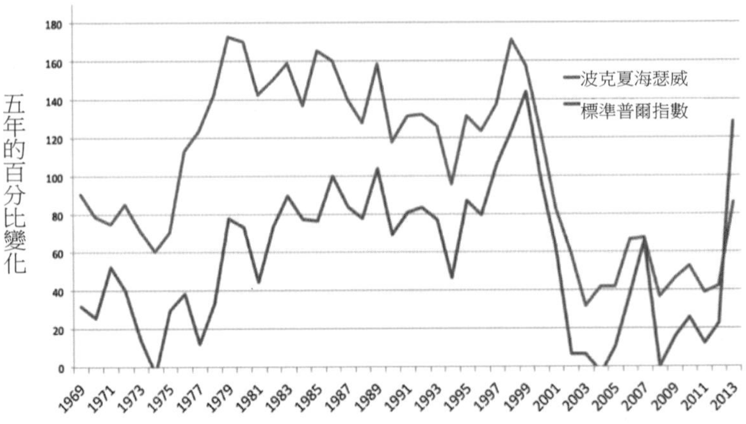

資料來源：Business Insider

這張圖表在告訴我們說下跌的市場終究會再次上揚。問題是這些股市投資者——就連巴菲特本人也一樣——要如何在下次發生崩盤時避免損失？

你是否具備財務素養？

在財務素養與財「傷」教育這幾節的內容中，當我們談到一般人會採取什麼樣的行動或反應時，請你想想自己是否曾做出什麼樣的回應，自己的想法與感受又是如何？下面列舉出一般擁有財「傷」教育民眾在面臨股市崩盤時，多半會做出的反應和採取什麼樣的行動。

財「傷」教育讓人們失去機動性。

財「傷」教育會打擊人們的自信心。

財「傷」教育會造成人們的挫折感與不滿。

財「傷」教育想會讓人培養出僵化的思維。
財「傷」教育會讓人們覺得自己是受害者。
財「傷」教育會讓人們盲目（對真相視而不見）。
財「傷」教育會讓人們貧窮。
財「傷」教育會使人們變成差勁的投資者。
財「傷」教育會使人們做出錯誤的判斷。
財「傷」教育讓人們開始痛恨自己的人生。
財「傷」教育有可能促使人們採取違背倫理道德的行動。

問：那麼，一個受過財「傷」教育的人應該要怎麼做？

答：要重新著手建立自己的財務素養。先從明確瞭解財務素養最關鍵的六個詞彙著手：收入、支出、資產、負債、現金、流向。

挑戰自己，讓自己開始：
了解現金流的流向會決定事物是資產或者是負債的原因。
了解為什麼自有住宅並不算是一項資產。
了解為什麼存錢儲蓄的人們是最大的輸家。
了解為什麼自己目前所擁有的投資組合（investment portfoio）很可能是自己的一項負

債而非資產。

了解為什麼全球各個金融市場都處於動盪之中。

了解為什麼鄰家百萬富翁所擁有的最大宗的兩項資產，亦即儲蓄存款和股票基金，很可能會變成一種負債的原因。

了解為什麼「問題就是出在錢上面，你這個傻瓜」。

如果你能了解這些，並且還能向人解釋說以上的原則與概念，那麼你已經開始踏上成為財金天才之路了。

第二篇　總結

金錢是一種語言。學習致富之道就如同學習一種新的語言是一樣的道理。需要藉著投入時間、不斷的練習、以及勤奮與決心才能做得到。

窮人彼此之間都用同樣的語言在進行溝通，他們講的是貧窮的語言，思考與相互溝通時，用的是窮人會採用的詞彙。他們經常會說例如「我買不起」或是「我做不到」等等的話。除非開始改變自己所運用的詞彙，要不然是不會發生多大的改變。

就如亨利．福特所說的：「如果你認為自己可以做得到，那麼你就能做到。如果你認為自己做不到，那麼你一定是做不到的。無論你怎麼想，你永遠會是對的。」

中產階級彼此之間也是講著同樣的語言。中產階級最喜歡運用的詞彙有：有保障的工作、穩定的薪資收入、以及福利津貼等等。他們極力避免的詞彙是風險和負債。他們認為存錢儲蓄是一種非常明智的理財觀念。遺憾的是，從一九七一年起這再也不是明智的觀念了。直到個人改變自己所運用的詞彙和語言，要不然這個人是不會發生多大的改變。

有錢人採用的是一種不一樣的語言。那些受過財商教育的有錢人，講的是一種完全不同的語言。創業家所運用的語言跟員工就完全不同。不動產投資人所講的語言，跟股市投資者所講的也是完全不一樣的語言。不動產投資者會運用例如像是資本還原率（cap rate）等的名詞，而股市投資者則會運用例如像是本益比（P/E ration）的名詞，但這兩者幾乎完全是同樣的事情。因此重點在於：「聖言成為血肉（道成肉身）」（And the words became flesh）。

你是否具備真正的財商教育？

第二篇著重於：哪些內容不能算是財商教育，以及，到底什麼才是財務素養？

接著的第三篇，焦點在於：什麼才算是真正的財商教育？

好消息是真正的財商教育肇始於詞彙，懂得運用貨真價實的金錢語言——亦即有錢人所使用的語言。而且最棒的消息是：語言真的會成為血肉，而且語言完全是免費的。

第三篇

什麼才算是真正的財商教育？

引言

債務和稅賦

我敢打賭，應該會有很多人跟我抱持著同樣觀點：我認為財經世界中最令人厭惡的兩個詞彙就是債務和稅賦。

債務和稅賦就是有錢人和其他人之間鴻溝越拉越大的真正罪魁禍首。

這也就是為什麼在世界歷史中，西元一九一三年是至關重要的一年。這是因為美國聯邦儲備銀行（聯準會）就是在那年成立的。美國第十六條憲法修正案也是在該年度獲得通過，因此一個令人畏怖，專門負責向國民徵稅的機構——美國國稅局（IRS）——就因為這條法案的通過而誕生了。

這兩個機構必須要同時成立並存，如此一來，富勒博士口中所謂的強取豪奪的巨人們（GRUNCH），亦即「全球性的現金大劫案」（Gross Universal Cash Heist）才能開始啟動運作。

如今債務和稅賦就像癌症一般，侵蝕著窮人和中產階級的身心。美國國債根本是一個等著被引爆的巨大災難。但是從硬幣的另外一面來看，債務和稅賦卻反而會讓有錢人越來越富有。

真正的財商教育並不是在叫你投資哪支股票、債券、指數股票型基金 ETF 或是某檔共同基金等等。真正的財商教育也不是教人在投資的時候要懂得分散風險。就如巴菲特所說過的：「分散風險是保護那些無知的人們而採取的辦法。如果你很清楚自己在做什麼的情況下，分散風險是一種毫無道理的作法。」

當一個人搞不懂債務和稅賦時，他又怎麼能確切知道自己應該要怎麼做，才會是對自己最有利的行為？

每當我說「我每年賺進數百萬美元，但完全合法地只需要繳納一點點的所得稅」時，很多人的反應好像是心肌梗塞發作一般，同時也封閉了他們的腦袋與思維。我個人認為在這個世界上，比稅捐稽徵人員更可怕的人事物應該為數不少，但是鮮有比被政府下令查稅更令人痛苦的事情了。只要你像巴菲特所說的——「你很清楚自己在做些什麼」，那麼就可以避免這種事情的發生。

身為創業家和專業投資者的我，因為有湯姆．惠萊特這樣的良師益友、老師、稅務顧問，讓我每天在進行例行工作的時候，都充滿了自信心與踏實感。在採取任何可能違規的行為之前，我都會跟湯姆進行事先確認。當你完全按照規矩行事（特別是任何有關於稅法和法律等所規範的領域時），生活就真的會變得好輕鬆。

就如湯姆經常說的：「稅法在本質上是一種行為上的誘因，是政府要民間機構配合國家政策的一種手段，來實現政府想要完成的工作。」這也就是為什麼全球各地的稅制稅法，都是有利於創業家和大型企業的原因。

簡單來說：

稅法是在懲罰那些位於E和S象限之中的人們。

稅法是在獎勵那些位於B和I象限之中的人們。

這也就是為什麼想要接受真正的財商教育時，必須先得從債務和稅賦上著手才是。要正確認識處於硬幣另外一面的債務和稅賦，才是真正的財商教育。

真正的財商教育，也要能讓學生懂得為什麼債務和稅賦會讓有錢人越來越富有的原因。真正的財商教育也得讓學生學會如何運用債務和稅賦來讓自己變成有錢人的方法。

這也是為什麼我延請自己的財務顧問——湯姆．惠萊特，來跟我一起合著這本書，因為債務和稅賦是真正的財商教育最核心的關鍵所在。

跟湯姆學財稅

稅法存在的真正意義

雖然稅法確實給國家帶來財政上的收入，但是稅法的存在還有更重要的意義，也就是用來鼓勵民眾遵從政府所制訂的各項政策。全球各國政府都希望各大企業都能夠聘用更多的民眾，同時也希望他們夥同專業投資者們一起創造出更多的住宅、能源、與食物等等。這也就是為什麼B和I象限裡的人們能夠享有種類繁多的租稅誘因（tax incentives）。

第九章
為什麼有錢人會玩「地產大亨」

窮爸爸：「去找份工作。」
富爸爸：「千萬不要為錢工作。」

多年來我參加過眾多有關於金錢的課程、研討會以及演講等等，這些課程所有的講師都有著共同的特點：他們把事物搞得很複雜、混淆不清、並且讓學員感到挫折不已。很多講師聽起來好像在講火星語一般。我懷疑大部分講師喜歡用「專業術語」的原因，不是為了進行明確的溝通，而是為了展現優越感，想要證明自己比台下觀眾還更聰明一些。

真正的財商教育不必弄得很複雜或晦澀難懂。我常想到（謠傳）愛因斯坦說過的一句話：「如果你無法向一個只有六歲的小孩子解釋清楚，那就表示你對此事也是一知半解。」

真正的財商教育可以是很淺顯易懂的，就跟玩「地產大亨」（*Monopoly*）一樣簡單。

三種不同的收入

當你給年輕人「好好上學唸書、找份工作、認真工作、存錢儲蓄、然後長期投資於自己的退休金帳戶之中」這類的建議時，就是少了真正的財商教育中才會有的，一點點有關於稅賦上的補充內容。

想給年輕人建議的這類「如何擁有成功人生」的人們，也請你們多補充一句說：「但是這麼做的同時，你還得要繳納最高級別的所得稅稅率。」

如果年輕人能夠事先知道這一段補充資訊的話，那麼他們或許就會開始提問：「那我要如何降低自己的所得稅稅率？」這樣的疑問將會引領他繼續探索其他重要的問題，例如「什麼才是真正的財商教育？」等等好問題。

這樣的問題（以及類似的疑問），就會讓人們開始站在硬幣的邊緣上來看待世界，讓他們擁有同時檢視硬幣兩面的優勢，可以開始看到有錢人在硬幣上所處的那一面，也就是不需要為了錢而工作的那一面。

真正的財商教育中，有關稅賦的部分並不需要弄得很複雜。凡是講到金錢的時候，通常都會先從收入來著手，也就是從個人努力工作所能獲得的收入類別來加以探討。個人的所得一共可以分為三種類別：一般收入、投資組合收入，以及被動收入。

通常來說，一般收入被課徵的所得稅是三種收入類別中最高的一種。

當你鼓勵人們去「找份工作」時，那些人們就會開始以雇員的思維模式來看待周遭的事物，並且也會為了一般收入而努力工作。

當有人說「重返校園進修，讓自己的事業更上層樓」時，這句話的意思就是，在你上完進修課程之後，你仍然是為了一般收入而工作的。

當有人向大眾提出「存錢儲蓄」的理財建議時，同樣的也在稅賦上確定了所得的種類，因為從存款儲蓄所獲得的利息收入，也是被當成一般收入來予以課稅的。

當有人建議「將錢存到退休金帳戶之中」時，對聽從這種建議的人們來說，在財務上將會產生長遠的影響，因為退休金帳戶中所有的錢也都是被當成一般收入來予以課稅的。

跟湯姆學財稅

一般收入是最糟糕的一種收入

投資組合收入和被動收入是採用特別的稅率來進行課稅的，而且還可享有特殊的稅賦補貼。政府支持民眾擁有投資組合收入和被動收入，因此會針對這兩種收入在稅率上給予特別的誘因。至於其他所有型式的收入都被歸類成一般收入。政府對於那些上班族或存錢儲蓄的民眾，刻意不給予任何稅賦上的誘因。

對於把收入暫時存放在諸如 401(k) 退休福利計畫，或是加拿大的 RRSP 等等退休金帳戶之中的做法，這些錢所能享有的租稅誘因，就是原先應該從這些收入課徵的所得稅，可以合法地遞延至多年之後提領退休金時才會予以開徵。401(k) 退休帳戶中的金錢不但適用於一般所得的稅率，而且在稅法上也會嚴重懲罰那些尚未到達退休年紀，卻提前動用退休金的民眾。所以退休金的所得稅不但是採用最高的一種稅率，而且除非你已達退休年紀，要不然你還不能任意動用它；一旦提前動用就得視為一般收入來課徵最高所得稅稅率之外，你還得為此額外付出一大筆罰金。

問：所以，上學唸書、找份工作、存錢儲蓄，以及長期投資於政府制訂的退休金帳戶之中等等行為所獲得的收入，通通都是屬於一般收入？

答：是的。

問：那麼當一個人想要成為創業家，也就是從原本在E象限裡當上班族，轉變成為S象限裡的創業家時，那麼這些位於S象限裡的創業家反而還要繳納比原先更高的所得稅稅率？

答：是的。

問：為什麼會這樣？

答：簡單來說就是：這些人都是為了錢而在從事工作的。別忘了《富爸爸，窮爸爸》書中第一個教訓就是「有錢人從不為錢工作」。也別忘了自一九七一年起，所有的錢（通貨）都變成了一種負債。在各國依舊在大量印鈔票的狀況下，你為什麼還要為這種有毒的鈔票而工作？當現今流通的「錢」本身就是一種負債的時候，為什麼你還要對債務這件事情唯恐避之不及？別忘了以上這一切都可以用這句話來概括說明：「問題就是出在錢上面，你這個傻瓜。」

幾乎所有的學校都在教導學生要為了錢而去工作，這就是為什麼當今有錢人和其他人之間的鴻溝會越變越大的主要原因之一。

就算政府拿出更多的經費直接發放給民眾也不會有所差別，因為這類的做法對民眾一點幫助也沒有。多年來政府進行各種福利津貼等等措施，卻反而造成窮人和中產階級越發貧窮的狀況。這是因為這些福利政策所需的資金，仍然得仰賴源自於民眾所繳納的所得稅，而這些稅又多半來自於那些為錢而工作的一般百姓，亦即是從中產階級和窮人們身上徵收而來的。

問：這樣做公平嗎？

答：又來了。在我所有的著作中，哪裡有強調過要公平這回事？我從未說過這一切是公平的。如果人生真的是公平的，那麼我就應該長得跟布萊德．彼特（Brad Pitt）一樣帥氣。我認為在學校裡缺乏真正的財商教育才是很不公平的一件事。就是因為缺乏真正的財商教育，我們現在的世界才會有數十億的民眾陷入了財務危機之中。

我在這裡跟各位斬釘截鐵的說：學校教育都是在教導學生要為了一般收入而工作，而這就是貧富差距問題的根源所在。

有錢人的收入來源

有錢人則是為了獲得投資組合收入以及被動收入而認真的在工作。

投資組合收入也就是俗稱的資本利得。當你買低賣高時，就產生了所謂的資本利得。

舉例來說，當你用十六元賣出自己以十元買進的股票時，就獲得了六元的資本利得。這六元算是經由投資組合所獲得的收入。買賣不動產也是同樣的道理，人們都是藉著買低賣高來進行獲利的。

從本質上來看，一般收入是因為你在為了錢而工作的時候所產生。那麼，讓我們一樣從本質上來看，投資組合收入是你在買低賣高之後所產生，也就是說，「你的錢」在替你工作，而不是你個人辛苦的去為了錢而工作。

在美國，投資組合收入是以20％的稅率來進行課徵的。

跟湯姆學財稅

全球各地的投資組合收入

不單單只有美國的稅法傾向於重視投資而已。全球絕大部分國家的稅法中，投資組合收入的稅率普遍都會低於一般收入的所得稅率，這是因為大部分的政府都會鼓勵民間進行投資，因此會給予投資組合收入特別的稅率優惠來當成誘因。

被動收入是從資產流入自己口袋裡的現金流，亦即是你的資產在產生這些收入的。以不動產來說，被動收入就是租金收入。舉例來說，如果我用十萬美元買進一個可供出租用的不動產，而租金每個月是一千美元的話，那麼這一千美元就是一種被動收入。

由不動產產生的被動收入，其所得稅率極為低廉，有時候甚至是以0％來計算。

或許你本身已經有些體驗，發現投資這塊領域有時候的確會讓人難以理解，這是因為存在太多不同的語言或詞彙，卻都是在形容本質上完全一模一樣的事情。例如不動產業界中有一套自己的行話，同樣的事情在股票市場中，卻採用了完全不同的新名詞。債券市場中的傢伙們所講的，也完全是另一套專業的術語。

因此為了讓事情簡單易懂，我就提醒自己只有三種不同的收入：一般收入、投資組合收入，和被動收入。每當我參加投資課程時，一旦講師開始運用我聽不懂的外星話時，我就會舉手問他：「請問你講的是一般收入、投資組合收入，還是被動收入？」如果講師回答不出這個問題，那麼這個人一定很不專業，因為連他自己都搞不清楚實際的狀況。就像本章稍前所說的：「如果你無法跟一個只有六歲的小孩解釋清楚，那麼就表示你自己對此事也是一知半解的。」

問：所以，真正的財商教育必須要懂得這三種收入不同之處？

答：是的。這也就是窮人、中產階級、以及有錢人之間開始產生鴻溝的遠因。人們為了什麼樣的收入而努力工作就會決定終身。

玩「地產大亨」

富爸爸利用地產大亨這款遊戲來當成教學工具使用。這款桌遊就是他上課的教室。他教導我們不要為錢工作，也就是不要去賺一般收入；他教導我們要為了投資組合收入和被動收入而努力工作。舉例來說，如果我擁有了一幢綠色小房屋，而這幢房屋能收到十元的租金，那麼這十元就是一種被動收入，也是三種收入中所得稅稅率最低的一種。

問：所以你從很小的時候開始，就懂得有三種不同的收入？

答：是的。就如本書第三篇所述，真正的財商教育必須要教導學生有關於債務和稅賦的內容。最重要的是，債務和稅賦可以如何讓他們變得更加富有。玩地產大亨給我打下了良好的財務基礎，除了讓我了解有三種不同的收入之外，同時也讓我懂得要如何利用債務和稅賦來讓自己致富。

每次玩完地產大亨之後，富爸爸就會帶我們去看他所擁有的、現實生活中的「綠色房屋」，也就是他出租用的不動產。他在閒談之中也會跟我們解釋諸如租金收入和現金流等等名詞的意思。他一直跟我們說：「總有一天，這些綠色房屋會變成一幢紅色的旅館。」

當我們巡視完富爸爸的綠色房屋，回到自己家中之後，我的窮爸爸就會問我說：「你功課做完了沒有？如果你在校成績不好，就進不了好學校，將來你在社會上就找不到好的工作來做。」

問：所以其中一個爸爸建議你要為了一般收入而工作，而另外一位爸爸教你要為了投資組合收入和被動收入這兩種收入而工作？

答：是的。很明顯的，身為一個只有九歲的小孩，我根本不清楚這三種不同收入的差異——更遑論債務與稅賦方面的問題。但是富爸爸幫我打下了良好的財務基礎。我已經看到了硬幣的另外一面……而且我開始想像自己的未來。我看到自己將來要如何到達硬幣的另外一面——也就是得在真實的世界裡玩地產大亨才行。

紅色的大旅館

十年之後，十九歲的我從紐約就讀的學校返回夏威夷，原因是為了要參加富爸爸紅色大旅館的開幕儀式。該旅館座落於威基基海灘的正中央，也是世界上數一數二最有價值的地產之一。

如今我和我的太太金擁有座落於亞利桑那州的一幢紅色旅館。該產業擁有數百位的員工，而且這座旅館還包括了五座高爾夫球場。我們只不過是在現實生活中一直在玩地產大亨罷了。

我和金之所以能發達致富，並不是為了一般收入而工作的，我們一直致力於獲得投資組合以及被動兩種收入。

問：這就是你和金一起發明了現金流遊戲的原因？來讓人們了解投資的世界？

答：是的。我和金在一九九六年達到了財務自由。那年金三十七歲，而我是四十七歲。我們這對身無分文的新婚夫婦，整整花了十年的功夫才達到財務自由。我們完全不需要依賴一份穩定的工作，或者存錢儲蓄，或者401(k)退休金帳戶等等，一樣達到了自由的人生。

當朋友問我們夫妻是怎麼達到財務自由的時候，我們無法用三言兩語來解釋我們是怎麼做到的。

我們甚至還陪一些朋友玩地產大亨，想要藉著玩遊戲的過程來向他們解釋我們所採取的步驟。就因為如此，促使我們發明了更合適的現金流（CASHFLOW）這款遊戲，並於一九九六年發行上市。

《富爸爸，窮爸爸》一書於一九九七年出版，當初的目的是想把這本書當成現金流這款遊戲的說明手冊，而不是單單只想出版一本書而已。我寫它的目的只是為了要幫助現金流遊戲的銷售罷了。就如你所知，當年所有的出版商都拒絕發行這本書。

問：這些出版社的人們是不是無法看到硬幣的另外一面？

答：我們是這麼認為的。他們好像無法接受書中所說，例如有錢人從不為錢工作、存錢儲蓄的個個都是大輸家，以及自有住宅並不能算是一項資產等等觀念。我們在出版社所接觸的人們，絕大部分都在為了錢而工作的，也就是為了一般收入而工作。我所寫的書和現金流遊戲是專門教導人們有關於投資組合收入以及（特別是）被動收入等觀念。

問：出版商或許不懂你在書中想要傳達的訊息，但是歐普拉一定懂。是不是因為這樣，她才會在二〇〇〇年的時候邀請你上她的節目？

答：歐普拉是世界上最富有的女人之一，她完全懂得富爸爸和窮爸爸所代表的意義。她自己的人生就是從窮爸爸那一邊的硬幣開始做起，然後轉移至富爸爸的這一面來，如今她完全是活在硬幣的另外一面，因為她再也不需要為錢工作了。

為什麼股票市場會泡沫化？

在本書前我提到，金融化（financialization）是有錢人越來越有富有的原因之一。這是因為金融界不斷推出在財經上具有大規模毀滅性，稱之為衍生性金融商品（derivatives）的神祕產品。推廣金融化的機構們藉著不斷發行上兆美元的債務，同時將利率壓低至將近零的水準等等手段，讓全球的經濟史無前例的進入了泡沫化的階段，純粹只是希望能延緩終究不可避免的，所謂大崩盤的來臨。

金融化同時也影響著大型企業領導階層的薪資。根據經濟政策機構（Economic Policy Institute）研究報告指出，總裁或執行長（CEO）的薪資從一九七〇年代起就呈幾何般的增長，自一九七〇年起這些領導階層的薪資水準上揚了將近百分之一千，反觀一般員工的薪資在同樣的期間卻只有11％的上漲幅度。

企業高階主管不是為了錢而工作的

在大型企業的世界裡，很多高階主管的津貼是藉著股票選擇權（stock options）來給予的，而不是用薪資的名義來發放的。這些高階主管都不想要擁有高額的薪資，是因為他們也不想要擁有鉅額的一般收入。

假設說某公司的執行長獲得了大量的股票選擇權，而且這些選擇權讓他有權力只用十元的代價來認購公司的股票。假使說在這位執行長的努力之下，不久之後該公司的股價上漲至十六元的水準，此時執行長就能「要求履約」，拿著這些股票選擇權來行使以十元認購股票的權力，並且立即以十六元的價格將股票在市場上轉手賣掉，因而獲得每股六元的利潤。如果這位執行長當時獲得一百萬口股票選擇權，那麼他這麼做所獲得的資本利得將高達六百萬元。六百萬元資本利得所要繳納的稅金，遠遠比六百萬元的一般收入還來得少很多。以美國為例，六百萬美元的一般收入，聯邦稅與州稅加起來大致上需要繳納高達45％的所得稅。

六百萬美元的45％＝兩百七十萬美元

如果將六百萬美元當成長期資本利得，或者是投資組合收入來看的話，那麼這位執行長的聯邦稅和州稅一共只需要繳納25％的所得稅即可。

六百萬美元的25％＝一百五十萬美元

同一間企業裡的員工都是為了一般收入而工作，而這些高階主管卻是為了投資組合收入在工作。這也是有錢人越來越富有的原因之一。

因此，當高階主管確信自己有能力讓員工賣力的工作，進而能推升公司股票的價格時，那麼這些主管多半只會要求一元的年薪（一般收入），其餘的收入要公司以股票選擇權（投資組合收入）的方式來給予。克萊斯勒執行長艾科卡（Lee Iacocca）和蘋果的前執行長賈伯斯都是這麼做的。再次強調：有錢人從不為錢工作，而所得稅稅率就是其中的原因之一。

泡沫化的遠景

自二〇〇八年股市崩盤後，美國企業就受到了重創，無法繼續獲得大幅度的成長。如果企業停止成長，那麼股價自然也就不會有所表現，因此執行長和高層主管們就無法從中撈到大筆的好處。

此時，金融化（financialization）就開始大大活躍於市場之中。由於利率水準也處於歷史低檔，因此各公司的執行長就利用公司良好的信用，開始到處跟各個銀行借錢，並且拿這些錢去購買自家公司的股票，這種作法被稱之為庫藏股回購（share buyback）。庫藏股回購的意思就是，公司的執行長和高層主管無法持續讓企業繼續成長，因此與其借錢來從事能讓公司體質更健全的決策（例如致力於研發新科技、發明新產品，或者拓展市場等），他們寧可把借來的錢投注在股市之中，大量買進自家公司的股票當庫藏股，希望能藉著這個辦法來拉抬股價。這麼一來，這些人就能出脫自己手上的股票選擇權，來獲得大筆的投資組合收入（而非一般收入）。

眾多散戶與鄰家的百萬富翁都認為公司決定買進庫藏股是一件好事情，因為隨著股價的上揚，這些人的退休金帳戶也會跟著水漲船高。他們相信公司體質因為股價的上漲而會變得更加健全，同時認為執行長也已經善盡其責了。

問題在於絕大部分企業的體質仍然不夠穩健扎實，同時還因為缺乏新產品與研發能力，因而在國際舞台上逐漸失去了競爭優勢與願景；這些公司還因為之前借了大筆的錢拉抬股價而債臺高築。結果造成公司高層主管個個利用黃金保護傘（golden parachutes）中飽私囊，拿著大筆的投資組合收入一一找尋適當的機會離開公司。

留存的員工繼續待在這間因為高額負債而逐漸沉淪的公司裡，持續為了一般收入而工作，並將微薄的收入存入銀行，獲得聊勝於無的存款利息（而這些利息同樣被視為一般收入）；更糟糕的是，這些人還繼續為自己的退休金帳戶提撥金額……

由於缺乏真正的財商教育，一般員工怎麼可能會知道上班賺錢、儲蓄存錢、投資退休金帳戶等等並非是一種理想的理財行為？由於缺乏正確的認識，這些人又怎麼可能了解有錢人和自己之間的鴻溝為何會日益擴大的原因？

是該罷工反擊的時候了

這樣不公平的情況進行了一段時間之後，一般員工也會開始察覺到事態有些不對勁。他們感覺到被上頭騙了，因為他們的薪資水平一直沒有變化。因此工會組織就會呼籲勞方要進行罷工，藉此向資方要求加薪。幾經談判之後勞方獲勝，他們再次獲得了更多的一般收入。

提高薪資反而會讓公司的財政體質更加疲弱，因此該公司會逐漸淪為「被別人併購的目標」。此時公司的董事會（同時也是懂得利用投資組合收入從公司大撈一票的傢伙們），一致同意應該是公司要做出改變的時候了。由於這些人早已中飽私囊，因此就趁機把公司轉賣給新的老闆。當併購完成之後，新的老闆在慣例上都會來一次「大整頓」，也就意味著要大量開除既有的老員工。

這些被開除的員工開始重返校園，其中不少的人還得申請助學貸款才念得起（別忘了這是所有貸款中，條件最惡質的一種），希望進修之後在將來還能謀求一份高薪的工作……結果，仍然是在為了一般收入而努力工作。就因為如此，貧富之間的鴻溝就變得越來越巨大。

與其參與工會會議，要求資方給予更多的一般收入，或者重返校園進修，寄望將來能再次獲得一般收入的工作，這些勞方的員工應該利用午休時間來玩一玩地產大亨這款遊戲，或許他們從中可以學到為什麼一幢綠色小房屋的租金收入，遠遠比薪資和工作所得來得可靠的多。

跟湯姆學財稅

與受教育相關的稅制

當人們重返校園是為了想要增加求職能力時，這類的教育支出並不能列為所得稅項的扣抵額，這是因為這些人想要跨入全新的職場行業別。如果這些人是去參加提升財商教育的研討會或培訓課程，來增進自身的投資獲利能力，那麼這些進修課程是可以和所得進行扣抵的，這是因為他們是在提升自身從商創業和投資的能力，而並非打算切入另一個新領域中的職場。

第十章 潛藏的收入：有錢人特有的「幻影收入」

窮爸爸：「我需要穩定的薪資。」
富爸爸：「我不需要仰賴穩定的薪資。」

向讀者解釋幻影收入（phantom income）是怎麼一回事，就好比要我描述房間內有一隻鬼魅一樣困難。本章的內容非常重要，我也盡了全力把所有內容予以簡化。幻影收入是超級有錢人的特權，是一種只有極少數人才懂得的一種收入形式。

我的建議如下：如果你看不懂本章的內容，那麼請找一位數學比較好的友人一起閱讀並討論。如果這麼做之後仍然搞不清楚什麼叫做幻影收入的話，那麼請找個時間請教會計師，盡全力去了解這個非常重要的一門課題。由於缺乏正確的財商教育，一般大眾對幻影收入是視而不見的，因此本章的內容非常重要，因為幻影收入是有錢人獨享的一種收入。

更高階的財務智商

當我於一九七三年從越戰返鄉之後，富爸爸要我開始接受正確的財商教育，並且建議我去參加一堂不動產投資的培訓課程。

「你是要我去上課，好考取不動產經紀人的執照？」我這麼問他。

富爸爸大笑著回答我說：「非也。不動產經紀人執照是專門給S象限裡的人們而設的。你需要接受的是專門給I象限用的財商教育。」

不動產經紀人是為了一般收入來工作的，而不動產投資人是為了投資組合收入和被動收入而工作的。考取並擁有不動產經紀人執照並沒有什麼不對的地方，只是絕大部分的經紀人並非不動產投資者。就像富爸爸經常會說的：「他們之所以會被稱之為『經紀人』（broker），是因為一般來說他們都比你我還更窮（broke）。」

我那時候還在海軍陸戰隊擔任飛行官。有一天執行夜間任務返回住處之後，我順手打開了電視機。當時電視節目中的男主角答應說會教導學員如何「不花一毛錢」就能買到不動產的方法。既然海軍陸戰隊的薪水並不足以讓我買得起房子，但是如果我能不花一毛錢就能買下夏威夷的不動產（亦即全球房價最高的地區之一），因此他這種說法自然引起了我高度的興趣。我打了節目所提供的電話，並且報名參加了這堂所謂的「免費課程」。

在這堂免費的課程中，我看到了許許多多像我一樣的人們，都是厭倦了自己原本一成不變，朝九晚五的上班生活，都是一些想要改變自己人生的普通人。結果在這堂免費課程中，他們向我們推廣了另外一堂學費三百八十五美元的不動產課程，這對我來說則是一大筆錢，幾乎是我半個月的薪水。

當我向富爸爸請教，報名上課這種決定是好是壞的時候，他帶著微笑回答說：「我怎麼會知道是好是壞？我自己也沒上過這堂課程。只有一種辦法才能知道這個決定是好是壞，就是去上課就對了。你一定可以從中學到一些什麼。至少你開始採取行動去上課，而不像大多數人一樣……也就是啥也不做。」

學術派與培訓課程派

這也就是富爸爸和窮爸爸兩者之間的巨大差異之處。窮爸爸是一位崇尚學術派的人，他非常相信傳統教育。只要不是由知名大學所主辦的課程，那麼在他心中就不能算是真正的教育課程。如果講師名字沒有冠上「博士」的頭銜，那麼這個講師就不能算是真正的老師。

富爸爸則是崇尚培訓課程的老師。他特別熱愛卡內基培訓的系列課程，對他而言，這些培訓課程非常務實且實用，並且從時間與金錢兩方面來看，這些課程所需要的花費也都相對便宜。富爸爸並不在乎講師的學歷，他反而更重視講師的台風與魅力。如果一位講師授課很枯燥，那麼這種老師是絕對不會被卡內基所聘用的（或者會立即被開除）。富爸爸確信卡內基的講師絕對有能力維持全班上課的專注力，因此就能確保他會從課程當中學到一些新事物（而不是在課堂當中打瞌睡）。

窮爸爸非常重視學位與頭銜，他自己也非常熱衷於此道，從高中畢業生致詞代表，進而拿到學士學位、碩士學位、以及數個博士學位。頭銜與學位對於身處在E和S象限的人們而言，是件很重要的事情。

富爸爸則是一位想要在B和I象限裡獲得成功的人，有沒有頭銜都無所謂。

華倫．巴菲特：培訓課程派

就連巴菲特也都會參加各式各樣的培訓課程。我曾經聽他本人說過：「我不曾將大學畢業文憑掛在辦公室的牆壁上，但是我一直很驕傲的把卡內基培訓公司所頒發的演講課程畢業證書，掛在我辦公室的牆面上。我報名上課是為了學習如何在股東大會進行報告，避免自己手腳一直發抖才去上的。」

巴菲特本身也會主辦全球最受歡迎的培訓課程之一，也就是波克夏海瑟威的投資人年度大會。這場會議有一個別稱：資本主義的巨星搖滾會（Woodstock for Capitalists）。

真正的好老師

那三天的不動產投資課程實在是太精彩了。我的老師是一位貨真價實的不動產投資者，他本人非常富有，也已經獲得的財務上的自由，而且他本人非常的快樂。完全是我心目中理想的榜樣。

課程內容非常務實，完全沒有胡扯。老師引用的都是真實的案例，完全沒有學術上的理論與空談。他也分享了自己大獲全勝以及慘賠的各種經驗。而且就跟富爸爸一樣，這位老師會一直強調犯錯的重要性——也就是說，所有的錯誤都是老天爺無比珍貴的提示，好比是在告訴你說：「喂，醒醒吧，有些事情你還沒完全學會……這裡有些你得弄清楚的事物。」

他也提到擁有優質合作夥伴的重要性，以及選錯夥伴（特別是不誠實的那些）所得到的慘痛教訓。他也一直強調信任、榮譽、謙遜、對員工夥伴一視同仁，以及善待、尊敬所有的人等等，各種有意義的人生價值觀。對這位老師而言，認為自己優於周遭其他人的這種想法，簡直是一種罪惡。這種作法完全是背棄人性的醜陋行為。

三天課程結束的時候，我理解到成為不動產投資者的目的不單單只是為了賺錢。成為一位不動產投資者的目的，是要在不動產業業界成為一位創業家，提供大眾安全而且人人都負擔得起的住宅空間。如果你善盡專業投資人的職責，那麼你就會賺到很多的錢。

如果你認真把重要的事情做好，那麼銀行就會願意給你更鉅額的貸款。如果你真的把事情都做好了，連政府都會給予你各種所得稅方面的寬減額。此時你就像是跟政府一起合作，幫助政府完成它們想要做的事情。

身為一位真正的不動產投資者，並不是為了要獲得資本利得來「翻修轉賣」不動產。那些將不動產翻修整理然後再以更高的價格賣出的人們，稱為房市投機客（property traders），完全是一種不同等級的不動產投資者。這些房市投機客的作法會讓房價一直不斷的上揚，因為這些人需要房市一直上漲才能出脫自己手上所擁有的房地產；政府也因為這些房市投機客的買賣，而會收到更多的資本利得所得稅。

跟湯姆學財稅

翻修轉賣所得到的是一般收入

翻修轉賣需要投資客投入自己的時間和心力，因此翻修轉賣房屋是被視為一般收入來加以課稅的。因此，這些房市投機客跟S象限裡的人們一樣，都適用於同一種所得稅稅率。

絕大部分的股市投機者跟房市投機者是很相似的。這些人不是真正想要擁有實質的資產，他們只想要這些有價證券的價格不斷上漲即可。只要他們獲得了足夠的資本利得之後就會出脫手上的股票——他們持有股票的時間甚至只有幾個小時，或者幾天罷了，這就是投機者賺錢之道。這也就是為什麼資本利得（特別是買賣股票所得）的稅率，會遠遠高於那些不動產投資者獲得現金流時所需要負擔的所得稅率。

投機交易者普遍都信奉投資界所盛行的「比傻理論」（Greater Fool Theory，亦稱博傻理論）。投機交易者會先做買進的動作，然後等待一個比他更傻的人——一個願意用更高的價格來買下自己手中事物的人。一般來說，投機交易者是不會給這些資產增加任何價值的（只有少數翻修轉賣的房市投機客會「整修」舊屋，然後再轉手賣出的情況例外）。即便是翻修轉賣不動產，也是一種為了收入而工作的作法。股票和房市的投機客所需要承擔的所得稅稅率，會遠遠高於真正的專業不動產投資者。

市場崩盤

只要市場繼續有傻瓜出現，那麼這些賺價差的房市和股市投機客，個個都不會有事情。當傻瓜不再追高時，那麼市場就會開始下跌，二〇〇〇、二〇〇七、二〇〇八年就是發生了這樣的事情。當傻瓜不再犯傻的時候，那麼各種市場就會發生崩盤。

而那些為現金流而投資的人們，就一直在等待著這些市場發生崩盤。這時候傻瓜們個個聞風喪膽，而真正的投資者就會從冬眠中醒來，開始進場搜尋折扣價的優質資產。

幻影現金流（Phantom Cash Flow）

老師在這三天課程當中不只是教導我們如何物色不動產，同時也教我們如何不用自己的錢就能把它們買下來的方法等。跟富爸爸一樣，他也在課堂當中提到所謂的幻影現金流，也就是一種隱形的存在，肉眼所看不到的特殊收入。他教我們說：「幻影現金流才是有錢人真正的收入來源。幻影收入是窮人和中產階級所看不到的一種收入。」

換句話說，他在告訴我們說幻影現金流並不屬於一般、投資組合，或者是被動等等那些可見收入的形式。對於缺乏真正財商教育的人們而言，他們是看不到幻影現金流的；幻影現金流是一種隱形的收入，一種源自於負債和稅賦的衍生性收入。

問：負債和稅賦竟然可以創造出幻影現金流？

答：是的。這也就是為什麼真正的財商教育，必須要以負債和稅賦這兩個主題為中心的原因。永遠要記得：真正的財商教育是著重於負債、稅賦、以及幻影現金流……亦即有錢人所獨享的隱形收入。

本章接下來的內容是要教導你如何看到這些不可見的事物，也就是隱藏在不動產裡的鬼魅——幻影收入。

請留意：我在本章所提供的範例都是極為簡化的例子——純粹是以教學為目的用的。如果想要更進一步學習更深入的內容，我會列出七本書給你，因為我認為這幾本書對於那些想要在I象限裡生活的人而言，是至為關鍵的指南。

負債是一種幻影收入

當人們拿出頭期款（或者一筆訂金）來買房子的時候，一般上來說他們用的都是自己稅後的收入。舉例來說，假設買市價十萬美元的一片土地需要20％的頭期款，意思就是說買方必須先籌措兩萬美元作為訂金。如果這位投資者的所得稅屬於40％的稅率級別，那麼這兩萬美元多半是源自於三萬五千美元的一般收入（或者是薪資收入）而來的，因為事前有一萬五千美元的所得稅已經先被政府給徵收掉了。

借來的錢

問題來了：如果這位投資者反而是用借來的兩萬美元，而不是用自己辛苦賺來的，稅後的辛苦錢？

答案是，這位投資者就可以省下三萬五千美元。這一萬五千美元就是第一種幻影收入，因為這些收入並非是這位投資者辛苦工作而賺來的，所以也沒有繳稅的問題，而且更不是靠著儲蓄存錢累積而來的。

問：所以藉著運用負債，這位借錢投資的人在財富上，就已經領先別人一萬五千美元的水準？這就跟進行賽跑時，起跑點已經先領先了別人一大截的意思？

答：就是這樣。當隔壁的大叔大嬸在努力存足夠的稅後收入來做為買房的頭期款時，那些懂得運用負債來當成金錢的職業投資者，早就出手進行投資了。當隔壁大叔大嬸的頭期款都還沒有著落的時候，專業投資者早就已經進場，並且開始著手尋找第二個投資標的了。

問：差別就在於職業投資者會運用負債，而業餘人士運用的卻是稅後的一般收入？

答：你開始懂得這個差別了。你想想看：如果你用不著去辛苦工作，繳納所得稅，勒緊肚皮存錢儲蓄來累積這兩萬美元的頭期款，請問你將省下多少寶貴的時間與金錢？

問：你的意思是說直接舉債借兩萬美元就是了？

答：是的。不妨這麼想：事實上對很多人來說，兩萬美元並不算是一筆高不可攀的金額。但是當你的投資項目需要二十萬、或兩百萬、或兩千萬元當頭期款的時候，那時候你又要怎麼辦？

問：那我就付不起這些項目的頭期款。所以有錢人越來越有錢的原因，是因為他們懂得如何舉債來支付那些需要鉅額頭期款的投資項目？

答：是的。如果你是一位E象限裡的上班族，想要藉著工作和儲蓄來發達致富，那麼你幾乎註定是無法玩得起I象限裡的遊戲。I象限裡的關鍵就在於負債、稅賦、以及幻影收入三者。在缺乏真正的財商教育的狀況下，處於E象限裡的人們是無法看清楚I象限裡的人們到底真正在做些什麼。

這就是為什麼股票、債券以及共同基金只適合位於E象限和S象限裡的人們來投資。因為投資有價證券是不需要頭期款的，大部分的人都是直接動用自己稅後的現金來進行投資。

問：所以舉債是Ｉ象限裡的關鍵因素？

答：是的。還有稅賦以及幻影收入都是。別忘了舉債所獲得的錢是不用繳稅的，你又可以省下許多寶貴的時間和金錢。花點小錢租錢來用而不是為錢而工作是很划算的作法。

問：可是想要這麼做是需要有些本事的，對嗎？

答：的確如此。這時候財商教育就扮演著舉足輕重的角色。我再次重複川普所說過的話：「我是負債之王」以及「我超愛舉債的，但負債是件詭譎而且充滿危險的事情。」

問：所以，這就是為什麼富爸爸建議你在成為專業投資者之前，要先去上一堂真正的不動產課程……因為想要投資不動產，是需要懂得負債、稅賦、以及幻影收入等方面的事情？

答：是的。

問：為什麼富爸爸不直接教你這些內容？

答：因為他說能教我的都已經教了，是我出發尋找更好的老師的時候了。他本身也是這麼自我要求的。他一直不停的飛離夏威夷到其他城市上課，尋找更優秀的老師。

富爸爸經常會提醒我們說西方三聖（智者），會不斷地跟著天空裡最閃亮的星星來尋求名師。雖然他們既富有又有智慧，但是他們從未停止尋找更有智慧的新老師。

老練的投資者

就如同我之前所說的，也順便複習一下，真正的財商教育所需要涵蓋的六大基本詞彙。

財務報表會運用到的詞彙：收入、支出、資產、負債、現金、流向。

別忘了銀行家是不會跟你索取在校成績單的，銀行家想要看到的是你個人的財務報表。而令人難過的是：絕大部分的民眾根本沒有製作屬於自己的財務報表。

接著讓我們來檢視一般、投資組合、以及被動三種收入形式。

以下所列舉的百分比是一個梗概（依據不同狀況與地區，可能會有所不同），目的只是為了強調彼此間的差異而設：

一般收入	40％
投資組合收入	20％
被動收入	0％

在大多數的情況下，窮人和中產階級只會擁有一般收入，也是稅率最高的一種所得稅。儲蓄存款和退休金帳戶也都被視之為一般收入來進行課稅的。鄰家的百萬富翁所獲得

的也是一般和投資組合兩種型式的收入。

而老練的投資者卻是為了幻影收入而努力工作。想要獲得幻影收入需要非常進階的、真正的財商教育以及財務素養才能成功。因為幻影收入是一種不可見、隱形的收入形式。

以下是一些幻影收入的例子。

債務是一種免稅的收入

從負債產生的幻影收入，就是你因為借錢而省下來的時間與金錢所導致的無形收入（而不是藉著工作賺錢、繳納所得稅、最後靠著儲蓄來累積金錢的方式）。

稍前的例子中，我解釋說為了籌措兩萬美元的頭期款，一般人需要先獲得三萬五千美元的一般收入才能做到。其中的一萬五千美元的差異就是一種幻影收入，是無形中能省下來的時間與金錢。

如果你懂得如何把負債當成金錢來使用的話，那麼你可以更迅速地發財致富。

增值是一種幻影收入

所謂的增值，就是不動產價格上漲的行情。例如一個原本十萬美元的土地，其價格上漲至十五萬美元的時候，我們就說這片土地增值了；這五萬美元的幻影收入就稱之為增值。

問題在於大部分的人必須賣出手上的不動產才能確實得到這五萬美元的增值收入。但出售不動產還會衍生所得稅方面的問題，亦即資本利得的所得稅。

如果獲得五萬美元的資本利得，那麼你得繳納的資本利得所得稅為：

五萬美元×20%的稅率＝一萬美元

一種更省錢的方式

與其把不動產賣掉來獲得增值的幻影收入，我和我的太太，以及肯・麥克埃羅伊，卻會採用完全不同的策略。我們藉著向銀行舉債的方式，將增值的五萬美元變現提領出來，但不是依靠出售這筆不動產來獲得。很多屋主都懂得這類的手法——這種貸款稱之為房屋淨值貸款（home equity loan）。

因此房屋增值而產生的幻影收入，藉著舉債的方式，以完全免稅的方式流到我們的口袋之中。

巨大的差別

最大的差別在於：我們出租用的不動產，因為申請五萬美元的增值貸款時所產生的利息支出，是由租客來償還的。而那些申請房屋淨值貸款的一般民眾，卻是由自己，亦即房屋所有人親自來償還增值貸款的利息。

在房屋增值後，利用房屋淨值貸款所申請到的五萬美元，許多屋主會把這些錢拿去償還信用卡債務以及其他利息較高的各種其他債務，例如助學貸款等等。雖然這種作法可以大大降低家庭每個月的支出額度，但是這對他們財務狀況上的幫助仍然是有限的。

專業投資者反而會拿這五萬美元的增值貸款當成頭期款，來買進更多供出租用的不動產。假設某位專業投資者拿這五萬美元買下另外兩個供收租用的不動產，這麼一來他的資產負債表上將會顯示出三項不動產物件，而非原本的只有區區一個而已。

問：可是這位專業投資者又申請了兩筆新貸款，難道他的總負債額不會增加嗎？

答：的確是如此。但是若這位專業投資者有本事，那麼他的被動收入應該也會跟著有所增加。這麼一來不但可以清償新貸款，還會增加每個月流入自己口袋之中的被動收入。

問：因此專業投資者會得到更多的幻影收入？

答：是的。以下就舉幾個幻影收入的例子。

跟湯姆學財稅

更多的不動產＝更多的幻影收入

假設你找到一間市價十萬美元，可以供別人租用的不動產，同時你沒有任何其他的負債，只擁有藉著稅後收入而存下的十萬美元現金，來供你買下這間不動產。假使你當初做另外一種決定，額外再舉二十萬美元的債務，並一口氣買下了三間這類的不動產，那麼此時你就擁有了價值三十萬美元的不動產。假設你這些不動產平均增值幅度為10％，因此當你只擁有一間不動產的狀況下，你的幻影收入只有一萬美元（十萬×10％），但是當你舉債一口氣買下三間的狀況下，你因為增值而獲得的幻影收入卻變成了三萬美元（三十萬×10％）。後者的作法即是藉著舉債來讓自己的幻影收入增加了三倍。

下面再舉一些專業投資者才能享有的幻影收入。

攤銷（Amortization）是一種幻影收入

攤銷是按照某種方式分期償還負債的作法。每當你償還一部分的房貸、車貸或信用卡債務等時，你的總負債額度就被攤銷了，換句話說就是逐漸被償還了。

一般民眾攤銷自己的負債時，都是拿稅後的一般收入來用，也就是自己辛苦的血汗錢。這和專業投資者投資不動產時所採用的作法卻非常不一樣，因為這些投資者的負債是由房客來進行攤銷的。這種降低負債總額的方式對專業投資者來說，就是另外一種幻影收入。

我個人之所以熱愛不動產，是因為我的房客會幫我攤銷我的負債額度，而不是靠我自己一個人賺錢來償還。別忘了：優質的負債（好的債務）就是由別人幫你償還的債務稱之。我和金之所以越來越富有，是因為我們的房客每個月都在攤銷我們的總負債額度。

折舊是一種幻影收入

物品之所以會有折舊，是因為舉凡任何事物都會逐漸耗損。你的不動產總價值也會因為逐漸耗損而不斷下滑，因此國稅局特別准許你在稅收上進行相對的核銷（報銷、勾消或報廢等）。就算你所擁有的不動產價格一直在上漲（增值），但是國稅局仍然會准許你因為折舊的關係，而給予你稅收上相對應的核銷，就等同於你不動產的價值反而下跌了一樣。

因此，折舊對不動產專業投資者來說，也是幻影收入的主要來源之一。

跟湯姆學財稅

折舊的最神奇之處

在拙著《免稅的財富》第七章的內容中，我詳加解釋了折舊最神奇之處。它是一種真實存在的幻影收入。想想看，你竟然能因為實際不存在的支出，而獲得實質上的稅額扣抵。就算你是用借來的錢來購買不動產，你一樣可以享有因為折舊而帶來的扣除額度。大多數的國家都會認列這類的扣除額，但是唯有能產生現金流的不動產才能享有。個人自有住宅是無法享有或認列折舊的扣除額度。

為什麼存錢儲蓄的人是大輸家

存錢儲蓄的人們淪為最大輸家的原因是：因為存錢儲蓄的人們要為所獲得的利息收入繳稅，而且繳稅所用的錢通常是稅後的一般收入。

由於銀行體系的關係，存錢儲蓄者所擁有的存款，其實質購買力一直不斷的在減少（量化寬鬆政策以及銀行部分儲備制度，都是影響貨幣實質購買力的因素）。

問：所以當存錢儲蓄者要為存款的利息收入繳稅的同時，他們存款的實質購買力還同時一直不斷的在減少？

答：是的。

問：反觀不動產投資者之所以會大獲全勝，是因為就算他們所擁有的不動產價格上漲，他們還可以享有各種稅收上的扣抵以及優惠？

答：是的。

接下來的例子就在告訴我們幻影收入是如何讓有錢人越來越富有的原因。

麥當勞所賺到的錢是一種幻影收入

雷・克洛克（Ray Kroc）曾經說過麥當勞是一間不動產公司。麥當勞身為世界數一數二龐大的速食連鎖企業，同時也涉足於不動產業是有其原因的：就是為了獲得幻影收入。

讓我們用現金流象限來闡釋麥當勞的故事。

舉例來說，假使麥當勞速食部門賺到了一百萬美元的應納稅所得額（taxable income），而麥當勞不動產部門同時產生了一百萬美元的折舊費用。

由於這一百萬美元的應納稅所得額可以和麥當勞不動

產部門的一百萬美元折舊費用相互沖抵，因此麥當勞整體企業就不用繳納任何的所得稅。

跟湯姆學財稅

應納稅所得額（taxable income）

如果麥當勞名下沒有任何不動產，那麼它就會擁有一百萬美元的應納稅所得額，並且繳納四十五萬美元的所得稅（假使該公司適用45%的所得稅率，乘以一百萬美元所得的結果）。但是由於不動產所產生的一百萬美元折舊扣抵額，卻讓麥當勞的應納稅所得額降至零元的水準（一百萬美元的應納稅所得額和一百萬美元折舊扣抵額相互抵銷了）。所以麥當勞不需要為了速食部門所賺到的一百萬美元繳納任何所得稅，因此節省了四十五萬美元的稅金支出。

問：所以麥當勞可以藉著眾多的手段來致富，而不是單單倚賴該公司速食部門的營業收入？

答：是的。還有一些例子如下。

1. 麥當勞由不動產所產生的一百萬美元折舊就是一種幻影收入。
2. 它們企業所擁有的不動產增值後也是一種幻影收入。
3. 麥當勞不斷增值的速食漢堡事業同樣是一種幻影收入。

4. 無論是速食部門或者是不動產部門，兩個事業中所有的負債都會藉著營業收入來進行攤銷，因此創造出更鉅額的幻影收入。

5. 許多美國企業在海外賺到了收入之後，會把這些收入留在海外，完全在美國國稅局的管轄範圍之外。因此就不用為這些海外收入繳納美國當地的所得稅，所以又再次創造出更多的幻影收入。

6. 只要擁有足智多謀的稅務顧問，像是湯姆．惠萊特這類的稅務顧問來制訂營運戰略，那麼這些企業還有為數眾多的手段與方法，來獲得更多的幻影收入。

麥當勞的員工

但是在麥當勞上班的員工們，卻是在為了薪水而努力工作，並且存錢儲蓄、掙扎著清償各種債務，甚至還將剩下的錢投入在自己的退休帳戶之中——而這些作法通通都要課以一般收入的所得稅率。

就因為如此，大部分的人們搞不清楚有錢人是怎麼越變越富有的。

問：你有沒有在自己的事業中運用麥當勞致富的公式？

答：我們就是這麼在做的。只要將B象限裡的「麥當勞」換成「富爸爸」的品牌，就是我們在做的事情了。

讓我們用現金流象限來闡釋麥當勞的故事。

唯一的差別是富爸爸集團會把所有海外的收益匯回到位於美國的總部來。因為我們相信這才是最正確的作法。

問：就算你把富爸爸集團在海外所賺到的錢匯回國內，你仍然可以合法的節稅，分文不繳？

答：是的。每當B象限裡的富爸爸集團賺到更多的錢時，我們位於I象限中的事業就會買下更多的不動產來抵稅。

問：所以你在B和I象限中越來越富有。你同時還增加自己的收入、增加自己的負債、繳納越來越少的稅賦，並且創造越來越多的幻影收入？

答：你總算開竅了。

問：請問位於E和S象限中的人們是否可以跟著有樣學樣？他們是否也能創造幻影收入？

答：可以的。但是他必須成為I象限中的專業投資者才行。那些屬於鄰家百萬富翁的人們是沒有辦法這麼做的。這些人傾向於投資股票、債券、共同基金、指數型證券投資信託基金ETF，以及把錢放到退休基金的帳戶之中。業餘投資者所投資的「被動投資項目」，是無法獲得同樣水準的幻影收入。

問：所以這就是為什麼你在進行投資之前，會先去上不動產投資課程的原因？

答：是的。因為投資不動產是需要擁有比投資股票、債券、共同基金和ETF等等，更高階的財商教育。

了解不同的資產類別

有價證券擁有極高的流通性。如果你投資有價證券的時候不幸犯下了錯誤，你可以很快的出脫手上的投資部位，可以迅速地、壯士斷腕的進行停損，來降低自己的損失。

相反的，如果投資不動產的時候不幸犯下了錯誤，那麼這個錯誤有可能會逼得你宣布破產。因為不動產的流動性很差，你無法迅速地控管自己的損失。

問：那麼，你會推薦哪些不動產課程？

答：有很多公司都舉辦了各式各樣的不動產課程，富爸爸集團也不例外。富爸爸集團提供了眾多由專人輔導與培訓的課程。雖然我相信富爸爸集團提供了最優質的不動產培訓課程，但是你親自決定哪間公司的課程最適合自己，也是一件非常重要的練習。

你也可以倚重富爸爸廣播電台所播出的內容——我們每週播出一次，並且藉著RichDad.com這個網站來傳播到整個世界。我和金每週都會訪問一些不同領域裡的頂尖專家們，特別是屬於創業和投資相關的領域，來跟大家分享他們的智慧與經驗。我也鼓勵大家看看網站中的富爸爸電視台（RDTV）是否適合讓你自己來進行學習。

先從閱讀開始

世界上最偉大的老師之一就是書籍。好消息是一本書不算很貴，而且在書中，每位老師都能進行深入的探討。看書的最大好處，就是這些老師可以完全配合你的學習習慣與行程——也就是在你有空檔的時候，藉著書中的內容，這些老師可以教導你。如果讀到任何不懂之處，你也可以不斷地重複閱讀這一段的內容，直到自己徹底了解老師想要教導你的事物。

多年來我延請自己的顧問們出版著作，為大眾詳加解說他們是怎麼發揮本事的。所有的富爸爸顧問們，個個都是白手起家的創業家，分別在自己所屬的專業領域中出類拔萃。

有些富爸爸顧問的書籍很適合處於S和B象限裡的人們來閱讀，也有一些書籍是專門為I象限裡的人們而寫的。

如果你想進一步學習有關於幻影收入和I象限裡的事物，那麼容我推薦一些富爸爸顧問叢書裡的書籍給你。

富爸爸顧問肯・麥克埃羅伊（Ken McElroy）一共寫了三本關於I象限是如何投資不動產的書籍。肯、金和我一起在不動產上賺進了數千萬美元，而且絕大部分的項目都是百分之百的運用負債來進行，而且也都完全免稅。肯是當今不動產業界中，聰明絕頂的人物之一，同時也是運用負債的高手，藉此來擁有價值數千萬美元不動產開發案的專家。肯・麥克埃羅伊的著作有：

《不動產投資基本功》（*The ABC's of Real Estate Investing*，暫譯）

《不動產管理基本功》（*The ABC's of Real Estate Management*，暫譯）

《不動產投資進階導引》（*The Advanced Guide to Real Estate Investing*，暫譯）

或許你也會想要閱讀蓋瑞特・索頓（Garrett Sutton）所寫的《不動產的節稅高招》（*Loopholes of Real Estate*，暫譯），他是一位本身從事不動產投資的執業律師。

當然，不是每個人都適合投資不動產。對於那些偏好投資有價證券的讀者們，安迪・泰納（Andy Tanner）是我這方面的專業顧問。他的著作《從股市大賺現金流》（*Stock Market Cash Flow*，暫譯），非常適合那些「住在股市套房」（意指大量現金被套牢在價格低迷的股票或有價證券中），或是鄰家百萬富翁類型的被動投資者等這樣的人來閱讀。

安迪在教導人們的就是任何投資者都應該要學會的本事，也就是：當市場上漲時要賺大錢，但是當市場下跌時——一樣也要能賺大錢。就如安迪經常說的：「每當市場崩盤時，都是讓有錢人越來越富有的機會。」

雖然有價證券無法提供像是不動產所具有的負債、稅賦以及幻影收入方面的優勢，但是有價證券有著它自己獨特的優勢，一樣也能提供專業投資者和I象限裡的人們來加以活用。

我相信你現在也應該同意，我的稅務顧問兼會計師湯姆·惠萊特是如何有智慧的進行合法節稅，他幫我和金省下了數千萬美元的所得稅，這也就是為什麼湯姆的書名叫做《免稅的財富》。

如果你想要在I象限裡發達致富，那麼你也得要懂得如何保護自己所累積出來的資產，避免「法律訴訟」以及「稅賦」兩大掠奪者的侵害。

蓋瑞特·索頓（Garrett Sutton）是一位執業律師，同時也是我保護資產方面的富爸爸顧問。要不是因為蓋瑞的鼎力相助，我和金早就被各種毫無根據的官司告到身無分文。他在資產保護方面是首屈一指的專家，可以避免你的財富被惡人覬覦，或者是政府的掠奪。

想要保護自己的資產，那麼你必須完全採用B象限裡的作法，才能確實保護這些自己所擁有的資產。蓋瑞特 索頓針對資產保護的著作有：

《創立自己的公司》（*Start Your Own Corporation*，暫譯）

《經營自己的公司》（*Run Your Own Corporation*，暫譯）

《如何善用LLC和LP》（*How to Use LLC's and LP's*，暫譯）

如果你想要成為I象限裡成功的投資者，那麼你的藏書中應該都要包含我列舉出的這幾本書。

法律的精神

就像多年前那個為期三天的不動產課程裡的老師所說：「不動產投資人的目的，是為了提供安全、有保障，而且人人都負擔得起的居住空間。」如果你願意這麼做，那麼任何政府都會願意跟你合作，給予你各種獲得所得稅寬減額和幻影收入的機會，這是E和S象限中人們無法享有的優惠。

跟湯姆學財稅

政府希望你能變成有錢人

政府非常喜歡和各種企業家和投資者合作。由於政府給予投資不動產的麥當勞公司四十五萬美元的稅收扣抵額度，因此也可以視為政府願意跟麥當勞一起合作經營不動產。如果你興建供一般民眾居住的住宅，那麼政府也會給予你相當的稅收扣抵額度，減輕你這位開發者的風險；政府藉著給予你各種稅收扣抵額度（讓你保留更多的盈餘），跟你一起分擔投資所需要承擔的風險。

按規矩行事，亦即遵守各種不動產法規、金融法規、稅法以及公司法等等，是一件非常重要的事情。遵從律法的精神，以及律法字面上的意義，都是想要在I象限裡獲得巨大成功的必要條件。

跟湯姆學財稅

遵守法律

看到這裡我們應該都很明白，有錢人需要遵守的法律與規範，是跟一般普通百姓很不一樣的。有錢人需要更嚴格地遵守這些規定。位於E或S象限中的人們，假使在報稅的時候稍微動了一些手腳，那麼這些人多半會被告誡或者罰款了事。但是如果換做B或I象限中的人們，只要他們忽視任何一條法則，那麼就非得坐牢不可。因此，若你想要進入B或I象限中的話，那麼你就必須要具備守法的精神，並且學會如何完全按照法條字面的意義來遵守法律。

問：那我們是不是都需要投資很多的不動產？

答：不需要。讓我用一位小額投資者的實際例子來加以說明。再次強調，我會盡量以最淺顯的方式來教導各位。

瑪莉是一位四十歲的上班族，擁有十萬美元的年薪，並且每年支付三萬美元的所得稅（她處於30％的所得稅級別之中）。她同時也是一位處於I象限裡的專業不動產投資者。

經過幾年之後，瑪莉擁有了價值一百多萬美元的十棟不動產。她從這些不動產中沒有獲得任何的收入，而她這些出租用的不動產，每年因為折舊的關係，享有十萬美元的應稅所得減免額。

她總收入應繳納的所得稅：三萬美元

她因不動產折舊所享有的應稅所得減免：十萬美元

她所繳納的所得稅：零（收入的十萬美元扣掉折舊的十萬美元）

問：所以說，即使她從不動產中沒有獲得任何被動收入，但是她可以藉著擁有不動產而節省三萬美元的一般收入的所得稅。由於不需要繳納這三萬美元的所得稅，她每年因此而多獲得了三萬美元的幻影收入？

答：是的。這些錢就會繼續留在她的銀行帳戶之中。

問：而且她仍然還可以從這些不動產中獲得增值和攤銷兩種幻影收入？

答：完全正確。

問：所以當她將來退休之後，將會擁有十棟貸款已經還清的不動產，成為無債一身輕的包租婆？

答：是的。前提是她不會拿這些不動產去申請房屋淨值貸款並且把借來的錢花掉，或者把這些房子給賣掉。

問：所以她就能一輩子享有源自於房租的被動收入？

答：是的，前提是她得把房客以及這些不動產照顧好。

問：所以她就不用擔心股市會不會發生崩盤？

答：是的。如果股市真的不幸發生崩盤而導致全球進入經濟大蕭條，人們還是會需要有房子居住。

問：她不但可以賺到更多的錢，同時還可以不繳稅？

答：是的。這就是I象限的精神：如果你把房屋和租客照顧好，那麼政府也就會把你照顧好。

最重要的教訓

當年三天不動產課程結束的時候，講師特別跟我們強調說：「當你離開教室之後，才是真正教育的開始。」

接著他把我們分成許多小組，每組三至五個學員不等……各組都在等待講師派給我們所謂的「回家作業」。

他說：「你們的回家作業就是要在接下來的九十天之內檢視一百間不動產。你要學習如何找到最適合投資的不動產。你即將要實際運用自己在課堂中所學到的內容。你一定會犯下許多的錯誤，但此時你真正的教育才算正式開始。」他接著說：「當你拜訪各種不動產仲介業務請他們帶你去看房子，或者蒐集各種報章雜誌的不動產出售廣告，或者到處開車尋找想要賣房子的屋主時，你的教育才算真正的開始。好不容易找到一間有潛力的物件時，你還得扎扎實實的檢查它，分析它，並且寫一份評估報告來列出這項不動產所具備的優缺點、收益的潛力、預計的房貸、應繳的稅賦、以及潛在的幻影現金流收入等等。你在接下來的九十天之內，需要完成一百份這樣子的房地產報告。」

其中有一位學員問：「我們為什麼要這麼做？」

老師帶著微笑回答說：「因為真正的專業投資者就是這麼做的。因為最佳的投資標的的比例大約就是一百：一左右。」

我記得我們這一組一開始有五位成員，我們彼此承諾要一起完成這次的作業。你大概已經猜到了結局；沒過多久，其他組員就因為太忙、要接送小孩、需要加班，或者「另一半不高興」等等的理由而逐漸退出。

九十天過後，我們這一組只剩下了兩個人，而且在各自的檔案夾中累積了一百間經過分析和評估的不動產物件。就算這是四十多年前的事情，對我這個一直從事不動產投資的人來說，當年這個作業是我這輩子所接受過最有價值的財商教育。

我出手購買的第一間不動產，是位於茂宜島美麗沙灘邊，一房一衛浴的公寓住宅。當時的房市發生了崩盤，買氣完全縮手，而這間公寓恰好面臨拍賣，對投資者來說是千載難逢的好機會。當時這間公寓開價一萬八千美元，因此我需要10％的頭期款。我掏出信用卡支付了一千八百美元的頭期款，百分之百的完全利用債務來購買這間不動產。雖然忙到最後我每個月只獲得了區區二十五美元的正現金流，但是這個項目所帶給我的投資報酬率是無限大的——因為我百分之百的運用負債，因此完全沒有動用任何的自有資金。

沒有多久之後就有所謂的「傻錢」出現，想用四萬兩千美元買下這間不動產（對方出價遠比我的買進價格還高了不只兩倍）。雖然我沒有出售的打算，但是也不能放過這麼高的投報率。因此我決定把它給賣了，並且為此申請了1031資本利得所得稅遞延（1031 tax-deffered Exchange）來節稅。

問：什麼是資本利得所得稅遞延？

答：意思就是說我在這筆交易中完全不用支付任何所得稅。只要我遵循1031資本利得所得稅遞延的規範，那麼我在這筆交易所獲得的兩萬四千美元資本利得就可以完全免稅。

問：免稅的資本利得……意思就是，更多的幻影收入？

答：是的，只要我遵循1031稅法的規定，將出售不動產的資本利得再投入其他房地產之中即可。意思是說我不能隨意花掉這兩萬四千美元在其他事物上，因此我很快的把這筆錢拿來當成頭期款用，另外再購買了三間不動產。

> **跟湯姆學財稅**
>
> **美國 1031 稅賦遞延（或其他國家相仿的稅法）**
>
> 以美國為例，只要民眾把在不動產所賺到的錢再次投入房市之中，那麼美國政府就願意免除這筆收入的資本利得所得稅。出售不動產所賺到的錢雖然完全移轉到新的不動產之中，但只要在投資者過世前出售手上的不動產，那麼終究還是得繳納這些不動產所累積的資本利得所得稅。除非一直抱著這些不動產都不出售而逝世，那麼在這種情況下，這一切資本利得就不得再累計，因此也不再有資本利得稅賦上的問題。

我從信用卡卡債開始，一直不斷的持續投資不動產，並且一直按照幻影收入的規則行事。

問：那麼當年一萬八千美元的不動產，當今的價格是多少？

答：我幾年前經過那裡，在同一棟大樓裡的其他公寓賣價是三十萬至四十五萬美元不等。我相信現在的價格還更高一些。

問：那你會不會後悔當初把它給賣了？

答：後悔和不後悔兩種感覺都有。運用我從那三天不動產課程中所學到的內容，讓我把兩萬四千美元的資本利得滾成價值數百萬美元的自有資產，如今我和金擁有超過五千間的不動產、三間酒店、五座高爾夫球場等等——這一切完全都是從不斷運用債務、稅賦，以及幻影收入累積而來的。因此即便我有一點點後悔當初把這間房地產給賣掉了，但是就因為我這麼做了，才能透過這間沒有花費我分文的不動產，滾到如今價值百千萬美元的不動產王國，我認為當初把它賣掉是對我比較有利的選擇。

金錢的速動比

把這間沒有花費我分文的不動產，滾到如今價值百千萬美元的不動產王國所花的時間，亦稱之為金錢的速動比；也就是說，我能夠以何等迅速的方式來讓我的金錢不停的移動，如何利用它來買進更多的不動產，然後在不出售的前提下，再從中調動更多的資金出來買下更多、更大的不動產的速度。

有錢人越來越富有的另一個原因，是因為窮人和中產階級會為了存款儲蓄或累積退休金等，而把自己的錢停泊在某個地方。與其讓自己的錢停泊在一處，I象限裡的投資者會想辦法讓自己的金錢動起來。

跟湯姆學財稅

停泊的收入和具有速動比的金錢在稅賦上的差異

停泊在長期投資項目中的收入將會以資本利得來予以課稅。當一象限裡的投資者藉著負債，不斷移動金錢來進行投資時，他們就無須繳納任何的稅賦（因為用的是債務而非收入），他們甚至還可以因為折舊而獲得額外的幻影收入。

問：所以一般民眾是看不到不斷在移動的金錢？

答：是的。一般人只懂得將自己的錢停泊在固定的事物上，而I象限的人們卻會懂得舉債，並且讓這些金錢迅速的移動。

問：這也就是為什麼有這麼多人會跟你說「你在這裡不能這麼做」的原因？

答：是的，聽得我耳朵都要長繭了。這是因為那些人是位於E或S象限之中的；當那些人質疑我們是否能在當地這麼做的同時，我只要朝窗外瞄一眼鄰近周遭的高樓大廈——就肯定有人就是正在當地這麼做的。

第十一章
I象限：金錢的主宰

窮爸爸：「重返校園去念MBA企業管理碩士班。」
富爸爸：「成為金錢的主宰。」

一九七四年春天的時候，我即將離開海軍陸戰隊飛行員的工作。由於這份工作讓我得以遨翔在夏威夷各個美麗島嶼之間，讓我一直捨不得辭去。我非常熱愛飛行，但是我心中清楚知道是自己該繼續前進的時候了。

一九七四年六月的某天，我最後一次駛離了海軍基地，並且向警衛做了最後一次的敬禮，接著在檀香山的鬧區開始了新生活。幾天之後，我就加入了全錄公司（Xerox），展開了全新的生活。

沒有MBA學位

我的窮爸爸希望我去攻讀MBA企業管理碩士學位，並且開始在大型企業裡努力晉升，但是我在半年之後就退出了MBA課程。由於就讀過飛行學校以及擁有五年的飛行經驗，我實在無法忍受傳統教育體制下，無聊透頂的授課方式。

我的窮爸爸對我的決定感到非常失望，但是他也能體諒我的苦衷。他知道我再次面臨了人生的十字路口，他清楚知道我不會走上跟他一樣的人生途徑，更不會繼承他的衣鉢。他也明白我不會想要進入大企業努力上班，因為他知道我一直想要成為一位創業家。

創業家需要具備的技能

我的富爸爸則是建議我找一份業務性質的工作，並且還說：「身為創業家最重要的技能，就是需要具備銷售的能力。」他經常會耳提面命的提醒我「銷售等於收入」，以及「如果你想要獲得更多的收入，那麼做更多的銷售就對了」。

當我還是海軍陸戰隊隊員時，就已經向全錄（Xerox）公司遞履歷了，這是因為該公司擁有全美國最傑出的銷售訓練課程。當我被錄取之後，公司就要我飛到維吉尼亞州的利斯堡（Leesburg），接受為期四週的銷售培訓課程。這四週的訓練簡直是太有價值了。

我從十八歲起就投身軍旅，直到一九八四年二十七歲接受銷售訓練的時候，才算是重返社會。

但是我所面臨的問題是：即便接受了最頂尖的銷售培訓，我在工作上仍然做得很吃力。我在檀香山市區到處挨家拜訪，結果處處吃閉門羹；由於沒有銷售業績，所以也就沒有什麼像樣的收入。我很想要放棄，但是我耳邊就會想起富爸爸的話：「在現實生活中想要學會真本事，就不能害怕跌倒。人生就是要不怕失敗，一直做到成功為止。」因此我繼續咬緊牙關撐著，沒辭職放棄。

兩年之後狀況稍微有所改善，我的身心也都已經接受了業務員口中的金玉良言：「當客戶拒絕之後，銷售才真正開始。」

一開始的時候，每當聽到客戶拒絕說不需要時，自己心裡都會很難過。但是在兩年歷經無數次的拒絕之後，現在聽到客戶拒絕，反而會開始興奮，因為總算開始進入銷售的階段了。雖然我仍然有點害羞而且很害怕被人拒絕，但我反倒開始熱愛銷售了，同時也學會如何愛上被人拒絕時所面臨的挑戰。

就如同富爸爸教導我和他兒子說：「當你能熱愛自己所害怕的事物時，你的生命將開始產生巨大的改變。」

我學會愛上自己原先所害怕的被人拒絕的感受。因此當我克服了被人拒絕的難過感受，進而扭轉客人的異議之後，銷售反而變成了一種有意思的遊戲。

這種觀念與心態一樣適用於談戀愛這件事。我這輩子對女人就是束手無策，在情場上膽小如鼠，我飛行時是所向無敵的英雄，但一見到美女就變成了軟腳蝦，這種狀況在我學會克服被拒絕的恐懼之後就完全改觀了。當我第一次見到金的時候，她是這麼的美艷動人，讓我舊有的恐懼再次浮現了出來，但我差點受到舊習慣的影響，不敢開口邀請她出來跟我約會。

當我在一九八四年第一次開口邀請她跟我約會時，她一口回絕了。她拒絕我的時候並沒有擺臉色給我看，但是很明顯的，她對我一點興趣也沒有。因此我開始發揮創意（而且是在不惹她厭惡的前提下），不斷地邀約她。她連續拒絕了我長達六個月之久，直到最後才答應我說「好」。我們有了第一次的約會之後就再也沒有分開過，最近我們還慶祝了結婚三十週年。如果沒有她，我今天也不會擁有這一切。我也清楚知道她當初嫁給我絕對不是為了錢，因為我們認識的時候我是個窮光蛋，我當時是一個在S和I象限裡掙扎的年輕創業家。

創業家最好的訓練

知道我選擇到全錄公司上班，富爸爸很是高興。他說：「你每天上班等於是去上真正的創業家學院。你每一天都在學習如何成為一個更傑出的創業家。」

不斷挨家拜戶進行了兩年的銷售之後，我開始明白富爸爸當初說這些話的意思。我每天上班都會進一步了解各個公司特有的「文件流程」。我開始了解文件在公司內各部門之間是如何往返流動的。在我詳加了解文件的流程之後，我就能推薦更符合該公司所需的全錄事務機器。懂得公司文件流程，讓我得以了解各個公司內部的運作模式。

小型公司的創業家

由於我是初級業務員，因此我不能接觸大型客戶，亦即那些位於B象限裡的大企業。

我只能接觸小型公司，那些由S象限裡的老闆們所經營的小規模企業。對我來說，跟各個不同的小型公司打交道，是人生中非常寶貴的經驗，我也開始認為所有小型公司的創業家個個都是神經病。這些形形色色的老闆們各自擁有著大相徑庭的風格與特質。

那些替這些創業家工作的員工，大致上也都是同一個調調——行為正常而且精神狀態穩定。那些創業家們反而是緊張忙亂並充滿狂熱，看樣子隨時都有可能被關進精神病院。他們的優缺點讓人一覽無遺。這些創業家絕對不是當員工的料，但同時又過於獨斷，因此註定無法將公司打造成B象限裡的大型企業。我對於企業最關鍵的一環——「人」的了解，有了長足的進步，我發現絕大部分的人因為自身的性格而深陷於S象限之中。

隨著我的業績（以及收入）大幅成長後，我清楚知道自己即將要離開E象限的這份工作了。當公司宣布我是當年業績排名第一的時候，我就向全錄公司提出了辭呈。是我該邁入S象限的時候了。

我在一九七八年離開了E象限。全錄的同仁們給我舉辦了一場小型的餞別派對。有些人對我說「你會失敗，而且還會回到這裡來工作」，這是因為他們看過不少像我這樣子的人；之前有些人辭職之後創業失敗，因而再度回到公司復職。

我帶著微笑並且感謝他們四年來的同事友誼，回答他們說：「我知道我會失敗……但是我絕對不會再回到這裡來上班。」

轉變

我在E象限中的最後一天，就是我邁入S象限的第一天，那是一個充滿喜悅、自我懷疑、恐懼以及興奮的一天。兩年之後我的確失敗了。十位創業家當中會有九位熬不到五年就會失敗，而我就屬於那九位當中的一位。我的確賠掉了自己所擁有的一切，但是我從未再度回到E象限之中。我已經深深陷入S象限的煉獄裡了。有句俗諺說：「當你勇往直前而身陷煉獄之中時……也只有繼續前進這條路可走。」這句話從那一天起就變成了我的座右銘。

因此多年來我咬緊牙關持續前進。在這些年當中，我經常在早上起床時身無分文，而且還得想辦法在當天找到錢來支付員工的薪水；結果在黃昏下班之前不但按時支付了員工的薪資，甚至還有餘力繳納公司其餘的帳單。我因而學到了創業家的另外一個重要的技巧，也就是如何迅速的創造收入。

四個象限

我稍早給各位看過現金流的象限圖，許多人上學唸書之後，就會一頭栽入E象限之中，然後絕大部分的人一輩子都不會離開E象限。

接受S象限所需的培訓

少數人會進入技職學院來接受S象限所需的培訓。這些畢業生有的會進入醫學院而成為醫生；或進入法律學院而成為律師；或進入不動產學院成為不動產業務人員；或有的會進入技職學院成為水電工、泥水工。接受某種特殊專業的技能，對一個想要從E象限進入S象限中的人，會有很大的幫助。

如果創業家缺乏專業上的技能，那麼想要從E象限轉變到S象限將會是非常困難的事情。舉例來說，如果一位上班族辭職去開餐廳（而且也不具備餐廳方面的專業技能），那麼他將會身陷於S象限水深火熱的煉獄之中。

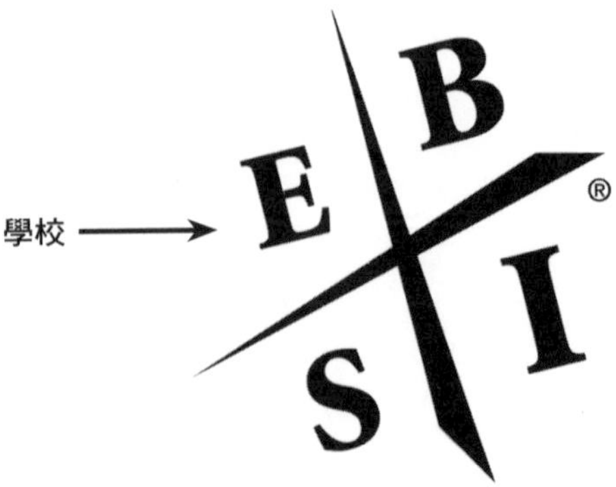

現金流象限的右邊

大概在一九八〇年代初左右，我總算開始在S象限裡站穩了腳步。我公司的工廠所生產出來的產品，已經在衝浪界以及搖滾界熱銷。我公司的搖滾部門也爭取到各個著名搖滾樂團（例如警察樂團、杜蘭杜蘭樂團、平克·佛洛伊德樂團、猶太祭司樂團等）的授權，來生產各種有這些樂團商標的附屬產品。隨著音樂電視台MTV的開播，使得我們生產事業迅速成長，但也因而衍生了一些全新的問題。

在創業之初，每一次失敗的打擊幾乎讓我無法再度爬起來，但是現在我的公司因為獲得了巨大成功，同樣也讓我招架不住。這是因為我的生產線跟不上市場的需求，公司經常面臨現金不足的窘境，害我得拚命四處籌錢。舉例來說，我在今年四月籌到足夠的資金來生產產品，接著就得開始踏上旅途參加各種商展，到處推銷我所生產出來的產品。我向買方保證會在十月交貨，好讓他們迎接年底的各種熱銷假期。在耶誕節過後，產品都賣出去了，我就得等到明年四月才能收到這些廠商們的款項。當我好不容易清償去年四月所借到的款項加利息之後，我又得再四處商量借貸全新的款項，來應付今年耶誕假期的銷售熱潮。因此就如我前面所說，事業獲得巨大的成功也一樣讓我捉襟見肘，我開始發現成功的代價也是非常昂貴的。

再度拜訪富爸爸

富爸爸是我在上述人生關鍵階段裡的教練兼良師益友。那個時候的我在S象限和I象限裡的表現差強人意，但是並沒有大發利市。我一直缺乏現金。我也厭倦了貧窮的滋味。我也對員工不斷地生病請假、一直要求加薪、希望放更多的假、拚命爭取更多福利等等的行為感到厭煩不已。我也厭惡那些無法成交收單的業務員。我也厭倦了零售商一直想到壓低產品的進價，想要獲得更大的折扣優惠、更多免費的贈品、以及更久的應收帳款期限等等的要求。我也開始受不了政府繁瑣的法規，以及各種公家單位的突擊檢查。

S象限的煉獄

我那時候正在經歷S象限裡的煉獄。雖然我每年擁有數百萬美元的營收，但是這些錢流失的速度遠遠比我能賺進來的速度還快上許多。

富爸爸是我當時的個人教練。我會不定期的拜訪他，特別是當我在面臨地獄般折磨的時候更會如此做。有一晚我坐在他的辦公室裡，跟富爸爸吐苦水說自己想要放棄了。因為我已經精疲力盡了，也並沒有獲得想像中的巨大成功。我甚至開始考慮重拾老本行，再次以飛行為業（因為我聽說警察局正在招募退伍軍人來駕駛巡邏直升機）。警察局所提供的薪資非常優渥，放假時數也多，福利津貼也很高，而且還享有公家擔保的退休金。這一切完完全全符合窮爸爸當初對我的期望。

結果富爸爸聽我講完就開懷大笑了起來。他早知道我會面臨這一天的到來。他再次拿出發黃的筆記簿來，並畫出了現金流象限，並且在每一個象限裡面寫下這以下幾個辭彙：心理、身體、情緒、精神、規範。

富爸爸進一步向我解釋說：「我們都是人類，但是我們的存在方式很不一樣。所有的人都具有心理、身體、情緒以及精神，而人人在這些方面上的不同，讓我們各自擁有不同的存在。」

絕大部分的上班族不敢離開E象限裡安穩有保障的工作，是因為受恐懼這種情緒的影響。既便這些人心裡深處渴望著要離開E象限，但是恐懼的心理以及對有保障的工作的渴望，反而讓他們動彈不得。

我跟富爸爸說：「我現在就是被卡在S象限之中，完全跳脫不出來。」我繼續問他：「這是不是你現在想要表達的重點？」

富爸爸帶著微笑回答說：「是的。你目前尚未精通S象限裡的本事。從很多方面來說，S象限是最糟糕的象限，這是因為S象限擁有特別規定的關係。稅法與法規都是扼殺S象限裡創業家的最大殺手。」

「但你不是說過，S象限是所有象限中最重要的一個嗎？」我問。

富爸爸帶著滿意的微笑說：「沒錯，如果你能挺得過來的話。」接著他又問我：「當你在從事全錄公司業務工作的時候，難道你沒有親眼看到那些中小企業的老闆們為了讓公司活下去，每天神經兮兮的，拚命努力的工作？」

我回答說：「有，我每天都看到這樣子的現象，而現在的我也過著同樣的生活。」

「永遠不要忘記嬰兒得先學會走路才能開始學如何騎腳踏車。每個象限都得經歷過這些事情。你在替全錄公司工作時，你學會如何掌握E象限裡所需要的本事。接著你開始進入了S象限。如今你再次回到像一個在學騎腳踏車的小鬼一樣，在S象限裡摸索，但是目前尚未有任何的進展。」

我想了一下，接著問富爸爸說：「我的心理、身體、情緒和精神等，目前尚未熟悉並且精通S象限裡所需要的本事？我在這個象限裡還沒有長大成人？」

富爸爸說：「完全正確。你目前已經做得很不錯了，應該快要成功了。不過你還是缺乏了少數幾個環節，可能是心理上的、肢體上的、情緒上的，或者是精神上還有所欠缺。」

他也提醒我說人生就像在打一場高爾夫球一樣。富爸爸再次跟我強調：「理論上，高爾夫球是一個非常簡單的遊戲。這個遊戲的勝負有六成取決於推桿的水準，而任何人都應該拿得起推桿來推球。但是在現實生活當中，高爾夫球也是所有運動當中，最具挑戰性的一種，因為高爾夫將會全面考驗球員的心理、身體、情緒以及精神等。從商創業也是一樣的道理，成功與否跟外在環境一點關係也沒有，一切都是取決於自己內心的狀態。」

我離開富爸爸辦公室的時候腦子一片混亂。我發現我不知道……自己所不知道的事情。我自己認為在創業過程中，已經做到了所有應該要做到的事情。我把車子停了下來，進入一家中國餐廳來整理內心澎湃不已的情緒。當我吃完要離開的時候，服務生跟我說「謝謝光臨」，並且給了我一個幸運餅。當我把幸運餅掰開並拿出裡面的紙籤時，只見上面寫著說：「既然你隨時都可以選擇放棄，那麼何必現在這麼做？」

我第二天早上就把這枚紙籤貼在電話上面——讓我每天都可以看見——然後再次捲起袖子埋頭苦幹，拚命撥打電話來籌措公司應急所需要的資金。就如俗諺所說：「當你經歷一段艱困難熬的處境時，也只能咬緊牙關繼續前進。」

金錢的主宰們——以及他們在做些什麼

幾個月之後我心情好轉了許多，並且再次感覺到活著是件有意義的事情。當我再次拜訪富爸爸接受輔導的時候，我問他：「我這樣子到底要忙到什麼時候？我要怎麼知道自己已經學會了創業家需要具備的本事？」

富爸爸對著我微笑……這個微笑我可熟悉了——這表示他非常滿意我問題的水準。他深吸了一口氣之後回答說：「當你正式進入I象限的時候，就表示你已經獲得了S象限的成功。」

「那麼在I象限裡又會發生什麼樣的事情？」我問他。

「你會變成為金錢的主宰，一輩子不再是金錢的奴隸。」

接著我問：「那麼那些金錢的主宰都在做些什麼？」

「金錢的主宰們不需要錢就能賺到錢。這些人就比煉金師一樣，懂得如何點石成金。他們可以把各種好主意變成遍布全球的國際事業。」

富爸爸繼續說道：「當一個人成為金錢的主宰之後，他們就會開始做我現在正在你身上所做的事情。」

「你正在我身上做什麼樣的的事情？」我問他。

「我在引導你，希望有一天也能成為金錢的主宰，就跟現在的我一樣。」

「那我又要怎麼知道我已經變成了一位金錢的主宰？」我問。

「當你開始擁有點石成金的本事，也就是說，當你所做的任何事情都會為你帶來大筆的財富」。

「如果我做到了，那麼屆時我又要做些什麼呢？」我繼續問。

「那個時候的你就要開始教導他人。你要擔負起這個職責，去教導、去引導、啟發別人成為像你這樣的金錢主宰。這個世界需要偉大創業家們。如果這個世界缺乏好的創業家，那麼世界的經濟就會開始衰退，那麼資本主義就會開始轉變成社會主義，甚至還會變成共產主義……這麼一來世界就會充滿恐懼，缺乏自由，並且會產生不少的獨裁者和暴君。」

「但是我必須先到達I象限裡並且獲得成功，這樣我才有資格出來教導別人，是吧？」

「是的。我個人認為你得先進入I象限才是。這個世界充斥著偽君子和假先知，這些人都宣稱會把你教成富翁，但是他們自己本身根本都還不算是有錢人，千萬不要成為這種人。要成為一個來自於I象限裡的成功人士之後再出來教別人。」

富爸爸的教室

我九歲的時候第一次坐在富爸爸辦公室裡的沙發上，他的辦公室就是我們上課的教室。他的辦公室在一開始的時候非常狹小，座落於夏威夷希洛鎮一個偏僻的旅館之中。

當我三十幾歲的時候，富爸爸的辦公室已經換到夏威夷威基基海灘附近、價格昂貴的辦公大廈之中。那時候因為我已經長大成人，因此富爸爸也開始跟我說一些小時候不能跟我說的話。

「許多人都想要致富發財，但是他們都選擇了輕鬆不費力的途徑。與其花時間來學習與研究——尤其是學習有關於負債、稅賦、以及幻影收入等方面的事情——這些人反而會選擇做出例如欺騙、說謊，以及竊盜等愚蠢的行為。全球商業界到處充滿了這種騙子。他們嘴上包山包海，做出他們根本不打算兌現的承諾；他們扭曲法律規定，甚至不守法，然後還搞不清楚為什麼大眾對他們的評價是騙子、小人、江湖郎中、說謊者、言而無信、油嘴滑舌、流氓、強盜、賭徒、老千、小頭銳面等，一個不值得被信任，一個說話不算話的人。這種人甚至願意出賣靈魂和肉體，來獲得加薪或是職位上的晉升。而諷刺的是，這些人當中只有極少數的人才能進入I象限之中，但是他們付出的代價就是將靈魂賣給了魔鬼。」

富爸爸隔著辦公桌，死死盯著我說：「千萬不要變成這樣子的人。」

好消息

富爸爸又恢復了笑容，繼續跟我說：「好消息是這些人也會是你最好的借鏡。他們會教導你連自己都不知道，想也不會去想的經驗跟教訓。他們會拚命嘗試找出你的弱點，並且藉此占盡你的便宜。他們會讓你知道自己哪裡還有缺陷，讓你檢討自己思維不夠縝密以及天真之處。他們對著你微笑握手的同時也會在背後狠狠地捅你一刀。如果你想要在真正的世界裡從商做生意，那麼這些人將會是你最好的老師。」

富爸爸也提醒我說，當中國軍隊入侵西藏，把達賴喇嘛趕出西藏的廟宇家鄉之後，達賴喇嘛曾說過：「毛澤東是我這輩子最好的老師之一。」

富爸爸解釋，在E、S和B象限之中都有著一些有錢人，但是這些人通通都是為了錢而在工作，而金錢的主宰都活在I象限之中。這些獨特的少數人都不需要金錢，因為他們可以憑空變出大筆的財富出來。

一位主宰，或任何大師（就像是精通武術的大師）都一樣，必定會是一位非常優秀的老師。但是在I象限中的人並非個個都是好老師，因為有些I象限裡的人會運用自己的本事來奴役周遭的世界。他們利用金錢來收買政治人物，影響選舉的結果。他們花大筆的錢來讓人制訂有利於自己的法律規則，因為他們清楚知道所謂的黃金定律：「誰手上握有黃金，誰就有資格制訂法則。」

所以我問富爸爸：「所以你遵從著I象限裡的規則？」

富爸爸回答：「是的，我按照規矩行事，我不會按照他們的形式來改變自己的做法，因為我擁有自己的靈魂。」

核心價值

富爸爸繼續用現金流象限這張圖，解釋每個象限中人們有著各自不同的存在，也抱持著完全不同的核心價值。

「為什麼I象限裡面的人們會需要優秀的創業家？」我問。

富爸爸回答說：「因為我們人人都需要對社會作出貢獻與回饋——我們每一個人都必須如此。位於I象限裡的人們必須要能培育新一代的創業家們，就像你需要我一樣。馬斯洛的『人類需求五層次理論』也提出這一點，就是當你到達了金字塔頂端之後，你記得要懂得回饋貢獻，如果我是一位大廚，那麼我就必須要開始培訓新一代年輕的廚師。」

「這聽起來就跟以前社會裡的師徒制一樣嘛！」我說。

富爸爸回答說：「完全正確。很不幸的，先祖所傳承下來的師徒制，如今已經被當代教育制度所取代，而在這個體制之下所培訓出來的新人都是上班族和員工，而非創業家。這也就是為什麼當今的世界在經濟上面臨了嚴峻挑戰的原因之一。」

富爸爸也非常憂心這件事情。他說：「我的兒子麥

「我需要安全和保障」
「我需要一個團隊」
E
B
S
I
「我需要享有自由獨立」
「我需要優秀的創業家」

克是很幸運的人。我自己一路走過這四個象限，所以我有能力把他訓練得很扎實，因此他就無須如此做。就如你所知道的，我並沒有給過他一分錢，這也就是為什麼我要你們從小替我免費工作，因為我也是一個從身無分文起家的億萬富翁。我深深知道，沒有比有錢人家的孩子更苦更無助的人了。當一個孩子所抱持的心態，是自認理所當然的應該擁有身邊周遭的一切時，那麼這將註定毀掉這個孩子的未來，這也就是為什麼我對你們兩個一視同仁，我完全拒絕支付你們任何的工資，因為我希望你們能夠謙卑地從基層做起。」

富爸爸還進一步跟我說：「謙遜可以讓你培養大格局的眼光，來看到自己在真實世界中所扮演的角色。我要你們跟我事業體系當中薪資最低廉的人們一起工作，是想讓你們認識那些從事最下層工作的員工們。我要你們把他們當成一般人來對待，而不只是領薪水的員工而已。我們都是人，這就是為什麼我要你們倆從事跟他們一樣的工作，跟他們一起肩併肩的學習，免費做著同樣的工作。你跟麥克一起工作的那些同仁們，是我事業當中在表面上看不到，但是不可或缺的角色，因為實際上是由他們在驅動著我的事業。身為一個創業家，或者一個企業老闆的職責，就是要為了這些人而工作，你最重要的職責，就是要保護他們以及他們的家庭，不必遭受現實社會中的動蕩與波折。」

喘了一口氣之後，富爸爸停下來看看我是否把他說的話聽進去。當他確定我已經接收到了他想要表達的訊息之後，他接著繼續說：「現在有太多從ＭＢＡ企業管理碩士班畢業的年輕人，一下子就空降到事業的高層，完全不熟悉這些處於下層的活生生的人們。許多高階主管自認為高人一等，比他人都聰明，比下層員工更優秀，因此就開始脫離了現實，甚至泯滅了自己的人性。對這種人而言，這些基層員工只不過是一個數字，隨時可以開除或招募。他們完全不懂得大家都是一個生命共同體，沒有任何人比另外一個人更為低下。」

他最後以這段話做了總結：「企業管理碩士班畢業的人們所接受的訓練，就是要用數字、試算表、以及財務報表等來管理企業。他們從未學過用仁慈心來領導企業才是一位領袖的職責。他們忘記了基本上的禮貌以及要懂得尊敬。他們是很認真努力的工作，希望有一天能進入I象限之中，但是只有極少數的人才能做到。想要略過S和B兩個象限，直接從E象限進入I象限而成功，幾乎是不可能的。因為你無法教導別人自己所不知道的事情。但是好為人師又一竅不通的還是大有人在。」

有錢人的小孩

富爸爸對於有錢人的小孩也有著自己獨到的看法。「許多I象限裡的人都是含著金湯匙出生的天之驕子。他們出生於富裕的家庭，也就是擁有I象限裡的父母，從小享受著幾個世代所累積出來的財富。他們靠著祖先們所打下的基礎而擁有巨大的財富。因此這些小孩子就能進入非常昂貴，非常特別的私立小學以及高等教育，因此所認識的同學也都是其他的世家子弟。許多孩子都進入了世界上最出類拔萃，最優質高貴的大專院校。因此在畢業之後，靠著父母的關係他們就進入了大企業或者是銀行界的高層職位，這種安排莫非是希望他們將來有一天可以接掌整個事業體系。但是這些孩子完全不懂得如何白手起家打造出一個事業，也完全不認識其他基層的人們。要擁有憑空打造出一個事業的能力，才能成為一個金錢上的主宰。所以說，如果你只是出生在有錢的家庭裡，那麼你不一定會具備打造事業的本事，而且這些人有錢又聰明，但是卻完全與社會現實脫節。可是恰好又是這一批人在制訂那些讓有錢人越來越有錢，而窮人和中產階級越變越窮的各種法律。」

考驗我的謙遜

「因此當你在願意教導我真本事之前，你要先考考我個人謙遜的程度囉？」我問。

富爸爸只是靜靜地點點頭。

「這也就是為什麼你在教導我們之前，要我跟麥克先幫你撿煙蒂辛苦工作，你才願意開始教導我們？」

富爸爸點點頭說：「當你們謙遜，親自展現出極度渴望學習的意願，那麼我才會願意把所有的本事傳授給你們。如果你當時回嘴說：『我幹嘛要免費幫你撿煙蒂？』那麼我是不會浪費時間教導你或麥克。我還有更重要的事情可以去忙，根本不需要浪費時間去教導兩個已經被寵壞的小鬼。」

那天晚上當我要離開富爸爸辦公室的時候，他又要求我：「如果哪一天你到達了I象限，我要你答應我，你會去教導其他人我所傳給你的一切。一旦你這麼做了，那麼你才會成為一個真正的金錢主宰。」他當我正要轉身離開他又抓住我說：「如果將來有一天你開始教導……那麼你、我、我們一起可以從I象限來改變全世界。」

好消息

如今全球在經濟上面臨了巨大的危機。但是同時也有著不少的電視節目在介紹I象限裡人們真正在從事的工作。國際財經台CNBC電視台有著像是《創業鯊魚幫》（*Shark Tank*），或者是《利益者》（*The Profit*）等節目。我愛死了這些電視節目，因為這些在電視上的「鯊魚」和「利益者」，都在做I象限裡面人們所從事的事情。他們有時會進行教導，有時拿出資金挹注某個事業，或者和優秀的年輕創業家們合夥。

如果你曾看過幾集這類的電視節目，那麼你應該知道有一件事情會讓這些鯊魚氣得發瘋。當這些金主們（鯊魚們）問年輕創業家說：「如果你籌到這筆資金，那麼你會怎麼運用它？」時，如果這位創業家回答是「我總算有錢可以發自己的薪水了」的話，那麼所有的鯊魚都會收手，不再對這位創業家進行任何的教導與協助。

如果創業家回答說：「我這幾年來到處陌生開發來開拓市場，並且也已經做到了上百萬美元的業績，而我現在則是需要尋找良師益友，來協助我將事業推向另一個高峰。」那麼這些像是馬克·庫班（Mark Cuban）、芭芭拉·柯克蘭（Barbara Corcroan）等等的鯊魚們就會跳起來說：「我一直就在找像你這樣的年輕創業家！」

回到一九八三年

一九八三年我搖滾樂產品的事業已經站穩了腳步並且營運順利，賺到的錢已經開始比花出去的錢還要多很多。我的事業總算開始穩定了下來，而我內心深處有一個聲音卻在告訴我，是我該繼續前進的時候了。

富勒博士於同一年，亦即一九八三年七月一日的時候去世了。幾個月之後，他的遺作《強取豪奪的巨人》（*Grunch of Giants*）出版，而「Grunch」這個字眼代表「全球性的現金大劫案」（Gross Universal Cash Heist）的縮寫。當我看完這本書之後，我就清楚知道是我該轉換跑道，繼續前進的時候了。因此我在一九八四年把事業賣掉，並且決定要成為教育培訓界裡的創業家。我在同年認識了全世界最美麗的女人金。我們在一九八四年十二月的時候，牽手走進了禮堂，勇敢跨出了第一步，再次學習如何在S象限中打造一個考驗我們的心理、身體、情緒、以及精神的事業。

金和我不斷地遵循富勒博士所教導我們的各種宇宙定律。其中有一個定律是：「我並不只是在為自己工作，我是為了所有的人在工作。」還有另外一個定律：「瞭解老天爺想要完成什麼樣的事情，然後放手去做。」我們就是這樣遵照定律，開始踏上了旅程。

我和金一開始的時候甚至還有一陣子無家可歸。這樣的狀況考驗了我們精神上的認知與信仰。我開始理解富爸爸為什麼從我們小的時候，就不願意支付薪水給我和他兒子的原因。就像真正的創業家一般，我和金並沒有讓缺乏現金的狀況阻礙了我們的志向。

我們這一路上遇見了不少惡劣的人們，那些利用、占我們便宜的人們。如今他們是我生命當中最好的老師，因為我們從這些人身上學到了許多，並且也更加瞭解了自己。

我們同樣也認識了一些非常優秀善良的人們，在全球各地認識的一些極為優秀善良的人們，如果我把穩定有保障的工作視為第一的話，我是這輩子也不可能接觸並且認識這些優秀的人們。

我和金在一九九四年進入了I象限，我們當時每個月從不動產獲得一萬美元左右的被動收入，而我們每個月的支出卻只有三千美元（這筆支出還包括了我們自己房子的房貸）。我們那時候在財務上已經達到了自由。我們已經精通了債務、稅賦，以及幻影收入等課題。我們再也不需要錢了，因為我們可以無中生有的創造出我們所需要的一切。當時的金三十七歲，而我則是四十七歲，我們

因此飛到了斐濟極為美麗的龜島（Turtle Island）度假七天來慶祝。下面這張照片就是在龜島上所拍攝的，並且也當成《財富執行力：富爸爸的槓桿原理》（*Retire Young Retire Rich*）一書的封底照片。

為了遵守我跟富爸爸的承諾，我和金在一九九六年設計出了現金流這款遊戲（遺憾的是他當時已經過世了）。

我們在一九九七年出版了《富爸爸，窮爸爸》這本書，並且在同一年成立了富爸爸集團，從B象限裡開始教導人們。我們已經完全脫離了S象限，而我們的產品開始遍布全世界教導各式各樣的人們。

二〇〇〇年七月《富爸爸，窮爸爸》一書榮登《紐約時報》暢銷書排行榜的第一名，也是該排行榜上唯一自行出版的書籍。同一年我也受邀上歐普拉的節目接受專訪，並且也親自體驗到歐普拉的魔力。我的人生一夕之間發生了巨大的變化。

《紐約時報》於二〇〇四年二月一日刊登了一篇有關於現金流的報導說：「地產大亨可以讓位了……一款教導人們如何發財致富，全新的桌遊已經開始擄獲全球各地的玩家們！」

我遵守了對富爸爸的承諾。如今全球各大城市以及偏遠的鄉村裡，數千位老師藉著玩現金流這款桌遊和各種富爸爸的書籍，以各種不同的語言在教導成千上萬的普通人，學習富爸爸當年教我如何發達致富的觀念與本事。

就像富爸爸所說的：「你、我、我們一起可以從I象限來改變全世界。」

如今身為I象限裡的創業家，金和我也都會找年輕的創業家來輔導或投資。我們是不會去投資股票市場的。我和金會投資S象限裡面的創業家，協助他們進入B象限之中。

當今許多S象限裡的創業家們只能創造出薪資低廉的工作機會。舉例來說，一位醫生的診所，聘用的都是薪資較低的員工或是助手。一個B象限的創業家則是能創造出高薪資，例如總裁或執行長（CEO）、財務長（CFO），以及資訊長（CIO）等等高薪資的工作崗位。當我們跟政府合作，協助政府想要完成的事情（例如創造出高薪的工作、提供低收入民眾優質的住宅、研發新型能源等），那麼這時候政府就很願意跟我們一起攜手合作，並且給予我們稅賦上極大的優惠。

這也就是為什麼I象限裡的人們是金錢主宰的原因。

走這條途徑的忠告

如果你想要辭職並且開始創業，或者你早已經離職並且想要經歷所有的象限，那麼我非常推薦你要閱讀下面這兩本書：

哈爾．埃爾羅德（Hal Elrod）所著的《上班前的關鍵一小時》（*The Miracle Morning*）

麥克．辛格（Michael Singer）所著的《覺醒的你》（*The Untethered Soul*）。

我真希望當年在歷經S象限煉獄時有這兩本書的陪伴。這兩本都是非關宗教的書籍，都是為了彰顯人類精神的好著作。這兩本書讓我不再受情緒的掌控，並且讓我鍛鍊出更堅強的精神，並領導我的人生繼續前進。

這兩本書我都至少讀了兩遍以上。每讀一遍之後，都會讓我在精神上獲得更進一步的啟發。我和金經常利用早上的時間，不斷地討論書中各個段落的意義。我和富爸爸顧問群的夥伴們，也為了這兩本書安排了為期三天的密集研討會，來深入探討這兩本書的要義。這就是我們這麼看重這兩本書的程度，我們認為這兩本書對於想要創業的年輕人們而言是特別的重要。

我們都聽說過創業家的精神這種說法。我個人一直堅信「創業」是源自於某個人的「精神」，而非專業技能時，才是獲得巨大成功的關鍵。

第十二章
你是否有備援的B計畫？

窮爸爸：「我迫不及待的想要退休。」
富爸爸：「我很早之前就已經退休了。」

我的窮爸爸原先擁有一個非常優渥的退休計劃（主要的A計畫）。他在學術上具有天分，並且熱愛學校的工作環境，求學期間的成績也是出類拔萃的。他的主要A計畫就是要成為一名教授，然後進入夏威夷的教育局工作，最後領公家的退休俸安享餘年。

很不幸的，有一年他決定代表共和黨參選夏威夷副州長，而競選對手則是隸屬於民主黨的教育局局長，亦即窮爸爸原本的頂頭上司。結果窮爸爸敗選了，因此連帶影響他的退休A計畫，而他並沒有事先規劃備援用的B計畫。

全新的B計畫

五十多歲失業的窮爸爸倉促地擬定了B計畫，也就是打算進入S象限成為一名創業家。他將畢生的積蓄提領了出來，加上一些少許的教職員退休金，用這筆錢買下了一間宣稱絕對不會賠錢的一個全國連鎖的冰淇淋店面。結果他的小生意最後宣告失敗，黯然收場。

窮爸爸在E象限裡非常的成功，但是他缺乏在S象限獲得成功所需要的心態和技能。窮爸爸就是搞不清楚身為一名創業家要如何做才能賺到錢。

準備迎接即將來臨的危機

如今數千萬戰後嬰兒潮世代的人們，都面臨了類似於窮爸爸當年的窘境。這些人目前所面臨的危機，就是他們退休生活的保障受到了嚴峻的挑戰。好消息是這些民眾絕大部分都會比他們的父母輩還要更加長壽；但壞消息是：其中大部分的人會在去世之前，耗光自己手頭上的積蓄。

這也就是為什麼我們一定要追溯過去，了解美國於一九七八年成立401(k)退休金計畫在這次危機中所扮演的角色。當年推出這個退休金計畫，跟之前的退休金最大的不同之處，就是將過往負責員工退休生活的責任，從企業老闆（或雇主）的肩膀上轉移到雇員自己的身上。因此從該年度起，假使退休的員工不幸把退休金耗光了，或者因為發生股災而導致退休金縮水，那麼企業與雇主再也不需要承擔起照顧退休員工一輩子的生活。因此從一九七八年起，這些一輩子也沒有接受過任何財商教育，數百萬的戰後嬰兒潮世代的人們，突然就被迫成為被動的投資者。

還有更令人憂心的事情……

但是還有更令人憂心的事情：如今面臨了零利率（甚至是負利率）的時代，以及各國政府大量印鈔票來彌補赤字，加上房市、股市與債市等都早已發生了泡沫化的危機等等，因此造成了全球許多退休基金（或者是公積金等），在財政上面臨了嚴重的問題。

我這邊引述菲利普·哈斯拉姆（Philip Haslam）所著的《當貨幣毀家滅國之時》（*When Money Destroys Nations*）中的一段話（這是一本敘說辛巴威貨幣崩壞過程的書籍）：「我父親的朋友是一間法律事務所的合夥人，並且在這間公司工作了五十年之久。在這五十年間他將自己所賺到的錢，全部投入了『老基金』（Old Mutual）這間專門給員工安排退休金的投資公司之中。結果後來因為惡性通貨膨脹的關係，他畢生的積蓄就受到了巨大的衝擊。老基金因此寄了一封信給他，解釋說如果每個月按時把退休金匯給他的話，連匯費都不夠付，因此就一次性的把他五十年來的退休金一筆匯給了他。當這位友人拿到了畢生所累積的退休金之後，只夠他去買了一小罐的柴油。」

問：你的意思是說人人都需要準備一個備援的B計畫囉？

答：是的，尤其是以世界目前的狀況而言更需要如此。當位於E象限裡的人們失去了工作之後，他們通常只會再次尋找另外一個屬於E象限中的工作來做。人們在缺乏財商教育的狀況之下，只有極少數的人會努力去改變自己所處的象限。

我在一九七三年就擁有相當扎實的A計畫：那時候的我才二十幾歲卻已經擁有大學學位，以及遠洋油輪二副和戰鬥直昇機駕駛員的兩種專業技能。我大可以重回美國標準石油公司，幫他們駕駛遠洋油輪；或者去各個航空公司應徵飛機駕駛員，因為我許多海軍陸戰隊的隊友們都是這麼做的。

但是見到窮爸爸晚年失業，讓我內心受到了巨大的震撼。我心中隱隱認為將來整個世代——並非單單只有我父親那個世代（亦即戰後嬰兒潮世代），而是我這個越戰期間出生的時代——在退休時將會面臨同樣的窘境。

因此與其依賴我當時的A計畫（航海或是飛行），我決定切換成B計畫，開始跟隨著富爸爸的腳步。當時二十五歲的我所想的B計畫，就是要成為S象限裡的創業家，同時也要學習如何成為I象限裡的專業投資者。B計畫的目的就是要提早退休，而且再也不需要為了錢而工作。

黃金降落傘

絕大部分大型企業的總裁或高階主管們，個個都擁有屬於自己的B計畫，這種安排在業界裡被稱之為黃金降落傘（golden parachute）。他們在面試談判的期間，會一併提出B計畫，並且把它看得跟A計畫一樣的重要。如果這位高管未盡領導公司之責，那麼這位高管就會乾脆地辭職，並且開始執行他的B計畫，讓他在離職之後變得非常的富有。

很不幸的，當一個公司的領導階級失職，而造成員工們失去了自己寶貴工作的時候，這些上班族是沒有所謂的黃金降落傘來保護他們的。一般職員被迫離職時，倘若還能領到六個月的資遣費就已經是不幸中的大幸了。

雖然華爾街一直在告訴我們世界的經濟有所改善，但是二〇一六年八月中旬，思科（Cisco）這間公司宣布要裁掉一萬四千名的員工，而這個數字占該公司全球員工的五分之一。這個數字不只是讓一萬四千個上班族面臨失業，同時還會影響到一萬四千個家庭。我懷疑這些受到影響的家庭們，到底有幾戶擁有所謂的B計畫？

對於數百萬的百姓而言，無論是老是少，一般上他們的B計畫就是重返校園，再習得一技之長。

「我差點毀了自己的一生」

《消費者報導》（*Consumer Report*）二〇一六年八月刊的封面，就是以「我因為念了大學而差點毀了自己的一生」為標題。這篇報導是在探討多年來的學生助學貸款，是如何拖垮了數百萬（無論是老是少）從大專院校畢業的人們之後的生活。成千上萬的民眾盲信要接受高等教育的迷思，因此申請大筆的助學貸款，拚命擠進昂貴的名校，然後在畢業之後卻找不到高薪的工作。而且很諷刺的是——當他們從大學畢業後，對於金錢仍然是一無所知。

如今四千兩百萬的美國民眾，一共積欠了高達一．三兆美元的學生助學貸款。根據美國審計部（GAO）的統計，當今助學貸款是美國政府所擁有的最大的一項資產。這些助學貸款讓美國教育部成為全美國最大的金融機構之一。

《消費者報導》文中繼續寫道：「在華府說客極力遊走之下創造了歷史上的先例，亦即助學貸款從此再也不能藉著宣布破產而獲得免除。」

大部分的家長以及學生們在財務上是一竅不通的。一位缺乏正確財商教育的民眾是看不懂「從此再也不能藉著宣布破產而獲得免除」這句話的意思，如果有任何人想要誘使我簽下具有這個條款的合約，我一定會把合約直接丟回到對方的臉上，並且大聲咆哮：「你把我當成白痴嗎？」

由於沒有辦法藉著宣布破產來免除自己的債務，因此讓學生助學貸款成為所有負債當中，比信用卡循環信用、房貸以及創業負債等等都還更加惡劣的一種負債。對數百萬的畢業生而言，不但一直要活在助學貸款的陰影之下，其中有些人註定這輩子再也沒有翻身的機會。這就是為什麼《消費者報導》的封面引用某個畢業生所說過的話時，形容得非常貼切：「我因為念了大學而差點毀了自己的一生。」全世界各地有成千上萬的畢業生都因為當初申請了學生助學貸款，因此在畢業後不但債臺高築，而且仍然對金錢方面一無所知。

教育體制的腐敗

對許多莘莘學子而言，時下接受良好教育的代價實在是太過於昂貴了，同時，所謂的投資報酬率卻又低到不像話。如今有數百萬的人們，無論是老是少，從學校畢業後背負著巨額的助學貸款，而且也找不到傳說中的高薪資工作。

不管你是否喜歡，想要在社會上生活是需要付出某些代價的；但是我們當前的學校體制中，完全不跟學生提到任何有關於金錢方面的事情。就算在學生接受了高等教育之後，哪怕是擁有碩士或博士的頭銜，絕大部分的人們在財務上仍然是一竅不通的。我一直在問自己這個問題：「為什麼會發生這種情形？」

小紅帽的故事

在《小紅帽》這個童話故事當中，大野狼比小紅帽更快的跑到了祖母的房子，把祖母吃掉之後還穿上祖母的衣服，靜靜的躺在床上等待小紅帽的到來。如今全球的金融界和教育界，就是這麼在對待我們的莘莘學子們。

當小紅帽對著穿祖母洋裝的大野狼問說：「你的牙齒好銳利呀，為什麼教育要付出這麼高的代價？」大野狼會回答說：「如果你接受高等教育的話，那麼你就可以獲得一份高薪的工作，因此再也不必擔心學費昂貴的問題，只要簽下這個『學生助學貸款協議書』，那麼你就會成為一名自豪的大學生。」

學生助學貸款永遠都不能被免除（極少數的狀況下例外）。這種貸款是銀行最喜歡的一種，因為無法藉著宣布破產而進行免除，因此成為銀行最具有保障的收入。當學生一直無法清償自己的助學貸款時，那麼銀行將會擁有一個長期供養自己企業的終身客戶。

誰是學生助學貸款幕後的推手？

完全都不令人意外，答案就是那些引發全世界次級房貸風暴的國際大銀行。他們就是這個助學貸款危機幕後的始作俑者。

一些諸如花旗銀行、高盛銀行等等的大型跨國銀行，透過私募基金做為掩護，暗中出資成立討債公司；它們這麼做的唯一目的，就是要確保畢業生（或是連帶要負責這筆負債的父母們）每個月按時繳納助學貸款。只要畢業生晚一天清償貸款，那麼這些銀行將會多賺到一天的錢。

再次強調：由於竊賊統治以及金融化兩者狼狽為奸，才會有現在的學生助學貸款危機。

《大賣空》（*The Big Short*）這部電影就是在描述美國竊賊統治以及金融化兩者所產生的惡果，而這部電影裡所揭露的竊賊統治以及金融化的要角們，如今早已染指了我們的教育界。

這也就是為什麼在《消費者報導》這篇文章中會寫說：「如今幾乎所有跟學生助學貸款這一行有關的單位——也就是各大銀行、私人投資者，甚至聯邦政府也插一手——通通都在把學生當成搖錢樹。」

簡單來說，學生念了大學不一定會獲得相對的投資報酬率，但是學生助學貸款對竊賊統治的構成分子來說，卻是一個非常大的利潤中心。

完全不值得

《消費者報導》在這篇文章中也寫道，所有背負著學生助學貸款的畢業生裡，有45%的人們認為「當初為了念大學而借了這麼多錢，完全不值得。」

澳洲《雪梨晨鋒報》（*The Sydney Morning Herald*）於二〇一六年八月一日報導提到，很多從澳洲大學畢業的學生「不但夢想破滅，甚至還得背負著巨額的助學貸款」。該篇文章中甚至出現了以下這句話：「這些學生根本被人當成搖錢樹。」

不過為了公平起見，要平衡一下說法。如果學生能夠負擔得起更高等的教育，那麼他們的確應該要這麼做，因為受教育是一件非常重要的事情。但是，如果只是為了接受高等教育而長期付出過高的成本，同時又不具有投資報酬率時，那麼學生和家長們應該是要重新考慮其他的出路才是。

我認識兩位從學校畢業的醫學院學生，他們背負著數十萬美元的學生助學貸款，但他們很幸運的有機會可以清償這筆債務，是因為他們後來再去念的是技職學院，學得了一技之長，並且因此而獲得了一份高收入的工作。

生活困頓的學生

生活最困頓的學生，是那些只擁有普通大學的文憑（例如藝術學位、音樂學位等領域的學士學位），但本身又沒有任何一技之長的畢業生。如今許多大學畢業生在從事著根本用不著大學文憑的工作。

如今有不少的人倡議重返校園應該是要進入技職學校，成為一位水電工、按摩師或是機械工等，而不是去進修另外一張大學文憑。

而處境最慘的，就是那些為了重返校園而申請了鉅額的學生助學貸款，但是又因為各種原因而半途輟學的人們。

開徵大學畢業稅

由於極度缺乏教育經費，因此英國、愛爾蘭以及南非等幾個國家，正在考慮是否要開徵「大學畢業稅」。假使該稅法獲得通過，那民眾為了獲得大學文憑，將會被迫付出比現在更昂貴的代價。雖然政府打算將這些稅收用於補貼未來想要申請大學的民眾，希望這些人不用去申請學生助學貸款，但是到頭來，任何民眾為了念大學還是得付出比現在更高的代價與成本。

還有更糟糕的狀況

美國公立學校的經費是靠當地不動產稅收來支應的，但由於多年來教職員工會管理不當，許多城市已經沒有現金來支付老師們的退休金——因此各個城市現在被迫要提高不動產的稅賦。換句話說，屋主們所繳納的稅金原先只是要支付教師們的月薪，現在還要額外繳更多的稅來負責教師們退休之後的生活所需。

不斷下滑的物價

日常開支當中，例如汽油、衣服、利率以及消費性電子產品等等的價格一直在下跌，但是受教育的成本卻不斷地悄悄上漲；不斷上升的教育成本，也是有錢人和窮人之間鴻溝越來越大的原因之一。現今整個教育體制讓納稅人、家長以及學生等，背負著越來越沉重的負擔，但是很諷刺的是，在學校裡幾乎都不教導任何關於金錢的知識，結果讓社會上所有的人為此而付出了更巨大的代價。由於當今的世界是由一些受過高等教育——但是在財商方面等同於文盲——的領袖們在主導，因此讓所有的人都付出了極為昂貴的代價。

我的備援B計畫

就如稍前所說，我原先已經擁有了很優渥的A計畫：只要繼續從事自己所熱愛的工作——當個飛行員或是航海員，就能賺到很多的錢，並且享受優裕豐足的退休生活。但是要不是親眼看到窮爸爸的A計畫失敗，我應該不會去重新思考自己人生的規劃。

我的備援B計畫的第一步，就是要接受真正的財商教育。所以當我報名參加為期三天，學費三百八十五美元的不動產投資課程時，我的B計畫就算是正式啟動了，而且我的腳步從未停止過。當我完成了在九十天內檢視一百件不動產的功課，並且替每個物件寫下長達一頁的報告之後，我的B計畫就開始有了進展。我知道自己總有一天必定會進入I象限之中。

我非常討厭高中。對我而言，上學唸書是件非常無聊的事情。雖然我修了一些重要的科目，但是我對這些課程的內容一點興趣也沒有。當我進入了紐約航海學院後，上學開始比較有趣了些（因為我非常喜愛航海）。當我後來進入戰鬥飛行學校唸書之後，我好比進入了天堂之中。所有的學生早上都在教室內上課，而下午則是到戶外駕駛戰鬥機。航空學校的教學方式非常合我的胃口，因為它們採用的是主動式，親手實做的學習，一種真正的教育，而不是在紙上談兵。

蛻變式的教育

我們都知道毛毛蟲在生命的前半段都是在地上爬行的。毛毛蟲接著會吐絲成繭，並且破繭而出，進入生命的另外一個階段，亦即成為蝴蝶的成蟲階段，這個過程稱之為羽化，是一種進行完全蛻變的過程。羽化的意思是說無論在外表、個性、條件以及功能上，都跟之前有著非常不一樣的變化。我相信絕大部分的人都會同意，看著毛毛蟲當初的樣子，是無法想像牠將來竟然會變成蝴蝶的樣貌。一般來說，看到毛毛蟲的第一個反應，應該會認為「這隻蟲子永遠也飛不起來」。

成為一隻蝴蝶

我進入航空學校後也發生了同樣的蛻變。當我報名參加為期三天的不動產課程時，也發生了同樣的變化。當我踏進教室的那一剎那，我就感覺到自己將來會成為一隻蝴蝶，因為我在教室內總算找到了適合自己學習的科目，這就好比找到了屬於自己的繭一樣。三年之後我從飛行學校畢業了，成為一位戰鬥機飛行員，並且已經準備好面對全世界最危險的飛行環境：也就是所謂的軍事戰鬥區。我在越南一共墜機三次，我和同僚們不但都幸運生還，而且最後還通通平安的回到了美國本土。

我也在一個不動產課程中羽化成蝴蝶，準備迎接另外一個極度危險的環境，也就是金錢的殺戮世界。每當市場發生崩跌，我和團隊若能一起努力生存下去，那麼我們將會一起變得更加的富有。

真正的財商教育

那為期三天的不動產課程，當然不可能是我上過的最後一堂投資課程。我和金經常會例行參加各式各樣的培訓課程，一起學習成長，因此讓我們的婚姻變得更加堅固與美滿，每當我們上完一堂課程之後，都會有講不完的話。我們因此而一起成長，而不是漸行漸遠。

我和我的顧問們也會固定舉辦讀書會，一年最少兩次，每次為期三天，一起共同學習指定的書本，因為書本是世界上最優秀的老師之一。藉著一起閱讀各種不同的書籍，我們在編織這個團隊共同擁有的繭，我們會挑選從商創業，以及靈性發展方面的書籍，就像前面提過的，我們研讀過《上班前的關鍵一小時》和《覺醒的你》這兩本書，這兩本都是在探討人類精神層面的事物。

永遠不要忘記大家口耳相傳的說法是「創業家的精神」，而非「創業家的工作」。也更不可以忘記，當父母跟孩子們說「要好好上學唸書，然後找一份好工作」，他們這種做法是在不斷地給孩子洗腦，要他將來成為E象限裡的上班族。這麼一來，他們就會跟窮爸爸一樣，卡在E象限裡動彈不得。而當窮爸爸決定要進入S象限時，他發現自己的存在（being），仍然處於E象限裡上班族的狀態，但他的人生已經到了五十幾歲的階段，因此沒有充裕的時間去進行蛻變，讓他從E象限轉變成S象限中的存在。

所有的人都各自擁有不同的存在，而且這些差異也可以從現金流象限當中一窺究竟。每個象限都由這些不同的智商所構成：心理智商、肢體智商、情緒智商、精神智商。

不同的象限有著不同的規矩

窮爸爸所擁有的是身為一位老師的心理智商，而非創業家所需要具備的心理智商，他完全不懂做生意和金錢所需要駕馭的語言。

他擁有的是一位上班族的肢體智商，因為他本人非常害怕犯下任何的錯誤。

他的情緒智商則是建立在恐懼的基礎之上——他極度害怕失敗、害怕失去工作、失去穩定的收入，以及失去政府所保障的退休金。

而且他的精神智商也有著相當的障礙，他讓恐懼和懷疑壓抑著自己的精神，而非懷抱信仰與信心。

想要從E象限移動到S象限是一種蛻變、羽化的過程，等同於毛毛蟲蛻變成蝴蝶的相同道理。在過程當中必經一番辛苦的歷練，自己的存在也一定會遭受各種考驗與挑戰，而且發生的一切都是蛻變過程不可或缺的養分。重點是整個過程，因為這一切的變化都需要一段時間才能夠發生。同時也需要具備堅定的意志力，以及精神上、心理上、情緒上，以及肢體上的各種智商。

最高的智慧

所有智商當中，最具主導性的是肢體的智商——因為人類是藉著不斷地重複事物來進行學習的，而且我們每天都不停的從事著各種事情（有的時候甚至還會從事一些對我們自己很不利的事情）。

底下讓我請教你幾個問題。你是否曾經有過這樣的經驗：人坐在教室內，但是你的心靈早就不知道飄到哪裡去了？這證明說你的身體和心思並不一定會同步從事同樣的一件事情。

你是否曾經在閱讀的過程當中，突然發現你的心思早已經飄離了書本的內容……卻在忙著思索其他不相關的事物？你是否曾經在跟別人進行對話時，心知肚明對方根本沒有把你講的話聽進去？

我之所以熱愛航空學校的原因，是因為我們早上在教室內上課，而下午則是去實際學飛行。當我一坐到戰鬥駕駛機艙內並綁上安全帶時，我的肢體情商就會開始主導一切。由於即將要面臨生死交關的大事，因此肢體的情商會強迫各個其他的智商集中注意力，來協助肢體情商進行學習。

玩地產大亨

我從九歲起就開始接受正確的財商教育。我的富爸爸、他的兒子和我共三個人，會一起玩地產大亨這款遊戲。富爸爸會在遊戲進行當中，趁機解說現實生活當中相關的財商教育。遊戲結束後，他還會帶我們一起去巡視他在現實生活當中所擁有的綠色房屋，並且進一步解說我們在玩地產大亨時，他所教導我們的一些比較抽象的觀念。

我在接受財商教育的時候，方式就跟我在航空學校裡接受的教育是同一種——先研讀，然後實際操作。但是在接受一般傳統的學術教育時，卻是先以心理智商為主，然後以情緒智商為輔，例如要求你得記住所有的答案（心理），同時也要求你極力避免犯下任何錯誤（情緒）。

在現實生活中，肢體智商會成為主宰學習的智商，也因為肢體智商的關係，讓我有機會從一個毛毛蟲蛻變成蝴蝶，從一個窮光蛋變成一位有錢人。

學習圓錐

以下是學習的圓錐（又名體驗的圓錐），源自於教育心理學家艾格．戴爾博士（Dr. Edgar Dale）於一九四六年所發表的研究內容。

學習的圓錐

兩週後大概還會記得		自然而然的投入程度
90% 自己所說過的話以及動手做過的事	實際操作（玩真的）	主動的
	模擬真實的體驗	
	從事戲劇化的講演	
70% 自己所說過的話	發表談話	
	參與討論	
50% 自己所聽到的和看到的事	觀看他人實地演練操作	被動的
	目睹別人的示範	
	目睹展覽會中別人的示範	
	看動態影片	
30% 自己所看到的	看靜態圖畫	
20% 自己所聽到的	聆聽別人所說的話	
10% 自己所閱覽的	閱讀	

資料來源：Cone of Learning adapted from Dale, 1969 年經過授權獲准使用

戴爾博士將「閱讀」和「聽講」兩者，擺在學習圓錐的最下方。而位於圓錐最上方的，則是「模擬真實的體驗」以及「實際操作（玩真的）」這兩項。

我之所以能有效地從富爸爸身上學到扎實的財商教育，是因為他會藉著模擬真實體驗的方式——亦即玩地產大亨這款遊戲，以及實際操作的方式——參訪他在現實生活中真正的綠色房屋，並且瞭解將來這些房屋會如何讓富爸爸擁有一棟紅色旅館的過程等來進行學習的。

我在越南和同直昇機的袍澤們，可以歷經三次墜機仍全部生還的原因，是因為我們在航空學校唸書時，每天會不斷地演練飛行時可能面臨的各種緊急狀況，包括墜機的情況在內。

接受真正財商教育時，還有一個非常關鍵的字眼就是練習。從上往下看，練習在學習的圓錐中位於第二順位，圓錐中所採用的文字即是模擬真實的情況。

一個真正扎實的備援B計畫

一個真正扎實的備援B計畫，必須要包括研讀以及練習這兩項才算。舉例來說，在我買進第一個不動產投資項目之前，我已經模擬過百遍以上買房投資時會遇到的各種狀況。

我也報名參加各種有關於股票選擇權的培訓課程，整整歷經了三年的時間，我在這三年當中也會不斷地利用「模擬倉」來學習選擇權的交易，之後才拿錢出來「玩真的」。如今已經學會選擇權的我，非常期待股市發生震盪與崩盤。

如今的世界經濟一直在發生波動，因此我強烈建議每一個人都應該為自己的退休生活安排一個備援B計畫。就像我前面所說的，當下一波金融危機爆發後，首當其衝的應該是那些鄰家百萬富翁們。任何在存錢儲蓄的人，或者需要仰賴股票市場繼續上漲才能退休，或者想要靠傳統退休金制度來度過晚年的民眾，在財務上很可能要大禍臨頭了。

我的窮爸爸擁有一個非常優渥的A計畫，但是完全沒有想過要安排一個備援的B計畫，因此他就面臨了永遠都沒有辦法退休的窘境，晚年還被迫東接西接一些零星的工作。現在回想起他這種情況，還好他享有社會福利保障以及醫療健保這兩種制度的照顧，要不然窮爸爸的晚年一定是凶多吉少。

如今社會福利保障制度以及醫療健保制度，已經是美國政府當中最缺乏資金，以及帳面上負債最高的一項債務（目前估計高達一百兆至兩百五十兆美元之間）。因此，戰後嬰兒潮世代逐漸邁入退休的年齡之際，在現今這種財政狀況下，大家將來還能依賴這些制度的保障嗎？

親眼見到窮爸爸在經濟上困頓掙扎，晚年拮据苟活的樣子，給了我一個非常大的教訓。他的狀況促使我立即開始動手落實屬於自己的備援B計畫，結果我的B計畫讓我在四十七歲的年紀時就可以提早退休了。

五年計畫

我的好友兼良師益友亞歷山大・艾爾德博士（Dr. Alexander Elder），也是《操作生涯不是夢》（*Trading for a Living*）這本書的作者，他告訴我大概要花五萬美元以及五年的光陰左右，才能把一個人培訓成一位稱職的操盤手。

我完全同意他的觀點，而我大致上也花了五年的時間才成為一位專業的不動產投資者。這之間唯一的差別是：我並不需要先拿出五萬美元，就能學到我所需要的本事。因為我在學習如何成為一位真正的專業的不動產投資者，學習如何運用負債、稅賦、以及幻影收入等來增加資產，而非用傳統的方式來賺錢。

現實社會當中，真正的優質教育需要具備：

1. 想要學習的渴望
2. 慎選老師。你必須要慎選由什麼樣的人來教導你關於金錢方面的事物。你不會想要找一個位於E象限裡的老師來教導你關於I象限裡的事物。
3. 不斷地練習

不斷地練習也是教育中最重要的項目之一。千萬不要忘記：就連職業足球選手都至少會每週進行五天的練習，而且在整個職業生涯中從不間斷。音樂家們在成為舞臺巨星之前，也是多年來不斷地在演練。醫生和律師們都會把他們的工作稱之為執業，也就是把我們這些客戶當成白老鼠來練習自己專業領域的本事。

在練習的環境中，你就可以放手去嘗試錯誤並從中學習，然後做出修正，而當你想要學會的事物越重要時，那麼你練習的次數就應該要越頻繁。舉例來說，當我們部隊越是接近出發前往越南的時候，我跟自己飛行組員就大大的增加演練的次數。

千萬要記得：肢體智商是最具主導力的智商。當你一開始著手從事某件事情的時候，其他所有的智商都會跟肢體智商進行學習上的配合。

教育界最大的錯誤

如同我們在第一篇中所提到的：犯錯會讓有錢人越來越有錢。絕大多數的人們在財務上會遇到困難，最大的原因之一就是因為他們非常害怕犯錯。與其下功夫研究並且不斷地練習與犯錯，他們寧可將自己辛苦賺來的錢交給華爾街的銀行家們，或者存錢儲蓄，或者長期投資於股票市場之中，然後又搞不懂為什麼自己要一直為錢擔心。比起親自下工夫研究、不斷練習、然後從錯誤中學習的這種做法，這些鄰家百萬富翁們每天重複練習的行為卻是擔心、抱怨以及祈禱股市不會崩盤等。這麼做並非是一種明智的備援B計畫。

我和金之所以可以提早退休，是因為我們擁有備援B計畫的關係。而擁有B計畫的其中一個目的，就是可以藉此提升自己心理上、肢體上、情緒上以及精神上的智商，讓你培育出改變自己所處象限的能力。

讓我用這個問題來做為本章的結語：「請問你打算怎麼做你的備援B計畫？」

第十三章

如何終結貧窮：由學生來教學生

窮爸爸：「授人以魚。」（拿魚給人吃）

富爸爸：「授人以漁。」（教人如何自己釣魚）

《新聞週刊》（*Newsweek*）雜誌二〇一六年九月二日刊登的封面故事，報導了在貧窮環境裡長大的孩子們，所受到影響的不只是觀念和眼界而已，貧窮的環境甚至會改變人們大腦的實體結構。該文章報導：「貧窮以及貧窮所伴隨之而來的周遭環境，例如暴力相向、環境吵雜、家庭混亂、骯髒汙穢、缺乏營養、被虐待霸凌、父母經年失業或虐兒等等，都會大大影響孩子正在發育中的腦細胞突觸的互動、形成，以及修剪（pruning）等。」

該文章還引用了數十個科學研究報告，主題都是在探討貧窮是如何影響孩子腦袋的發育過程，其中有些研究甚至還動用了核磁共振儀，來測量並且比較貧窮家庭以及富裕家庭中成長的孩子，長大之後在腦結構之間會有著什麼樣的不同。

《自然：神經科學》（*Nature Neuroscience*）於二〇一五年所發表的一篇研究報告中，檢視了一〇九九位年齡介於三至二十歲的受試者，結果發現父母年收入較低的受試者，他們大腦的表面積遠遠小於那些父母年收入高達十萬美元以上家庭所生的孩子。

絕大部分研究人員所下的結論，就是這些大腦間的差異不單是家庭收入多寡造成的，而是因為在充滿犯罪、暴力、毒品、幫派，淫亂、單親家庭等環境中長大，那才是真正的問題所在，因為大腦常處於肉體上及經濟上長期性的恐懼中，進而壓抑大腦結構的發展。

該研究也顯示，如果父母們（哪怕是貧窮家庭的父母）能提供一個安全的、營養充分的家庭環境，那麼孩子的大腦就有機會獲得正常的發育，就算這個家庭座落於充滿暴力的社區中也無妨。

《新聞週刊》雜誌這篇文章還提及：「由於居住在不安全、殘破的建築中，加上老師隱晦的種族歧視、缺乏營養、在缺乏教育經費的校園內求學等因素的影響，將會大大壓抑孩童頭腦正常的發育。」

一些好消息

《新聞週刊》雜誌的報導進一步說明腦細胞是有機會再次發生改變的。在孩提時代所造成的腦細胞損害，長大之後仍然有機會可以被扭轉回來。這篇文章進一步說：「腦袋的神經可塑性，它可以自主的修正本身結構的能力，在剛出生之後以及嬰兒時期是最活躍的，雖然這種能力會隨著年齡的增長而逐漸退化，但是永遠不會退化到零的水準。」

「而到了十五至三十歲之間，由於腦部神經可塑性會再次噴發，所以這些有問題的青少年和青年只要藉著正確輔導和練習，就可以再次地讓頭腦擁有健全的適應力。」

男孩女孩俱樂部（Boys and Girls Clubs）

西元二〇〇〇年初的一群學生，亦即富爸爸培育青年創業家計畫中的一群青少年，決定要「讓愛傳出去」（pay it forward，亦即「先有所付出」之意），把他們在創業家課程當中所學到的知識做實際上的運用，因此這些學生去接觸鳳凰城南區的「男孩女孩俱樂部」（Boys and Girls Club），而該區以各種凶悍的幫派聞名，但是這些學生仍然決定要把我教導給他們的知識，傳達給這個社區裡的孩子與家長們。

位於鳳凰城南區的男孩女孩俱樂部，四周都築起了高牆，這是為了要防止那些「壞傢伙們」（Old Guys, OG）的出入。這些所謂的壞傢伙們，是那些在尋找有潛力的青少年並拉攏其成為將來的藥頭、皮條客以及娼妓。該區的成長環境非常惡劣，而這個男孩女孩俱樂部為當地的學生們提供了短暫的安全空間（哪怕是只有幾個小時而已）。

接著，連續兩個月，我的學生們把現金流這款桌遊當成教學工具，來教導當地人有關於創業以及投資方面的課程。來上課的年輕人介於十二至十八歲之間，有些家長也跟著孩子一起來上課。

結果來上課的學員產生了巨大的蛻變（就如《新聞週刊》所報導的，人們在十五到三十歲之間，腦神經可塑性會再次噴發）。當有一位將近十五歲，一直被學校貼上「有學習障礙」標籤的少年突然活躍了起來的時候，大家都為此感到驚訝不已。他之前完全看不懂他所閱讀到的內容是什麼意思，但是藉著玩現金流，整個人開始脫胎換骨。他的思路好像是突然醒過來了一樣，完全停不下來，因此後來只要有機會，他就會拚命找人一起來玩現金流這款遊戲。他完全看得懂卡片上的內容，在數學計算上也完全沒有問題，也清楚知道資產與負債兩者之間的差異等等。他每天一下課就會用跑步的方式來到俱樂部，單純的只是想要快點玩到現金流這款遊戲。再次提醒讀者：肢體智商永遠凌駕於其他智商之上。如果只是閱讀一本書，這位學生是不會起什麼反應的，所以校方及老師才會給他貼上具有學習障礙的標籤。但是想要玩這款遊戲，他就必須運用肢體、閱讀文字、進行數學計算、還要吸收消化各種財經方面的新名詞、運用鉛筆來進行計算、用手移動棋子、並且還得跟其他的玩家產生互動等，因此，每當這位年輕人玩現金流遊戲時，他所有的智商都被喚醒了。

許多家長們也各自經歷了個人獨有的蛻變。這些家長們還另外組了一個社團，並且一起開始投資銀幣。父母俱樂部最後還獲得了男孩女孩俱樂部的允許，在俱樂部內擺放了一台自動販賣機（但很不幸的是這台自動販賣機賣的是碳酸飲料，而這群學生並不應該喝這麼多含有糖分的飲料）。除此之外，他們在創設這筆生意上所學到的經驗是非常珍貴的，家長們也把他們所賺到的利潤跟俱樂部一起分享。

這個為期兩個月的計劃大大改變了當地的父母、學生，以及學校的行政人員，讓這些人開始從E象限逐漸邁入了S象限之中（因為成立了自動販賣機的事業），有的甚至還開始對I象限有所涉獵（因為有些家長投資銀幣的關係）。

俱樂部中有不少的父母甚至還影印了現金流遊戲裡的財務報表，並將自己現實生活中「真實的財務數字」填寫進去。這樣的學習過程完全遵照了學習圓錐的教學要點，也就是

職業 ________ 玩家 ________

目標：藉著讓自己的被動收入金額大於總支出，來跳脫老鼠賽跑進入快車道

收入支出表

收入

項目	現金流
薪資：	
利息／股利：	
不動產／事業：	

審計員 ________

（坐在你右手邊的玩家）

被動收入：$ ________
（從利息／股利＋不動產／事業獲得的現金流）

總收入：$ ________

支出

稅賦：	
自用住宅貸款：	
學費貸款：	
汽車貸款：	
信用卡：	
消費性貸款：	
額外支出：	
小孩支出：	
借貸支出：	

小孩個數：________
（遊戲一開始為零）

每位小孩的支出：$ ________

總收入：$ ________

每月現金流（發薪日）：$ ________
（總收入－總支出）

資產負債表

資產

儲蓄存款：

股票／基金／定存單	股數	每股成本

不動產／事業：	頭期款	成本

負債

自用住宅貸款：	
學費貸款：	
汽車貸款：	
信用卡：	
消費性貸款：	

不動產／事業：	貸款／負債
貸款：	

從模擬真實狀況，進而到實際操作（玩真的）。

在這段期間有許多開誠布公的討論，很多家長和學生也都發覺自己原本的焦點，都單單擺在收入和支出之上，完全沒有顧慮到資產與負債這個欄位的重要性。我看得出來無論是學生還是家長，這些人的內在——也就是在心理上、肢體上、情緒上、精神上——都開始發生了巨大的蛻變。

南非聖安德魯大學

金和她的三位好友以及我一共五人，於二〇一五年的時候一起前往南非葛漢斯鎮（Grahamstown）旅行，並且參加了該鎮擁有一百八十多年歷史的國際藝術節。

我無法用文字確實地描述葛漢斯鎮之美，以及國際藝術節所具備的魔力；如果非得要我用筆墨來形容葛漢斯鎮和國際藝術節，應該可以形容成是畢雅翠絲．波特（Beatrix Potter）筆下的「彼得兔」與哈利．波特這兩個世界的混合體。我感覺自己好像回到了古代，因為葛漢斯鎮是一個非常寧靜、充滿田園風光、以及具有魔力的城鎮。

葛漢斯鎮是一個學術重鎮，擁有將近七萬的人口。由塞西爾．羅德（Cecil Rhodes）來命名的羅德大學（Rhodes University）就是以該鎮為根據地。全球著名的羅德獎學金就是該大學於一九〇二年所設立的。

於一八五五年成立的聖安德魯大學（St. Andrew's College）也是座落於葛漢斯鎮。該校是一個信奉英國國教的男子學院，規定所有的學生都一律住校，目前該校有來自全世界各地四百五十位的年輕學子就讀。聖安德魯大學也是拔粹女子學院（Diocesan School for Girls）的姊妹校。

我的好友莫瑞・丹克沃（Murray Danckwerts）的兩個兒子都是聖安德魯大學的畢業生，他們多年來也一直誇口說這間學校有多好有多棒。有一天，莫瑞跟我分享了一個由該校所贊助的關懷計畫（outreach program）。這個關懷計畫是要就讀於該校的天之驕子們，要求他們進入遍布於葛漢斯鎮周遭、非洲居民所居住的各個小村落，教育輔導那些清貧的學生們。該計畫的目的是希望由學生去教導其他的學生，同時教導該校學生讓愛傳出去的重要性，因為這也是聖安德魯大學所強調的價值觀之一。

當我聽到這個校外關懷計畫時，我問莫瑞是否可以把我引薦給校方，我想藉著現金流遊戲來教導他們正確的財商教育。

校方接受了我的提案，因此我和湯姆・惠萊特於二〇一六年七月飛到了葛漢斯鎮（完全自費），舉辦了為期兩天的培訓課程。

差異化

我們這班學員彼此之間有著極大的差異；是我開口要求聖安德魯大學在開設這堂課時，要包含各種學生（男女黑白都要有），以及來自於聖安德魯和羅德大學兩校的教職員工，還有莫瑞處於B和I象限裡的親朋好友等，一同來參加這個為期兩天的課程。

我之所以特別要求該堂課需要包括教職員，以及B和I象限中的創業家們一起來跟學生共同學習，是因為我們知道很多中小企業老闆會抱怨現在時下很多年輕人，都嚴重缺乏現實生活當中的體驗與互動能力。因此，邀請教職人員和創業家們一起來跟學生共同學習，會讓這四十三位年紀在高中左右的學生，大大拓展他們對於創業以及現實生活的認知。

魔法奇蹟般的課程

這兩天的課程簡直像魔法般的發生了奇蹟。這些學生不但個個表現耀眼，就連那些老師和創業家也都表現不俗。我也看到了大家茅塞頓開的樣子，不論是學生、老師或是創業家，我一樣再次親眼看到了跟鳳凰城男孩女孩俱樂部中一模一樣、人人覺醒頓悟的表情。

每一桌都有四到五位學員，並且每一桌都會安排一位指導員（通常由當地的創業家擔任）。我和湯姆簡單扼要地介紹了遊戲之後，大家就開始動手玩現金流這款桌遊。

第一個小時……

我們第一次讓學員體驗遊戲的時間只有一個小時。在那一小時當中，遊戲的進展非常緩慢，因為大人和學生都必須一起掙扎摸索著新的詞彙、算術的計算方式，以及該遊戲特有的進行流程。雖然沒有人在一個小時內完成遊戲，但是我們仍然要大家把遊戲收起來，開始進行討論。

如果你再次檢視戴爾博士的學習圓錐，你會看到「親自參與討論」在學習效果上占了非常重要的地位。才不過玩了一個小時左右，這些學生、老師和創業家們要分享的話可多著了！這時才是真正學習的開始。

第二個小時

用過午餐之後，我們讓學生進行了第二次的現金流遊戲，而且一樣只給他們一個小時的時間來玩。這次遊戲進展的速度大大的加快了許多。許多人逐漸開竅了，因此當遊戲結束後進行第二回合的討論時，深度以及活絡度比之前更加明顯。

第二天的課程……

第二天上午進行了第三次的遊戲。這次整場幾乎處於失控的狀態，整個教室吵鬧的程度甚囂塵上。毫無疑問，無論是大人或是學生，個個都已經完全「樂在其中」。第三回合的討論不但有聲有色，連肢體動作都變得更誇張些——這是因為有更多學員的腦袋「茅塞頓開」的關係。

有意思的事情是：不是聽到「你們在非洲不能這麼做」的這句話（多年來聽得我和湯姆的耳朵都生了繭），當地的創業家們反而是向我們反映說：「我們在這裡也是這麼做的。」

最後兩天課程進入了尾聲，我跟湯姆提出了一些現實生活當中需要面對並且獲得解決的問題，例如「如何藉著買一部保時捷同時讓自己越來越有錢」的理財辦法等等。跟我當初所想的一樣，這些年輕男孩子們對這個問題特別感到有興趣。我只要看到大人或是小孩子茅塞頓開、眼睛為之一亮的樣子，並且持續發亮，這對我來說就是最有成就感的事情。

餘波蕩漾

課程結束幾天之後，莫瑞打了個電話給我，說他這幾天家裡的電話鈴聲根本沒有斷過。他說許多家長們打電話來詢問：「他們的孩子到底是怎麼了？」其中有個男孩跟父親通電話，說要商借十萬南非幣，想要投資不動產。於是，他爸爸要求他先對不動產方面多做點研究跟功課再說。其他學生也不斷地聚頭討論要如何創立屬於自己的事業。

聖安德魯大學在當地教育執有牛耳的地位，並且具有高度的前瞻性，也很敢勇於夢想。聖安德魯大學的領導者和教職員工，以及當地的創業家們開始頻繁聯繫，來討論要如何將真正的財商教育導入聖安德魯大學課程，以及「讓愛傳出去」的關懷計畫中，好讓這些天之驕子來負責教育落後村莊中清貧的孩子們。「讓愛傳出去」這種做法如今已在南非的葛漢斯鎮，像是魔法一般的存在於這個世界之上。

本書謹獻給那些在二〇一六年七月一起參與聖安德魯大學所舉辦的兩天課程中，所有的學生、教職員工，以及創業家們。

對我和湯姆．惠萊特來說，能擔任這些學生、教職員工以及創業家們的催化劑，是一次非常具有靈性的體驗。你只要問問任何老師，每當看到學生「茅塞頓開」、「眼睛為之一亮」的時候，他們心中會有著什麼樣的感受？那麼你就能開始瞭解為什麼會有人要一直從事教職這份工作的真正原因。

精神（靈性）上的教育

我是從一九六五年八月開始接受精神（靈性）方面的教育。歷經為時一年競爭激烈的考試與面試之後，我獲得了美國國會所頒發的獎學金，讓我可以選擇進入馬里蘭州安納波利斯（Annapolis）的美國海軍學院，或是紐約州國王角（Kings Point）的海軍商船學院。

我最後決定接受國王角海軍商船學院的入學通知，因為我想要以商船學院半官方的身分來駕駛油輪周遊世界，而不想在海軍裡當職業軍人。我做這個決定的另外一個原因是因為當時國王角畢業的商船學員的薪資，是全球最高的一群人士之一。我有很多同學在一九六九年畢業後選擇了到商船上工作，他們的年薪至少都是從十萬美元開始起跳。這筆錢在一九六九年對一個只有二十一歲的小伙子來說，簡直是一筆天文數字。

諷刺的是我後來仍然主動選擇從軍，因此以海軍少尉的階級被分發至佛羅里達州的海軍航空學校，月薪起薪為兩百美元。我之所以會自願從軍去打越戰，是因為在軍事學院裡給年輕人的精神教育所致。

或許聽起來很奇怪，軍事學院竟然會有精神（靈性）方面的教育，但的確如此。當我們進入軍事學院就讀時，首先教導給我們的就是「使命」這個名詞。接下來開始教我們責任、榮譽、行為準則（典章）、尊敬、以及廉正等等……全都屬於精神（靈性）方面的詞彙。

我之所以後來會選擇放棄把ＭＢＡ課程念完的原因之一，是因為我在ＭＢＡ課堂裡所學到的詞彙——錢財、市場，以及不當操控（manipulation）等，與軍事學院裡面所學的大相徑庭。我念ＭＢＡ的時候還在替海軍陸戰隊擔任飛行官，由於剛剛才從越南返鄉，因此錢財、市場，以及不當操控等詞彙，大大有違我多年在軍中所信奉的榮譽典章（行為規範）。

公平正義

無論兵種或階級，任何軍官是絕對無法容忍「不公正」（injustice，不講道義）的事情。不管是在海軍陸戰隊或是在學院中，所有的軍官都受過嚴格的訓練，無時無刻地必定會重視身為人類的尊嚴。

當我於一九七三年自越南返鄉後，發現窮爸爸失業而且精神落魄，我就找到了人生下個階段的新使命。這個使命多年後成為富爸爸集團的使命，亦即：藉著正確的財商教育來提升全人類的財務狀況。

本書謹獻給聖安德魯大學、拔粹女子學院、羅德大學，以及葛漢斯鎮的創業家們。謝謝你們，因為你們的啟發，我才會想要寫下這一本書。特別感謝那些推動「讓愛傳出去」關懷計畫的人們，因為你們在傳播的是真正的教育，是一個非常神聖的使命。

到底什麼才算是真正的教育？

真正的教育應該能對人心有所啟發（inspire，給予靈感），也就是應該能喚起學生的心靈與精神。

真正的教育同時也應該要能鼓舞激勵人們（encourage）。勇氣（courage）這個詞彙源自於法文的 la coeur，意思就是「心」，亦即克服恐懼和自我懷疑等情緒的能力而言。

真正的教育應該能讓人們自主（empower），比之前更有能力。真正的教育能增進學生有效率的作為，並且有能力在現實生活中做出具體的成果出來。

真正的教育應該要能開導與啟迪（enlighten）。真正的教育應該能開啟學生的思維，對世界上的一切充滿了好奇，並且願意終身學習。

第三篇　總結

戰後嬰兒潮世代是人類歷史上最幸運的一個世代。

他們在第二次世界大戰結束之後出生，恰逢全球經濟騰飛的年代。就算這些戰後嬰兒潮世代的人們沒有念過大學，一樣有著許多高薪資的工作在等著聘用他們。

而那些從大學畢業的戰後嬰兒潮世代，的確能找到許多薪水極高，而且還能做一輩子的工作。

存錢儲蓄的個個是贏家

當存款利息高於15%的時候，戰後嬰兒潮世代的確可以藉著存錢儲蓄而致富。

大城市郊區也因為人口暴增而蓬勃發展。由於屋價不斷上漲，因此戰後嬰兒潮世代可以藉著給自己的自有住宅重新估價後再融資（refinancing）的手段，來向銀行申請更多的貸款，並且用這筆額外的錢來償還自己消費所累積的信用卡卡債，或者不斷買進賣出郊區的豪宅來致富。

很多懂得投資股票的戰後嬰兒潮世代，確實享受到了從一九七一年至二〇〇〇年股市大多頭所帶來的豐厚報酬。

美麗新世界

但是世界已經發生了改變。這些戰後嬰兒潮世代的兒孫輩，如今活在一個完全不一樣的時代之中。

當全球化的腳步越來越快，薪資越來越低廉，利息越來越薄，政府負債已經到了危險至極的地步，所得稅稅率越來越高，還有官僚制度越來越無能的狀況下，你打算怎麼辦？

無論是想要在財務上獲得成功，或是單純只是想要在這樣的世界裡活下去，那麼個人是否擁有真正的財商教育就變得非常重要了。

真正的財商教育是需要站在硬幣的邊緣，來看待目前這個金錢世界的各種面向。

負債與稅賦

真正的財商教育需要以負債和稅賦為核心，因為負債和稅賦是我們這輩子最大的支出。認為「納稅是一種愛國的行為」是一種非常天真，甚至是無知的想法。

美國當初之所以會脫離英國而獨立，就是因為稅賦的關係。在一九四三年之前，美國基本上是一個免稅的國度，直到當代的稅捐稽徵法三讀通過為止。稅捐稽徵法允許政府將其看不見的手，直接伸進上班民眾的口袋之中，而這些稅收是要用來支應第二次世界大戰的軍費所需。這就是為什麼會有這麼多人認為納稅是一種愛國的行為。如今這些稅捐反而都用於支持美利堅社會福利國，以及各州的社會福利國度。

當今的現實狀況

接受真正的財商教育要包括在E象限裡當上班族的經驗，擁有S象限中創業家的歷練（或兼職地成立屬於自己的事業），並且也要學習如何成為I象限中的專業投資者。

只懂得說：「我有一份工作」，不但在財務上沒有任何保障，而且也充分暴露了自己在財務上的無知。

真正的財務教育絕對不是呆呆的把自己的錢交給所謂的「理財專家」，然後期待自己將來需要用錢的時候，退休帳戶會有足夠的金錢來供自己安享晚年之用。

打造自己的團隊

認為憑一己之力就能解決各種財務上的挑戰，是一種非常愚蠢的想法。世界上的有錢人都會聘用最頂尖的會計師和律師替他們工作，來幫他們解決財務方面的問題。

你一樣也可以學著這麼做。我所有的富爸爸顧問也都各自出版了屬於他們自己領域的著作，希望能協助你獲得更完整的財商教育。

在投資理財方面持續傻傻地存錢儲蓄，或者長期投資於股市之中，或者仰賴政府退休金來保障自己晚年的生活等等做法，在將來的世界裡無異是一種慢性自殺的行為。

由專家所構成的團隊

S象限所面臨最大的挑戰，就是這些人實在是太聰明了。我完全能理解這種心態，因為我自己在求學的時期也是一位資優生。由於這些人都非常聰明能幹，因此凡事都會自己來——業務自己來，行銷自己來，生產自己來，行政或文書工作也一樣難不倒他們（有的甚至連產品研發都可以自己來）。但就是因為如此，他們才會身陷於S象限裡，而無法進入B象限之中。

他們認為自己不需要團隊，或者即便是有了團隊，他們就是不相信他人可以做得跟自己一樣好。說穿了，他們就是不信任別人的工作能力。如果你想要進入B或I象限，那麼你的團隊就需要擁有一些比自己更加聰明、更專業的人才，而且也要能相信這些人會負起責任來完成被指派的工作。

我經常會被人問到「要如何找到稱職的顧問？」這樣子的問題。無論是稅賦顧問、理財顧問、或者是法律顧問等，選擇顧問的關鍵就在於這個人對於金錢的了解，以及在專業領域博學的程度。若以稅賦顧問為例，下面列舉出這個專業領域博學的範疇。當他在專業領域中越是博學，那麼他就會是一位更稱職的顧問。

越是在專業領域中博學的顧問，那麼他的建言就會越有水準

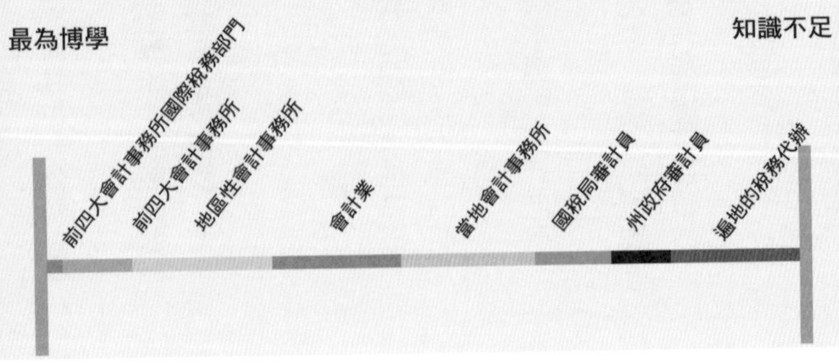

第四篇

無趣的經濟學

快車道的生活

絕大多數的理財建議都只是複誦這些陳舊的觀念：「好好唸書、認真工作、按時繳稅、量入為出、存錢儲蓄、避免外食、繳清帳單、無債一身輕、不要開昂貴的跑車」等等。

我把這些觀念稱之為無趣的經濟學。

當我和湯姆．惠萊特前往南非聖安德魯大學和拔萃女子學院進行教學時，我們採用了我當年被教導的方式，亦即藉著遊戲當教學工具，並且由真正的創業家用實際的案例來進行教學，來教導學員我是用什麼方法來致富的。

我在演講的時候經常會說：「雖然我有日本人的血統，但是我開豐田汽車時一點也不顯得拉風。我得開雪佛蘭敞篷車、保時捷以及法拉利等，人們才會覺得我比較帥氣些。」

在葛漢斯鎮為期兩天課程中，我講解了一個真實的案例，教導學員我是如何利用買下一輛保時捷跑車來讓我變得更為富有。當時課堂中的學員對於上述「保時捷經濟學」的反應，遠遠比接受「無趣的經濟學」來得熱絡多了。

接下來第十四章的內容，就是我在南非教導學員時所採用的實際案例。接受真正財商教育最大的好處之一，就是你可以好好享受人生，不需要量入為出……而且同時還會越來越有錢。

第十四章

一輛保時捷跑車如何讓你越來越有錢

窮爸爸：「要量入為出。」

富爸爸：「要增加自己的收入來源。」

許多婚姻無法長久維持都是因為錢。夫妻爭吵的原因，金錢永遠都是排名第一的理由。當我小的時候，聽到父母為了錢大聲爭吵而心痛的感覺，到現在還是記憶猶新，我心中暗暗發誓我將來絕對不要這樣的婚姻，我想要的是一場富有、快樂、以及充滿愛的婚姻。

誓言

誓言是雙方在上帝的見證下，對彼此所做出的承諾。當金和我決定要結為連理時，我們對彼此做出的承諾當中有一項是：「我們可以擁有任何想要的事物。與其說『我們買不起』，我們發誓要彼此支持，讓我們可以負擔得起任何自己想要擁有的事物。」

「但是有一個先決條件，而這個條件就是：我們必須藉著先買進一項資產，然後用這項資產來負擔我們渴望擁有事物所衍生的負債。」

換言之，我們做出這樣的誓言會讓自己的生活越來越豐盛富裕，而非越來越窮酸計較。

保時捷的難題

就是因為先有這個誓言，所以後來才會發生「保時捷的難題」。我和湯姆在葛漢斯鎮聖安德魯大學和拔萃女子學院中所分享的實際案例，也就是這個「保時捷的難題」。

我是一位跑車迷，但是我的太太金卻不是。多年來我一直渴望擁有一輛一九八九年限量版的保時捷 Speedster，問題是這款車非常稀有而且非常昂貴。我印象中全美國一共不到七百輛。很多有錢人拚命搶購該車然後把它保存在倉庫之中，等未來價格水漲船高之後才會拿出來賣。幾年前我還看到有一輛以十二萬美元的價格易手。

由於最近全球經濟受到了衝擊，因此保時捷 Speedster 的價格也跟著受到了波及。有一天保時捷的經銷商，也是我的好朋友蓋瑞打電話給我：「我手上有一輛你多年來夢寐以求的車，是一九八九年保時捷 Speedster 中最稀有的一種版本。」

我問他：「最稀有？怎麼說？」

「因為這一輛是 Speedster 一號，是一九八九年該款車型生產出來的第一輛。這輛也是保時捷雜誌封面所採用的那一台，也就是這一台被運到全球進行新車發表會。我擁有完整的紀錄、型錄以及牌證等等，可以證明這是一輛非常特別的保時捷。」

「多少錢？」我問，心中卻希望他回答說十二萬美元……這麼一來我就可以回答：

「謝謝你的來電，但只好敬謝不敏。」當時是一九九五年，而我還在積極充實自己的資產欄位，因此沒有餘力來買任何昂貴的跑車。

蓋瑞回答說：「說了你絕對不會相信。車主說只要五萬美元就願意割愛。」

「什麼?!」我倒抽了一口氣。「是不是車子本身有問題？」

「車子完全正常。」蓋瑞回答。「我的技師們昨天已經將該輛車徹底檢查過了一遍，一切的狀況都很完美。行程錶上也才四千多英里。我第一個聯絡的就是你。如果你說『不買』，那麼我今天就會聯絡其他的買家，我手上有一堆買家在排隊等著買這輛車，尤其是賣方竟然開出這種價格，大家一定會搶翻了。」

富爸爸也教過我，看到好資產要先買下來、仔細檢視，然後再加以婉拒的做法。用金錢世界的語言來說稱之為「選擇權」。因此在衝動購買保時捷之前，我先買下了這輛車的選擇權，先給自己一些時間來考慮（絕大部分的人在還沒有考慮清楚之前，或者沒有好好花時間去解決問題，就會先急急忙忙地回絕賣方。）

因此我跟蓋瑞說：「我買了。」

現在我必須想辦法說服金，接受我打算買一輛新保時捷的主意。

回顧我們的誓言

這就是我和金彼此之間的誓言發揮作用的時候了。我只要買下一項資產，藉著這項資產所產生的現金流，來墊付買保時捷這項負債時所需要付出的成本即可。

我就是拿這個實例，亦即「保時捷的難題」，用來教導葛漢斯鎮的學員們。想當然了，這些學員對於如何買下一輛保時捷的方法深感興趣（年輕人不會想要聽如何量入為出，存錢儲蓄，然後買一輛普通房車等觀念）。

越簡單越好（KISS：Keep It Super Simple）

接下來我會採用跟當時一樣的方法來講解「保時捷的難題」，如同我在南非所分享的一樣。在此提醒各位，所有數字都經過四捨五入，而且也簡化了一些步驟，來讓學員更容易理解整個買賣的過程。順便解釋一下，在這個例子當中，保時捷和迷你倉儲的賣價偏低的原因，是因為這項投資是發生在全球經濟低迷的期間。

我們把「保時捷的難題」分成三個階段來進行解說。

第一階段：婚姻誓約

第二階段：羅勃特負責的階段

第三階段：湯姆負責的階段

第一階段的重點是：我要如何讓金接受我要買一輛保時捷的事實。

第二階段的重點是：我要如何做成這一樁買賣。

第三階段的重點是：湯姆專業上的分析。雖然我無法透徹了解湯姆的思維，但是這樁買賣必須要通過湯姆的核算，金才會點頭首肯。

說真的，我到現在還不是完全清楚為什麼買一輛保時捷，竟然可以讓我和金變得更加富有——至少我還沒有達到像湯姆那樣專精的程度。這也就是為什麼湯姆在會計方面完全在另一個更高的層次。

每當我和金的婚姻誓約受到考驗，湯姆就會從稅務顧問搖身一變成為婚姻諮詢顧問，引導我和金來達成彼此的理解。我和金不但可以得到各自渴望擁有的事物，而且在過程當中還會變得越來越聰明，越來越富有。這種過程絕對比為了金錢而爭吵好上幾百倍。

第一階段：婚姻誓約

當時我和金在銀行擁有五萬美元的現金活存。雖然我們大可以用現金一口氣把這輛保時捷買下來，問題是我們會擁有一輛保時捷，可是我們不但失去了現金，且也沒有任何的資產。

解決問題的方式有哪些呢？

1. 尋找一項資產。

2. 利用五萬美元現金當成買進資產的頭期款。

3. 或者，利用這五萬美元現金加上舉債來買下資產。

4. 申請五萬美元的貸款來買下這輛保時捷。

這項新購資產所產生的現金流，會負責繳納每個月需要償還的保時捷汽車貸款。當保時捷的貸款在幾年之後攤銷完畢，屆時我和金會同時擁有保時捷和這項資產，以及這項資產所提供的現金流。我們也會因為擁有保時捷和這項新資產，而享有增值、折舊、以及攤銷等方面的幻影收入。

當我和金清楚了解保時捷的計畫之後，我就獲得了金的許可，因此開始尋找資產來實現這樁買賣。

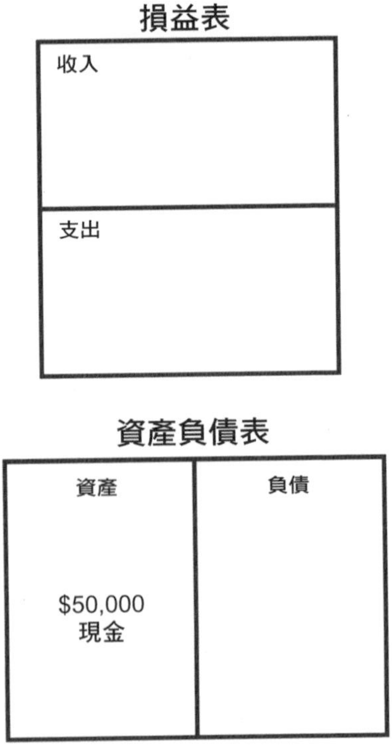

第二階段：羅勃特負責的階段

首先就是要尋找一項合適的資產。如果沒有優質的資產，那麼是無法做成這樁買賣的。事實上，一不小心就可能會適得其反：不但沒有省到錢，甚至還會讓我倒貼虧錢。

我開始打電話聯繫一些認識的不動產專業投資人，詢問有沒有投資案件適合我所開出的條件。當我打到第六通電話時，一位住在德州奧斯丁，名叫比爾的朋友說他剛好要完成一樁迷你倉儲的投資案。這間迷你倉儲前一陣子被法院拍賣，比爾以十四萬美元買了下來，進行了一些修繕工作，然後現在願意以二十五萬美元的價格轉賣給我。由於之前跟比爾合作過不少次，我非常信任他，所以決定買下迷你倉儲這項資產。我立即申辦了兩筆貸款，一筆是為了買保時捷，而另外一筆則是為了買下這間迷你倉儲。這樁買賣的圖示如下圖。

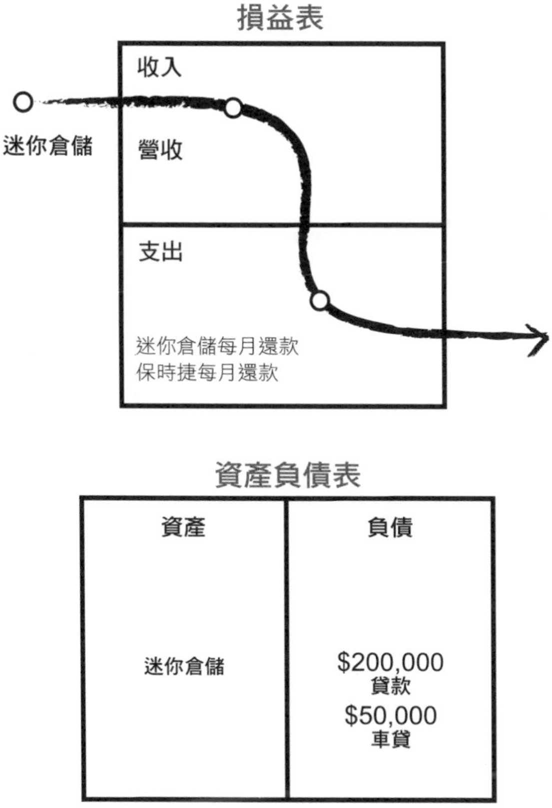

這麼一來就完成了這樁買賣。從迷你倉儲衍生出來的現金流，不但足以支付保時捷每個月的車貸，甚至也可以攤銷買進迷你倉儲每個月所需要償還的本利和。

現在的我不但多擁有

了一項資產，賺到了更多的錢，繳納更少的所得稅，而且還開著自己夢寐以求的保時捷跑車。

當我在幾年前轉手賣掉迷你倉儲時，甚至還賺了一筆不小的報酬，接著把這些利潤再次拿去投資其他資產項目，因此完全不用繳納任何資本利得所得稅。而且直到現在，我仍然擁有這輛非常稀有的保時捷 Speedster。

第三階段：湯姆負責的階段

由於湯姆透徹地了解稅法，同時也明白創業家們的想法，以及創業家經常需要面對的挑戰等等，毫無疑問的橫跨在財務和稅法這兩個領域中，是最適合我們的專業財稅顧問。

現在讓我們從專業稅務顧問的眼光來解釋這樁買賣的過程。

跟湯姆學財稅

清算保時捷的帳目

羅勃特用了很簡要又精確的方式描述了他先買下迷你倉儲，然後再買下保時捷的整個過程。接下來，我用會計的方式來呈現這樁交易的過程。事實上，當羅勃特擁有保時捷的第一個月底，他的身價就增加了一千一百美元。一開始的時候他擁有五萬美元的現金，相當於五萬美元的身價，而在擁有保時捷一個月之後，他的身價卻變成了五萬一千一百美元。

現在，請跟著我再經歷一遍：

第一步：買下迷你倉儲

現金		倉儲		貸款	
$50000	$50000	$250000			$200000

50000 美元現金被用來當成倉儲的頭期款

第二步：迷你倉儲每個月的淨收入

現金		租金		貸款支出		費用		利息支出	
$1000			$2700	$1200		$500		$1100	

2700 美元的租金營收用來支付各項支出以及貸款，最後有 1000 美元的正現金流產生

第三步：買下保時捷

汽車貸款		保時捷	
	$50000	$50000	

50000 美元的汽車貸款被列舉為一項負債；價值 50000 美元的保時捷增列於資產欄位中

第四步：支付每個月的車貸

汽車貸款		現金	
$1000	$50000	$1000	$1000

再次強調，如果你無法徹底了解以上的解釋方式，請找一位像湯姆這樣的朋友或專家，讓他們再一次地向你解釋整個過程。

真正的老師，真正的教育

學員們愛死了這個現實生活中的真實範例。聽完之後，他們輪流站起來逐步地講解整個過程，向全班解釋買一輛保時捷是如何讓我變得越來越有錢，而不是越來越窮。

當學生一一輪流逐步講解時，湯姆和我可以從學員的眼睛中看到他們所發生的改變……他們的眼睛中閃耀著光芒。在兩天計畫課程結束後，所有學員都懂得財務報表的重要性，唯有如此才有辦法靠著買保時捷來讓自己越來越富有。很多人也理解了如果他們現實生活中的「成績單」，亦即自己的財務報表有瑕疵的話，是沒有辦法動用銀行所擁有的錢。

湯姆和我根本不需要哄騙、威嚇或長篇大論地說教，甚至連鼓勵也不用，這些學員一樣非常認真的學習。幾乎所有的人（少數幾個例外），都很想要再更進一步學習。很多人開始翻閱我們擺放在教室內的富爸爸叢書系列，我也鼓勵學員們閱讀自己感興趣的書籍。所有的富爸爸叢書都是免費提供，我和湯姆唯一的要求就是請他們「讓愛傳出去」——把這兩天所學到的正確財商教育，以及現金流遊戲等，傳播到周遭各個非洲村落之中。「當你越來越聰明，那麼整個非洲也會跟著越來越有希望」，這是湯姆當時勉勵他們時所說的話。

RICH
DAD
POOR DAD

終身學習

對數百萬的人來說，他們一旦從學校畢業之後就沒有再繼續接受教育了，而傳統教育的方式扼殺了他們與生俱來的學習精神與渴望，這是當今社會與經濟上的不幸。

要不是我有一位富爸爸，我大概也會淪為這樣子的人。

富爸爸啟發了我想要成為創業家的渴望，不只是為了賺錢，而是為了自己個人的人身自由。他也要我學習如何銷售，將來才有機會進入B象限之中。也是富爸爸告訴我要去上不動產投資課程，來學習I象限的精髓。

想要在B和I象限中獲得長久成功的關鍵，就是要熱愛學習以及終身學習。如今我和金以及其他的富爸爸顧問們，每年都會舉辦兩次讀書會，從書中學習傑出老師們所寫的內容。現在這個世界前進的速度太快了，我們絕對不能縱容自己故步自封，不思長進。

對大多數人來說，一旦從學校畢業後，教育就結束了。然而，這就是有錢人以及窮人和中產階級之間鴻溝越來越大最主要的原因之一。

生活中有一些做法，能夠產生如同真實體驗一般的強大效果，有人稱之為「體驗式的學習」。這也是位於學習圓錐最上方，最有效果的一種學習方式。

讓我們再一次檢視學習的圓錐，相信你就會更了解我們在葛漢斯鎮兩天課堂當中所經歷過的事情。

學習的圓錐

兩週後大概還會記得		自然而然的投入程度
90% 自己所說過的話以及動手做過的事	實際操作（玩真的）	主動的
	模擬真實的體驗	
	從事戲劇化的講演	
70% 自己所說過的話	發表談話	
	參與討論	
50% 自己所聽到的和看到的事	觀看他人實地演練操作	被動的
	目睹別人的示範	
	目睹展覽會中別人的示範	
	看動態影片	
30% 自己所看到的	看靜態圖畫	
20% 自己所聽到的	聆聽別人所說的話	
10% 自己所閱覽的	閱讀	

資料來源：Cone of Learning adapted from Dale, 1969 年經過授權獲准使用

當學生們玩過三遍，每次一小時的現金流遊戲之後，他們就是在進行第二階段「模擬真實的體驗」的學習過程。當他們親口逐步解釋我們所教的「保時捷的難題」時，他們就是在進行「實際操作（玩真的）」的過程。

當他們懂得真正財商教育的威力，明白他們可以擁有保時捷的辦法，以及實現人生夢想的能力，同時還可以把這些知識傳授給其他的人之後，他們才開始有興趣從事學習圓錐最底部的學習方式，也就是所謂的「閱讀」。因為先經過了前面的學習過程，很多學員才會願意開始閱讀書籍，並且參與更多和真正財商教育有關的課程。

我很清楚「學習圓錐」這種教育方式的成效，因為它完全和富爸爸當年所採用的教學方式一模一樣。我們九歲的時候跟富爸爸一起玩地產大亨，替富爸爸免費工作，又參觀富爸爸真正的「綠色房子」，而這些綠色房子在將來又會讓他擁有一幢紅色的旅館等等，就是一種非常有效的教育方式。

就如同我在《富爸爸，窮爸爸》一書中所寫的，由於富爸爸拒絕支付我們薪水，因次迫使我們擁有創業家的思維，讓我們在九歲的時候就成立了漫畫出租的事業。學習的圓錐告訴我們，沒有比玩真的還要更好的學習方式了。當時的漫畫出租事業，甚至完全不用我動手，就會不斷地往我口袋裡塞錢，因此讓我對於資產和負債兩者有了更深層的體認。這些簡單的經歷給了我一個和一般人完全不同的人生。

如今我和金都是貨真價實的創業家。我們不為錢工作，我們一起創造資產、創造就業機會、並且在真實的世界中大玩地產大亨。我們也跟政府合作，協助完成工作，因此政府會給予我們稅賦上的優惠，來獎勵我們這位配合政策的夥伴。

最重要的，我們身邊周遭都是良師益友與傑出的顧問，因為我們深深體悟到做生意、投資和生活等等，都屬於一種團隊的行動。

當我和金在一九九四年達到財務自由之後，我和她在一九九六年一起發明了現金流這款遊戲，並於一九九七年發行《富爸爸，窮爸爸》這本書。我們所做的一切就是為了「讓愛傳出去」，服膺富爸爸集團的使命：提升全人類的財務狀況。

而現在你手上的這本書，事實上它在富爸爸叢書中的位置，就相當於研究所的程度。我們選擇於二〇一七年發行，也是為了慶祝《富爸爸，窮爸爸》發行二十週年紀念，我和金在此感謝全球各地的讀者朋友們，無論你們是玩現金流遊戲，或是閱讀、教導、分享從富爸爸叢書所學到的一切，謝謝你們，因為有你們，我們才能一起「讓愛傳出去」。

就如瑪格麗特．米德（Margaret Mead）所說：「千萬不要懷疑，一小群思維縝密、信心堅定的公民是可以改變世界的。自古以來，世界都是因為這樣而發生改變。」

結語

窮爸爸：「授人以魚。」（拿魚給人吃）
富爸爸：「授人以漁。」（教人如何自己釣魚）

很明顯的，當前的教育體系已經完全過時了。這是因為這個制度當初是為了工業時代而設立的。

但好消息是我們現在已經進入了資訊時代，人人都能擁有更好的機會。雖然新科技一直在淘汰許多舊有的工作機會是不爭的事實，但是新科技也一直在創造極為富有的年輕創業家。這些人有創意、有野心、合作無間，並且也願意將資金投注在真正的財商教育之中。未來的二十年必定是由這些掌握高科技的青年創業家們（而非原有的學校或教育界、政府的官僚體制、企業的高階主管，或是迂腐的政客們），來大刀闊斧地改變我們的世界。

大部分人們所犯的錯誤，就是盲目相信未來二十年的世界會跟過去的二十年一樣。很多人以為經濟很快就會回春，然後世界就會回到以往的樣子。

無論你喜歡與否，我們當前正在經歷人類史上最大的一次變革與衝擊。大家耳熟能詳的「學問如逆水行舟，不進則退」，的確有是很有智慧的一句話。問題是：我們目前的教育體系會隨著這次的變革而發生進化，還是會繼續導致民眾生計的凋零？

當今沒有比接受教育更加重要的事情了，但是又讓人不禁憂心：要接受哪一類的教育？

在缺乏真正財商教育的狀況下，我也能理解為什麼會有成千上百萬誠實的民眾，會逐漸開始捏造數據或不誠實申報，希望能藉此少繳一點稅、「多撈點油水」。這種行為稱之為逃漏稅，而且是一種要負刑事責任的罪責。

在缺乏正確財商教育的狀況下，許多民眾分不清楚非法的逃漏稅（tax evasion），以及合法的避稅（tax avoidance）這兩者之間的差異。

在缺乏正確財商教育的狀況下，我們也能了解為什麼大多數的人會認為少工作些，甚至完全不工作，就是合法的少繳點所得稅的辦法。

在缺乏正確財商教育的狀況下，很多人不清楚為何聯準會和美國國稅局兩者在一九一三年需要同時成立的原因。

在缺乏正確財商教育的狀況下，我們也能了解為什麼絕大多數的民眾會產生「向有錢人課徵更高的所得稅，就能改善自己貧窮的狀況」的這種幻覺。

在缺乏正確財商教育的狀況下，我們也能明白為什麼會有這麼多人想盡辦法說謊來掩蓋自己所犯的過錯，而不是坦承面對並從中學習教訓。

成千上萬的人們寧可掩飾自己財務狀況不佳，或者搞不清楚投資理財的事實，就是不願意尋求外在的協助。由於不了解財務報表以及缺乏財務素養，這些人根本搞不清楚自己在財務上面臨了多大的挑戰與危機。

當誠實坦白與透明公開是這麼重要的時候，我們的教育體制卻因為學生犯錯而懲罰他們，並且將其冠上「笨蛋」的標籤；在職場上也是一樣，一旦犯了錯就有「你要被開除了」的危險。

當說謊賴皮成為最佳的自我保護手段時，難怪我們的文化與道德會淪喪至此。

既然缺乏正確的財商教育是問題的癥結所在，那麼接受正確的財商教育就是解決之道。

最後，做為本書的結束，你要問自己最重要的問題是：「到底什麼才是你真正的想要的？」

你是想要擁有安穩保障的工作，還是財務上的自由？你怎麼回答，將會決定哪一種教育最適合你。

在人類進化到目前的狀態下，我個人認為史考特．費茲傑羅（F. Scott Fitzgerald）說的這些話非常有道理，值得大家咀嚼玩味：「測試一流的智慧，端看腦海是否有能力同時存在兩個完全對立的想法，而且心智仍然能維持正常的運作。」

謝謝你撥冗閱讀本書。

羅勃特．T．清崎

後記

所以……我們要如何改變目前世界的狀況？

富爸爸經常會說：「如果想要改變世界，那麼先從改變自己做起。」

每當我抱怨某件事情，或者對任何事情有所不滿時，他就會強迫我一直重複唸這句話：「想要事情有所改變，那麼我自己必須先做出改變。」

他要我這麼做，就是在訓練我思索自己要如何做出改變。當我有了新的想法時，都會跑去向他報告我的發現，而每當我決定先做出改變之後，總是很訝異外在的事物也都很快的跟著發生了變化。

給千禧世代的訊息

戰後嬰兒潮世代經歷的是一個繁榮豐盛的時代，因此他們不太能給予你們很扎實的理財建議。

這些戰後嬰兒潮世代的人們在退休時，將會有一半的人處於貧窮的狀態之中，看樣子應該有不少人將來會被迫跟自己的孩子，甚至是孫子一起居住。

因此，你只有兩個選擇：一是期待政府將來會照顧你晚年的生活所需，要不然就是選擇靠自己來照顧自己。

自己釣魚吃，或者是接受別人施捨的魚。

這全都看你自己如何決定。

附錄一　加贈部分

幫助你晉級的研究所教材

一個貨真價實的「無限投資報酬率」個案研究

分享者：富爸爸顧問
肯・麥克埃羅伊（Ken McElroy）

項目

福斯特嶺（Forest Ridge）公寓住宅

地點：亞利桑那州，弗拉格斯塔夫鎮（Flagstaff）

共有兩百六十七個居住單位（一房一廳和兩房一廳各半）

價格：一千九百萬美元

商機所在

弗拉格斯塔夫鎮是一個座落於山坡上的美麗小鎮，附近有一處滑雪勝地，鎮上也有一座州立大學和社區大學。

弗拉格斯塔夫鎮的規模對於一般不動產投資信託基金（REITs）來說太小了，這類大型的投資信託基金都偏向於選擇像是洛杉磯或鳳凰城等都會區，規模比較大的投資標的。

因此，對於一般的投資者來說，在這些較小的城鎮中就更容易發掘到絕佳的投資標的。

弗拉格斯塔夫鎮是一個非常「綠色」的城鎮（意思就是「反擴建」或「反擴大規模」），禁止任何新申請的大型不動產開發案，也因為如此，該鎮的住宅和公寓都非常搶手。

經過調查，每個單位的月租比一般市場水準還低個一百美元左右，因此，若買下該項目後，很容易就能增加兩百六十七個單位乘以一百美元的毛租金收益。

購買計畫

買價：一千九百萬美元

房貸：向銀行舉債一千五百萬美元

股東權益：由七位投資金主提供四百萬美元的資金

增添房屋價值的計畫

改善各項設施

逐漸將租金調高至市場水位

	2009 年	2010 年	2015 年
不動產價值	1900 萬美元	2500 萬美元	3400 萬美元
債務	1500 萬美元	2000 萬美元 **	2500 萬美元 **
股東權益	400 萬美元	500 萬美元	900 萬美元
營運淨利	100 萬美元	140 萬美元	180 萬美元
稅前現金流	40 萬美元	60 萬美元	40 萬美元
稅賦優惠（幻影收入）	67.5 萬美元	67.5 萬美元	45 萬美元

附註：為了解釋方便，以上數字皆經過簡化，以整數呈現。

提高營業淨利（Net Operating Income, NOI）

重新估價再融資（Refinance）

最後，各個投資者可以拿回自己的期初本金（股東權益）＋分享增值的利潤＋正現金流＋所得稅的寬減額。

二〇〇九年

在期初的四百萬美元資金中，羅勃特和金一共出了五十萬美元，並且享有12.5%的借款年息。他們每年可以獲得完全免稅的五萬美元現金流，他們也因此而享有每年八萬四千美元的所得扣抵額度，也就是說，他們可以扣抵從其他領域中賺到的應稅所得，故每年可少繳八萬四千美元的所得稅。該投資案的稅後投資報酬率（ROI）為27%。

二〇一〇年

在提高營業淨利後，肯．麥克埃羅伊將該項目進行重新估價再融資，因此申請到了兩千萬美元的新貸款。他用這筆錢償還之前所申請的一千五百萬美元的購屋貸款。剩餘的部分除了償還各投資金主的四百萬美元期初資金（股東權益）之外，金主們還能按出資比例，額外分到房屋增加價值的一部分（營業淨利一百四十萬美元）。

所以金和羅勃特拿回原先所出的五十萬美元之外，還多分到了十萬美元免稅的現金（因為這筆錢是再融資後所獲得的款項，並不算是一種收入）。

從此刻起，由於金和羅勃特沒有任何的自有資金投放在該項目之中，因此他們能獲得的投資報酬率（ROI）可以說是無限大的（因為分母為零）。

除此之外，他們每年不但可以按各金主投資比例來分這個投資案所帶來的六十萬美元現金流（完全免稅），而且因為該項目折舊的關係，還可以享有八萬美元的其他所得扣抵額度。

二〇一五年

由於經濟復甦以及租金漲價的因素，營業淨利提高至一百八十萬美元的水準。

同時，銀行貸款利率還調降至5%以下。肯·麥克埃羅伊再次拜訪銀行申請再融資，結果由於該投資項目被評估有三千四百萬美元的價值，因此申請到兩千五百萬美元的新貸款。於是，他再次償還之前所申請的兩千萬美元貸款，然後將多出來的現金按比例分給所有的投資金主。

金和羅勃特因此而再度拿到了五十萬美元的免稅現金，還有大約十萬美元的免稅現金流，以及因為折舊扣抵所得稅而享有超過五萬美元的幻影收入。

再次強調：他們的投資報酬率（ROI）是無限大的。

從二〇〇九至二〇一五年間，福斯特嶺公寓住宅提供了投資金主數百萬美元的現金收益（完全免稅），讓他們享有無限大的投資報酬率；這完全是因為了解投資方式所賺到的收益。這正是真正的財商教育。

多年來，金和羅勃特投資了肯·麥克埃羅伊的公司MC不動產（MC Properties）所推出的十六個類似的項目，而且每一個投資案都獲得了無限大的投資報酬率。

在大部分的狀況下，當肯歸還給金和羅勃特所投資的期初本金時，他們夫婦會立即將這些錢再拿給肯，讓他去投資其他採用無限大投資報酬率模式的投資案件。

將投資所得拿去投入其他投資案件的做法，也是讓有錢人越來越富有的手段之一。

名詞定義

*營運淨利（Net Operating Income, NOI）

從「不動產所獲得的毛營收」減去「營運費用（不含負債）」後，即等於「營運淨利」

註解：銀行會根據營運淨利 NOI 來評估該不動產的價值。每當肯．麥克埃羅伊提高營運淨利時，他都會去找銀行進行重新估價再融資。由於貸款並非收入所以完全免稅，因此這筆貸出來的現金分給投資金主時……是不用繳稅的。

*投資報酬率（Return On Investment, ROI）

「回報」除以「股東權益」

舉例來說：如果我拿一百元進行投資而多賺到十元時，那麼我就得到了10％的投資報酬率。

如果我投資時拿出零元（或者本金已全部拿回），但也能多賺到十元時，那麼我就享有無限大的投資報酬率。

所謂的無限大投資報酬率應該是所有投資者追求的目標。舉例來說，富爸爸集團當年是由金主提供了二十五萬美元的資金來成立的。經過三年之後，羅勃特一共償還了五十萬美元給這些金主。這二十幾年來，羅勃特和金一直享有該公司給他們帶來的無限大投資報酬率。

另舉一例：我買進每張一元的股票十張。如果股價上漲至五元的水準時，我手上十張股票的總價值就提高到了五十元。此時我將兩張股票以五元賣出，完全收回我當初所投入的十元本金。這麼一來我手上有八張完全不花我分文的股票，這又是一個無限大投資報酬率的例子之一。

但是股票和不動產兩者之間最大的不同之處，就是不動產可以額外享有債務和稅賦上的優勢。當下次有理財顧問想要說服你8%的投資報酬率已經很好，屆時請你回想上述的內容與實例。

附錄二

最厲害、最夯的附贈

十段影片，
喚醒你的理財天賦！

你的親朋好友當中，應該有很多人都不會閱讀這本書。

謝謝你看完本書。

如果你想要怎麼收穫，那麼你就得必須先怎麼付出。

你可以藉著分享來付出；當你分享得越多，那麼你學到的也將更多。

這就是我們創立富爸爸電視台RDTV的初衷……隱藏在一本書裡的電視台。

喚醒你的理財天賦——十週課程

找三五好友，在十週的時間裡，每週觀看一段影片；
接著，討論影片中的內容、玩兩個小時的現金流遊戲、討論從中學到了什麼。

想提升財務智商之道
必須明智地慎選老師

絕大部分的老師都是好人，但是他們都學無致用，無法躬行己說。
我在航空學校裡的每一位教官都是飛行員。
我所有的富爸爸顧問都是有錢人。
他們都是學以致用，以身作則的人。

富爸爸電視台課綱

運用富爸爸電視台與現金流遊戲　喚醒自己的財務天賦

【簡介】富爸爸的故事：到底什麼才算是「真正的」財商教育？
講者：羅勃特．T．清崎

【第一堂課】為什麼存錢儲蓄的人都是輸家
講者：羅勃特．T．清崎

【第二堂課】為什麼舉債會讓有錢人越來越富有
講者：肯．麥克埃羅伊

【第三堂課】為什麼稅賦會讓有錢人越來越富有
講者：湯姆．惠萊特（註冊會計師）

【第四堂課】為什麼股市崩盤會讓有錢人越來越富有
講者：安迪．泰納

【第五堂課】為什麼法律會讓有錢人越來越富有
講者：瑞特・索頓（律師）

【第六堂課】為什麼慷慨會讓有錢人越來越富有
講者：金・清崎

【第七堂課】年輕人如何提早退休
講者：塞西莉亞・薩雷斯

【第八堂課】失敗為成功之母
講者：羅德・史密斯

【第九堂課】如何教孩子成為創業家……而非上班族
講者：費南多、塞西莉亞、亞歷山德拉・岡薩雷斯

【第十堂課】為什麼有錢人不考慮量入為出
講者：羅勃特和金・清崎，以及註冊會計師湯姆・惠萊特

*若想要觀看富爸爸電視台的課程，請造訪：RichDad.com/RDTV

附錄三

正規版富爸爸現金流俱樂部　活動規範

富爸爸電視台與現金流遊戲兩者並進

一起喚醒你的理財天賦

1. 每次活動至少要三個小時。
2. 準時開始並且準時結束。如果有人在結束之後還想留下來是沒有問題的。時間到了就離開的人，也算是遵守了夥伴彼此之間在時間上之約定。
3. 每次進行現金流遊戲之前，要讓每位夥伴有一分鐘的時間，來進行自我介紹並且分享自己在今天這場聚會中想要學到什麼。
4. 觀看適合當週的富爸爸電視台影片。舉例來說，本週看的是「如何喚醒自己理財天賦」的第三堂課《為什麼稅賦會讓有錢人越來越富有》。在看完影片之後，花半小時讓夥伴們討論影片中所教導的內容。（附註：從學習圓錐中我們可以知道，參與討論可以提升70％的學習效果）

＊新進夥伴

如果有新的夥伴加入，最好是請他先觀看課綱中的「簡介影片」後，才加入小組一起進行活動。小組應該花點時間歡迎新加入的夥伴，並且給新夥伴一些時間分享他在看完簡介影片之後學到了些什麼。

5. 玩現金流遊戲。在整個三小時活動結束前的半個小時就應該停止進行遊戲。遊戲是否玩完並不是重點。永遠都會有下一次的機會。花最後30分鐘的時間來討論彼此在遊戲中所學到的事物，並且跟一開始所看的影片有什麼相關或雷同之處。

6. 最後由俱樂部負責人做總結之後宣告本次活動結束。

榮譽典章

＊現金流俱樂部之領導人同意服膺富爸爸集團的使命：提升全人類的財務狀況。

＊把現金流俱樂部視為神聖的學習場所。意思是俱樂部內嚴禁推銷投資機會或是招募下線。本俱樂部也不是一個讓人來「交誼」的場所。請讓整個活動過程與場所成為一個可以「安全無虞地」學習與交流的地方。

＊不要給人們所謂的「答案」。要有耐心。讓學員嘗試錯誤，並從自己的錯誤中學習教訓。真正良好的教育是一個探索的過程，而非背答案或聽話照做。在學習時犯錯，並且從錯誤中學習，是一件很重要的事情。唯有在犯了錯而不願意承認時，這個錯誤才會變成為一種罪惡。

＊在俱樂部內發生的事情或聽到夥伴分享具有隱私性的內容，都予以保密，不讓第

三者知道。

＊容許所有的人抒發屬於自己個人的觀點與意見。彼此以禮相待，並且要玩得開心。大家彼此互相尊重。

現金流俱樂部領導人同意以最高的倫理、道德、法律等標準來要求自己。

［說明］正規版現金流俱樂部：指一個確實遵守上述規範且制訂榮譽典章的俱樂部而言。

附錄四

到底美國人真正想要的是什麼？

窮爸爸：「我想要擁有一個穩定、有保障的工作。」
富爸爸：「我要享有自由。」

法蘭克．藍茲博士（Dr. Frank Luntz）是美國備受尊敬的大眾傳播專家之一。他因為「民意調查」之準確而聞名，經常可以看到他在電視上分享美國大眾都在想些什麼。法蘭克也是《華盛頓郵報》（*Washington Post*）水晶球獎的得主，因為他可以準確「讀到」美國民眾當時的心思。

我跟法蘭克初次相見是在國際財經電台CNBC新聞節目之前，我們是在休息室等待上節目的時候認識的。從那天起，我們就變成了好朋友，而且我也經常邀請他來當富爸爸廣播節目的來賓。

當法蘭克於二〇〇九年出版《說真的，美國人到底真正想要的是什麼？》（*What Americans Really Want.....Really*，暫譯）一書時，我立刻就去買來看。對任何想在美國經商做生意的人來說，他的著作是不可多得的重要參考資料。

或許你也留意到了，我是借用了法蘭克的書名來當成本書的副標題。

法蘭克在那本書中，陳述他在二〇〇八年替美國所有智庫當中的牛耳——考夫曼基金會（Kaufman）所做的研究調查。在他的研究調查中發現：「對於創業家的尊敬，或對於企業總裁的痛恨，這兩種情緒孰輕孰重，實難區分。」

他更深入探討為什麼美國一般民眾會這麼痛恨企業的總裁們。在他的研究調查中詢問一般市民：「如果你可以自行選擇，你會比較想要成為……？」

80％的人想要成為擁有一百位員工上下，一家成功小企業的老闆。

14％的人想要成為擁有超過一萬個員工，美國財星前五百大的企業總裁。

6％的人不清楚或拒絕作答。

以上的調查結果清楚地顯示了美國人的偏好：「胼手胝足創業所爭得的自尊，遠遠高於空降於大型企業的高階主管職位。」

換句話說，絕大多數的美國人真正想要的是成為創業家。但問題是，目前的教育制度卻是把大家訓練成雇員或上班族。這就是為什麼「好好上學唸書然後找份工作」這類的諄諄教誨，完全跟民眾所想要的背道而馳。

商學院也不是辦法

藍茲博士對於時下商學院是這麼說的：「因此我們要如何教育美國下個世代，來成為成功的創業家？想都不要去想MBA課程。絕大部分商學院都在教你如何成為大企業的高階主管，而不是如何成功的創造屬於自己的事業。」

這些ＭＢＡ課程訓練學員如何成為員工，而非創業家。一位創業家所需要具備的技能與心態，完完全全跟大型企業高階主管是相反的，因為這些受過ＭＢＡ培訓的員工所追求的，是穩定的薪水、優渥的福利，以及公司的給薪假期。

教育體制是問題的所在

更大的問題存在於當今的教育體系之中。為什麼絕大多數的民眾之所以沒有成為創業家，是因為缺乏財務方面的教育。大部分民眾的生活水準，完全取決於薪水的多寡。在缺乏真正財商教育的狀況下，許多受過高等教育的高階主管都淪為急功近利、貪婪、魯莽行事、鐵石心腸以及缺乏同情心的領導。

藍茲博士在研究調查中發現，無論是公共部門或是私營部門，民眾對於這些領袖們是越來越不信任了。這也就是為什麼美國民眾開始體認到自己需要成為一位創業家，而不願意繼續做這些人手下的員工。

簡單來說，美國民眾不再信任學校、政府官員，政客，以及企業的高階主管們。而這個趨勢促使像是唐納．川普這樣的企業家們出頭，因為這位總統不需要支領國家任何的薪水。

美國民眾到底真正想要的是什麼？

在考夫曼基金會的研究調查中，伍茲博士發現美國民眾真正想要從教育中得到的是：

81％的民眾想要大學和高中能扎實地開發學生創業的技能。

77％的民眾希望州政府和聯邦政府能鼓勵民眾創業。

70％的民眾相信健全且繁榮的經濟的基礎，是在於教導民眾如何成為創業家（而非員工）。

教育體制會有所改變嗎？

看樣子這個問題才是關鍵的所在。

問：請問美國教育體制是否可以達成美國民眾所期待的創業家教育？

答：不可能，至少在近年內是做不到的。所有領域當中最難發生改變的兩大行業，就是工程界以及教育界。這兩個行業想要發生改變的時間，平均來說為時五十年。意思就是這兩個行業需要花費五十年的時間，才能接受並落實新的主意、新的理念以及新的科技。這種需要五十年才能發生根本上的改變，跟高科技業只有一．五年的因應時間相較之下，簡直是天壤之別。

另外值得一提的是，教育和工程兩個行業都擁有龐大的工會組織，而這種組織中的文化，非常排斥任何形式的改變。

問：為什麼有這麼多人會害怕創業？

答：因為創業失敗的機率實在是太高了：十位創業家在五年之內會有九位被淘汰出局。而熬過前五年的創業家當中，在未來的五年內又會有九成被淘汰出局。意思就是十年之後，每一百位創業家當中僅剩一位生存者。

問：所以創業家們真正需要的是什麼？

答：創業家需要接受真正的財商教育，才有機會在創業的過程中存活下來。

雙「師」記（Tale of Two Teachers）

《富爸爸，窮爸爸》是一本關於兩位老師的故事：其中有一位是受過高等教育的雇員，而另外一位則是缺乏正規的教育，但極為富有的創業家。而一位雇員和創業家之間最大的差別，就是他們所接受的財商教育。

硬幣的另外一面

傳統學術教育恰好跟財商教育是硬幣上的兩個面，兩者完全處於相反的立場。如果想要在學校培育真正能成功的創業家們，那麼就必須重新研發一種嶄新的學校體制。舉例來說，與其跟傳統學校一樣教導學生不應該犯錯，一個培育創業家的學校反而要教導學生如何主動的去犯錯，然後就像愛迪生發明電燈泡的時候一樣，學會如何從錯誤當中汲取教訓。

美國商業學院

如果美國願意成立專門為創業家所設立的國家商業學院，那麼美國就有機會再次成為全球商業界的牛耳。美國早已經擁有五座非常傑出的軍事學院，而且這些學院也培育出全球各地極為優秀的軍事領袖們。這些學院包括位於紐約州的西點軍校，馬里蘭州安納波利斯的海軍學院，科羅拉州科羅拉多泉的空軍學院，以及康乃狄克州新倫敦的海岸巡防學院，以及我的母校——紐約州國王角的美國商船學院。這些學院培育出美國未來最優秀，最傑出的軍官以及領袖。

觀看歷年來傑出的領導人，杜懷特．艾森豪就是一位好榜樣。他是西點軍校的畢業生，後來成為五星上將，而且從我個人的觀點來看，他也是美國史上最後一位堪稱偉大的總統。我對於他在戰時以及承平期間所展現出來的領導能力感到欽佩不已。

我建議政府應該成立專門為創業家所設的美國商業學院，地點可以選擇紐約市或矽谷，擇一來建校。由國家來訓練學員成為世界未來最頂尖、最聰明的商業界領袖。傳統商學院MBA以及軍事學院，兩者課程之間的最大差別，可以從下面的B-I三角形當中略窺一二。

傳統學校著重於訓練學員扮演B-I三角形內部各個項目所需要的角色，而軍事學院則是著重於培育形成三角形外圍的三要素：首先是使命，再來是團隊（和團隊合作的能力），接著才是領導能力。

當我踏入國王角就讀的第一天所接獲的第一個任務，就是要把美國商船學院的使命完全背起來。而在第一天課程即將結束的時候，我們早已經開始學習如何領導他人，以及如何服從別人的領導。

我在傳統商學院念MBA課程的六個月期間，從未聽到有人講過使命這個詞彙，更遑論討論它了。我最常聽到的詞彙反而是錢。

使命是一個靈性、精神方面的詞彙，是一個充滿博愛的詞彙，也是創業的最佳理由之一。而錢則是一種原始的動機，伴隨著恐懼情緒的詞彙。

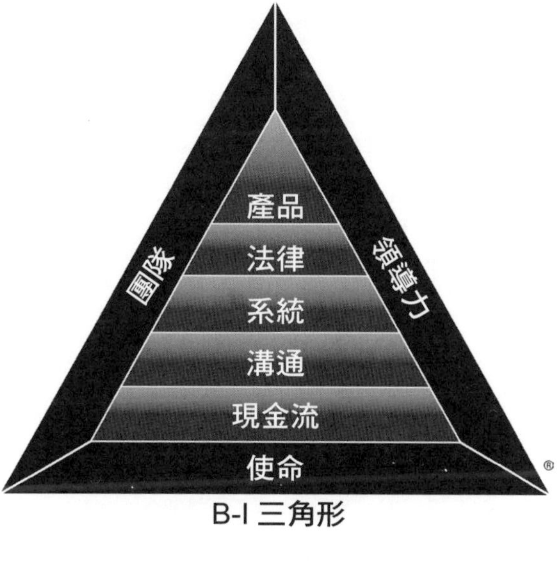

B-I 三角形

自我防衛

對於你和我這樣的一般民眾來說，在當今充滿貪婪、腐敗、無知以及無能的政經環境中，接受真正的財商教育無疑是一種自我防衛的手段。接受正確的財商教育就好比接受空手道的武術訓練，藉此用來保護自己，以免被那些我們原本信任的人們背叛而遭受傷害。

接下來的訪問內容則是在闡述何謂真正的財商教育。

到底什麼才算是真正的財商教育？

一、態度。在真正的財商教育當中，個人對某些事物所抱持的態度如何，至少占了80％左右的重要性。窮爸爸的嘴上經常掛著：「我對錢沒有什麼興趣。」如果一個人對某個主題絲毫不感興趣時，他又要怎麼學會這個主題？而他的口頭禪是「我負擔不起」。隨口說說「我買不起」，遠比思索「我要如何做才負擔得起」，要來得輕鬆容易多了。窮爸爸也抱持著「政府應該要照顧我的晚年生活所需」這類的態度。由於數百萬的美國民眾都跟窮爸爸抱持著同一種觀念（也就是國家應該負起民眾在財務方面的責任），因此造成美國在財政上瀕臨破產的窘境。最後，窮爸爸對於有錢人所抱持的態度就是：「有錢人個個都非常的貪婪。」

二、明智地慎選你的老師。當年我們上學唸書的時候，幾乎沒有權利選擇自己的老師。

但如今我們已經長大成人，因此我鼓勵你要花點時間真正去瞭解，關於金錢方面，在教導你的這位老師的為人和背景。很不幸的，絕大部分的理財專員都只不過是業務人員，而非有錢人。而且他們唯一會教你的，就是要你把錢交給他們來處理就對了。你最珍貴的一項資產就是自己的腦袋，因此要小心地保護它，謹慎選擇由什麼樣的人把資訊放到你的腦袋之中。

三、要學習金錢的語言。學習如何成為有錢人的過程，跟學習第二語言的過程如出一轍。多年前當我參加為期三天的不動產投資課程時，我就開始學習和不動產相關的語言與詞彙，例如資本還原率（cap rate）、淨營運收益（NOI）、貼現現金流（discounted cash flow）等等。如今由於懂得如何講不動產的「內行話」，讓我每年都能獲得數百萬美元的收入。而當我在買賣選擇權時，我就會運用像是買權（calls）、賣權（puts）、跨式組合（straddles）、長期期權（leaps）等等，選擇權世界裡所採用的語言。

好消息是：金錢語言中所有的詞彙都是免費的。

為什麼窮人和中產階級，以及有錢人之間的鴻溝會越拉越大，最主要的原因之一，就是因為共有三種不同收入類別的關係：一般收入、投資組合收入、被動收入。

貧富差距會越拉越大的原因，是因為學校在教導學生要上班工作，存錢儲蓄，並且拿一般收入來進行投資。反觀有錢人則是為了投資組合收入以及被動收入兩者而工作。

四、當你長大之後想成為什麼樣的人？

貧富之間的差距越拉越大的主要原因，是因為大多數家長和學校教育都在鼓勵學生將來要進入E象限裡去工作。然而世界上最有錢、最有權力的人士卻是在I象限之中。人們需要接受正確的財商教育之後，才有辦法到達I象限之中。

五、稅賦會讓有錢人越來越富有。

那些處於I象限之中的人們所繳交的所得稅是最少的；這是因為金錢遊戲的規則都是I象限裡面的那些人們所制定的。

稅法是完全公平的，每一位國民都適用於I象限裡的稅法制度。但是很不幸的，由於缺乏財商教育的關係，只有極少數的人才能做到這一點。

六、負債就是一種金錢。

負債要區分成好的債務與壞的債務兩者。有錢人會運用好的債務來累積自己的資產，窮人則是利用信用卡債來應付自己日常生活之所需，而中產階級則是舉債來購買諸如汽車、自有住宅，以及申請學生助學貸款等。

七、你的成績單。

銀行永遠不會跟你索取在校成績單，銀行家也完全不在乎你之前念的是哪間學校。你的銀行想要看的是你個人的財務報表，也就是你從學校畢業之後在社會上的真正的成績單。

當有人跟我抱怨說「銀行都不願意放款給我」時，這是因為這位仁兄一定沒有扎實的財務報表。如果是擁有連續三年完整扎實的，也經過會計師認證的財務報表，那麼各家銀行一定會迫不及待地給這些創業家核准他們所需要的任何貸

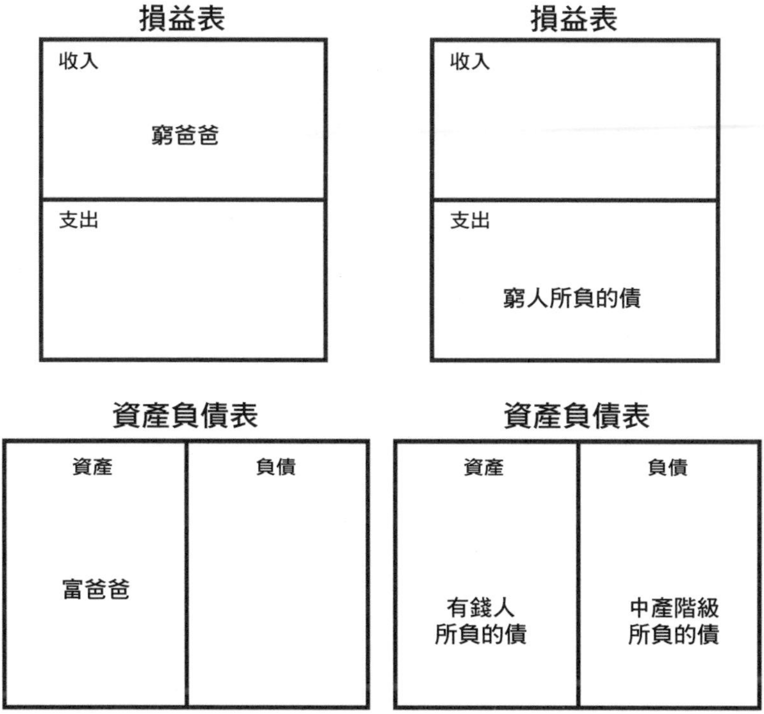

款額度。

如果人們缺乏扎實的財務報表，那麼銀行會很樂意給這類的民眾一張信用卡來用。

八、學習的圓錐。

每每講到艾格·戴爾博士所研發的「學習的圓錐」時，就會了解富爸爸跟窮爸爸兩位的焦點大異其趣。

傳統學術界的教育方式，恰恰跟我們人類真正的學習方式完全背道而馳。

富爸爸 → 實際操作（玩真的）

窮爸爸 → 閱讀

學習的圓錐		
兩週後大概還會記得		自然而然的投入程度
90% 自己所說過的話以及動手做過的事	實際操作（玩真的）	主動的
	模擬真實的體驗	
	從事戲劇化的講演	
70% 自己所說過的話	發表談話	
	參與討論	
50% 自己所聽到的和看到的事	觀看他人實地演練操作	被動的
	目睹別人的示範	
	目睹展覽會中別人的示範	
	看動態影片	
30% 自己所看到的	看靜態圖畫	
20% 自己所聽到的	聆聽別人所說的話	
10% 自己所閱覽的	閱讀	

資料來源：Cone of Learning adapted from Dale, 1969 年經過授權獲准使用

二十年之前

二十年之前的一九九七年，《富爸爸，窮爸爸》以及富爸爸集團兩者在該年問世。成立該公司的目的就是為了要運用富爸爸當年教導我的方式，來教導全世界何謂真正的財商教育。

富爸爸藉著以下的方式來教導他的兒子和我。

1. 用玩具鈔票來玩遊戲（模擬真實的體驗），不斷犯錯，並且從錯誤當中學習教訓。玩遊戲的時候是需要運用到肢體智商，也是我們人類最擅長的學習方式之一。

2. 實際操作（玩真的）：我們在他的辦公室打工並且參訪他所擁有的「綠色房屋」，然後在十年之後親眼見到他購買紅色酒店的過程。

3. 運用簡單的圖形：像是財務報表簡圖、現金流象限圖、以及B-I三角形等。

4. 要求我們進行討論，教導我們要如何協力合作，尊重其他人們的觀點與智慧，而且不需要成為全團隊當中最聰明的人物，因為從商做生意是一項團隊行動。反觀在學校，進行討論或開口求助，是被視為作弊的行為。雖然我求學期間的成績平平，但是如今我的收入遠遠超過那些成為醫生、飛行員、律師等等的資優生同學，只不過是因為他們在學校裡被灌輸跟別人協同合作是一種作弊的行為。

5. 啟發學習的渴望：富爸爸從不給我們任何答案。他反而會鼓勵我們自學並且尋找屬於自己的答案。如今的我也會花很多的時間來進行學習圓錐最下方的方式，亦即閱讀書

籍並且參加演講來進行學習。跟學校最大的不同，是我現在所研讀的內容都是自己深感興趣的主題，而不是單單為了要應付考試而已

為什麼貧富之間的差距註定會越拉越大？

很不幸的，貧富之間的差距只會越來越大。如今很多人所能擁有的生活品質，在將來會無以為繼。想要避免這種狀況，人們必須要能警覺到科技日新月異的速度。為了保持競爭優勢，許多企業都已經開始採用機器人來取代人力。這就也就是為什麼「好好上學唸書，然後找一份高薪的工作」這種想法已經變成了一種古代的神話。與其尋求鐵飯碗般有保障的工作，人們應該把焦點放在如何獲得財務上的保障，而想獲得財務上真正的保障，則需要具備扎實的財商教育才行。

為什麼絕大部分的人們都做不到？

人們在接受真正財商教育時所面臨的最大問題，是真正財商教育所教的內容是有違一般人們的直覺反應（很多人會認為是毫無道理的）。簡單來說，真正的財商教育跟我們多年來所聽到任何有關於金錢方面的觀念，恰好是位於財富這枚硬幣的另外一面。很多民眾盲信他們在「做正確的財務決定」，但事實上他們的「做法是完全錯誤的」。就是這些人

會不斷地跟我和湯姆爭論：「你們在這裡不能這麼做。」其實是他們無法做得到，因為這些正確的做法，完全跟他從小在家裡或是學校裡所聽到所學，完全背道而馳。

所有的一切都是完全相反的

1. 富爸爸教我們的第一堂課：有錢人從不為錢工作。

那些為錢而工作的數百萬民眾，在財務上反而會越來越落後，逐漸消失在貧富之間的鴻溝之中。

2. 存錢儲蓄的都是輸家。

當整個金融體系都不斷地在大量印鈔票時，為什麼還要存錢儲蓄？從銀行的角度來看，他們藉著部分儲備制度來致富，這也就是為什麼銀行家喜歡那些向他們借錢的民眾，而不是那些拿錢來儲蓄的民眾。

3. 負債讓有錢人越來越富有。

如今全球所有國家的金融體系都是建立於債務之上。唯有在民眾進行借貸行為時，金錢才會被憑空創造出來。那些懂得如何把負債當成錢來使用，進而買進各種資產的人們，如今個個都成為世界上最富有的一群人。

4. 稅賦讓有錢人越來越富有。

各國稅法制度在本質上是屬於一種獎勵計劃，用以鼓勵民眾跟政府合作，一起完成政府想要做到的事物。

政府不需要更多E象限裡的上班族或是S象限裡的自由業者，因此這兩種人需要支付最高的所得稅。

政府需要而且想要，有更多的B象限裡的創業家以及I象限裡的專業投資者，這也就是為什麼這兩個象限裡面的人不需要繳納很高的所得稅稅率。

5. 犯錯會讓有錢人越來越富有。

在老天爺的安排下，人類必須藉著不斷的犯錯來進行學習。一個嬰兒必須要經過跌倒的過程才能學會如何走路。這也就是為什麼玩遊戲或進行模擬是一種最佳的學習方式，因為不斷的「練習」犯錯，並且從錯誤當中學習教訓，這麼一來我們才能去從事真實的體驗（玩真的）。

6. 市場崩盤會讓有錢人越來越富有。

市場發生崩盤的時候，就是發達致富的最佳時機。當百貨公司進行週年慶大拍賣時，窮人和中產階級會拚命蜂擁而至，大肆採買。當金融市場發生崩盤時，有錢人也會傾巢而出，而此時窮人和中產階級卻反而銷聲匿跡，不見人影。

7. 「聖言成為血肉」（自己經常說的話註定成真）。

上班族嘴邊經常掛著：「有保障的工作、穩定的薪水、按年資加薪、醫療保險、福利津貼、公司給薪休假，以及要算加班費」等等的話語。

然而創業家是不會說這些話的。一個聰明的創業家要想辦法提供他的員工們以上的那些詞彙。想要做到這一點，需要擁有真正的財商教育才有可能。

8. 你要成為傳統學校所忽視的那些科目裡的資優生。

學校教育的目的，就是要學生將來成為上班族，或是像律師、醫生等這些類自由業的專業人員。

想要成為一位成功的創業家，你必須要成為一個專門攻讀傳統學校裡所不重視，或根本不存在的那些科目的資優生。

銷售等於收入

其中一個科目就是銷售（sales）。因為銷售等於收入是一個不爭的事實，因此所有的創業家都必須要勤勉地學習銷售，永遠不斷精進自己的銷售技巧。為什麼十位創業家當中會有九位在五年之內被淘汰出局，就是因為他們不善於銷售，無法創造足夠業績來讓公司存活下去，更遑論讓公司成長。

在財務教育這個領域當中，敢在檯面上大力鼓吹民眾加入某間多層次傳銷的公司的人物，只有我和唐納・川普兩人。理由是多層次傳銷公司會教導你成為一位成功創業家所需要具備的四種本事，亦即銷售能力、領導能力、異議處理的能力，以及延遲享樂（delayed gratification）的能力。能進行異議處理以及延遲享樂兩者，需要具備很高的情緒智商（EQ）。當個上班族並不需要很高的情緒智商，但是身為創業家，在這方面的要求就嚴格多了。

我在一九七四年離開了海軍陸戰隊，並且從事我這輩子唯一的雇員工作：我在一九七四到一九七八年間在全錄公司上班——不是為了薪水，而是為了學習要如何銷售。一旦我成為公司業績第一的業務員，同時也賺到了不少錢的時候，我就辭職開始成為一位創業家。

我高一和高三都被當掉重修，是因為我的英文寫作能力太差，而且錯字連篇，如今還是有很多人說我的寫作程度很差。雖然我的文筆至今很差，但我是一個暢銷書作者（best-selling-author，書能賣得出去的作家），還因而賺進了數百萬美元的收入。

我的本業（主修）不動產

我在一九七三年第一次上不動產投資課程。那次為期三天的不動產投資課程，一而再、再而三的讓我賺進了數百上千萬的收入。更重要的是：那三天的課程奠定了良好的基礎，讓我如今能獲得財務上的自由，因為我現在的本業就是不動產

終身學習

傳統教育最大的問題是很多學生畢業後都痛恨學校。對數百萬的民眾來說，他們一旦

從學校畢業之後就不再繼續接受教育了，因為傳統教育的方式扼殺了他們與生俱來的學習精神與渴望，這是當今社會與經濟上極大的不幸

要不是我有一位富爸爸，我大概也會成為這樣子的人。學習如何銷售是我進入B象限的關鍵。富爸爸啟發我要為了自己自由，而不是為了錢，才來成為一位創業家。而報名參加多年前那次為期三天的不動產投資課程，則奠定了我進入I象限的基礎。

對於學習的熱愛

想要在B和I象限中獲得長久成功的關鍵，就是要具備熱愛學習以及終身學習的渴望。如今我和金，以及其他的富爸爸顧問們，每年都會舉辦兩次讀書聚會，並從書中學習傑出老師們所分享的極為出色的內容。現在這個世界前進的速度太快了，我們絕對不能縱容自己故步自封，不思長進。

就像那次不動產課程裡，講師在最後一天所告訴我們的一樣：「當你離開課程之後，你的教育才算是真正的開始。」

對大多數人來說，一旦從學校畢業後就不再接受教育了，而這就是有錢人，以及窮人和中產階級之間鴻溝越來越大最主要的原因之一。

傑出的在校成績並不保證會獲得成功的人生。事實上汲汲鑽營，不計一切代價來獲得

好成績的做法與態度，反而會在往後的人生中造成人格上的缺陷。有位美國醫生發表了一篇文章，闡述自己終身追求「頂尖成績」對自己的人生造成了什麼樣的影響。他分享當年前往瑞士念醫學院時，該校的作風是如何讓很多美國學生不知所措。當來自美國的學生發現該校並不給學生打分數，也不提供任何獎項，更沒有所謂的「院長嘉許名單」（Dean's list），也不進行考試排名時，都深感震驚不已。該校的學生不是獲得學分通過，要不然就是被通知要重修。這位醫生說很多來自美國的學生就是沒有辦法接受這樣子的教育過程，有些甚至開始變得非常偏執，認為這是教授們在耍花樣。少數人申請轉學到另外一間學校，而那間學校的確會給學生打分數，進行考試排名，並且鼓勵他們彼此之間競爭。而繼續留在原來學校的美國學生卻開始觀察到一件奇怪的現象，這是他們從小在美國受教育從未見過的奇怪行為：該校的學生，這些聰明絕頂資優的準醫生們，彼此會分享筆記來協助其他同學一起修成學分。

這位醫生還分享了自己兒子在美國念醫學院時所發生的事情。由於資優同學們彼此之間的競爭激烈，有的學生甚至還會去惡意破壞其他同學的學業成績。他舉了幾個實例，譬如在考試期間，有位甲學生對乙學生的顯微鏡動了手腳，害乙學生為了重新校準顯微鏡而失去了寶貴的幾分鐘時間。而那些父母要求自己的小孩要「高人一等」，要竭盡所能在運動或學術方面擊敗其他同學時，他們也一樣都是這種變態心理的共犯。

但，美國人還是一直搞不清楚為什麼國內貧富之間的鴻溝為何會越來越大。這是因為，不管是貧富之間抑或聰明愚笨之間的鴻溝，起因都是我們的原生家庭，以及在學校裡被強化定型的各種不合時宜的行為所致。

這也就是為什麼富爸爸教導他的兒子和我，務必要藉著團隊的方式來解決金錢方面的問題。在學校中，有時候進行這類互相協助的行為會被冠上作弊的標籤。富爸爸一直強調，銀行家們從來就沒有要他拿出在校時的成績單，銀行家也根本不在乎富爸爸之前念的是哪間學校。富爸爸一直教導我們：「當你長大從學校畢業之後，你的財務報表就是你這輩子的成績單。」

有錢人跟一般人之間的鴻溝會越拉越大，最主要的原因就是因為受過傳統教育的畢業生離開學校環境後，不但不懂得如何協力合作，還想要憑一己之力來解決金錢方面的問題，也盲從跟隨華爾街所給予的各種理財建議，而且一輩子也搞不清楚有一種叫做財務報表的東西存在。

關於作者

羅勃特・T・清崎

身為史上暢銷排行第一名的財經書籍《富爸爸，窮爸爸》的作者，羅勃特成為眾所知名的人物，不斷挑戰並且改變全球數千萬人們對於金錢的看法。他是一位創業家、教育家，以及投資家，他深信這個世界需要培養出更多能創造出工作機會的創業家。

由於經常對於金錢和投資抱持著和傳統智慧相左的觀點，羅勃特贏得直言不諱、頂撞不敬，以及勇氣可嘉等等的聲譽，他也一直充滿熱忱的倡導並代言財務教育的重要性。

羅勃特和金，是富爸爸集團這間財經教育機構的創辦人，並且也是現金流遊戲的發明者。該公司於二〇一四年藉著原本知名的遊戲與書籍之賜，再次成功地發表了創新的行動應用程式與線上遊戲。

羅勃特這位專門預示未來的夢想者，擁有能力簡化和金錢、投資、財經以及經濟方面相關複雜事物的能力，當他在分享自己獲得財務自由的歷程時，都能引起各種年齡與背景人士的共鳴。他的核心原則與訊息（例如「你的自有住宅並不算是一項資產」，以及「要為了現金流而投資」，以及「存錢儲蓄的人都是輸家」等），激起輿論大量的批評與揶揄……結果當初這些令人不安的前瞻性言論，在這十幾年來世界的經濟演變中逐一成真。

從他的觀點來看，這些「古老的」建議（上大學、找份工作、存錢儲蓄、還清債務、長期投資於股市、多元化的投資等）都因現在步調迅速的資訊時代而完全過時了。他富爸爸所教導的哲理以及智慧，繼續挑戰如今還在當道的主流思維。他教導並鼓勵人們要接受財務教育，要人們為自己的財務未來扮演主導的角色。

身為十九本書的作者，包括暢銷全世界的《富爸爸，窮爸爸》一書，羅勃特幾乎當過全球各個媒體的座上賓，包括CNN、BBC、Fox News、Al Jazerra、GBTV、以及PBS、還有賴瑞金脫口秀（*Larry King*）、歐普拉、今日人物（*Peoples Daily*）、雪梨晨間新聞、*The Doctors*、海峽時報（*Straits Times*）、彭博新聞（*Bloomberg*）、NPR、今日美國（*USA TODAY*）、以及數百個其他媒體等，而且他的書籍就算經過了十幾年，仍然高掛在國際暢銷書的排行榜上。他至今還不停的教導並啟發全球各地的讀者們。

他最近出版的書籍有《富爸爸，賺錢時刻：挑戰有錢人的不公平競爭優勢》（*Unfair Advantage*）、和唐納．川普合著的《點石成金》（*Midas Touch: Why Some Entrepreneurs Get Rich and Why Most Don't*，暫譯）、以及《富爸爸告訴你，為什麼A咖學生當員工，C咖學生當老闆》（*Why "A" Students Work for "C" Students*）等著作。

想要更進一步的學習，請造訪RichDad.com。

關於作者

湯姆．惠萊特（註冊會計師）

註冊會計師湯姆．惠萊特是ProVision公司背後的推手，也是該公司全球節稅策略的專家。身為該公司的創始人以及執行長，二十年間，湯姆專門負責給予公司高端客戶們在稅法上、創業上、保有財富等各個領域當中，各種創新的節稅策略。

湯姆在合夥事業以及大型企業節稅策略方面是全美國的頂尖專家，同時也是知名的演說家以及財富教育工作者。唐納．川普特別遴選湯姆成為自己的「財富建造計劃」中的一員要角，並且稱讚湯姆為「頂尖人士當中最傑出的一位」。《富爸爸，窮爸爸》一書的作者羅勃特．T．清崎也讚譽：「任何想要認真創造財富的人，團隊當中必須要有像湯姆這樣子的夥伴。」湯姆也為羅勃特另外一本《富爸爸：房地產聖經》（*The Real Book of Real Estate*，暫譯）這本書執筆，負責第一到第二十一章的內容。他同時也為羅勃特其他的著作，例如《富爸爸，有錢人為什麼越來越有錢？》（*Why The Rich Are Getting Richer*）、《富爸爸，賺錢時刻：挑戰有錢人的不公平競爭優勢》（*Unfair Advantage*）等書鼎力相助，貢獻了自己的智慧與心得。

湯姆也在各種專業期刊論壇中發表了許多文章，並且也曾在美國、加拿大、歐洲、亞洲、南美洲以及澳洲等地，進行了數千次的教學及演講。

湯姆三十五年來一直不斷地在稅法、創業，以及創造財富的領域中，設計創新的節稅策略，來提供老練的投資者、創業家、生產業、不動產業以及高科技業等領域的客戶們運用。他非常熱誠地跟數千位前來學習的專業人士，分享這些創新的節稅策略。他也是許多圓桌會議論壇中，競相邀請的主講者或榮譽委員，並且不斷地領導專家們討論研發符合現代稅法的各種最新的節稅策略。

湯姆有著非常豐富的專業背景。他曾經在全世界前四大會計師事務所之安永會計師事務所（Ernst & Young），負責該公司位於華盛頓特區國家財稅部門新註冊會計師的專業培訓與教育任務。他也曾擔任財星前1000大公司之一的皮那可資本公司（Pinnacle West Capital Corporation）的節稅顧問，並且也在亞利桑那州州立大學的財稅碩士班執教了十四年之久，向歷年來數千位的畢業生分享他在現實生活當中所採用的節稅策略。

高寶書版集團
gobooks.com.tw

RD020
富爸爸，有錢人為什麼越來越有錢？
Why The Rich Are Getting Richer : What Is Financial Education...Really?
作　　者　羅勃特・T・清崎（Robert T. Kiyosaki）
　　　　　湯姆・惠萊特（Tom Wheelwright）
譯　　者　王立天
特約編輯　林婉君
助理編輯　陳柔含
封面設計　林政嘉
內頁排版　趙小芳
企　　劃　鍾惠鈞

發 行 人　朱凱蕾
出　　版　英屬維京群島商高寶國際有限公司台灣分公司
　　　　　Global Group Holdings, Ltd.
地　　址　台北市內湖區洲子街 88 號 3 樓
網　　址　gobooks.com.tw
電　　話　（02）27992788
電　　郵　readers@gobooks.com.tw（讀者服務部）
　　　　　pr@gobooks.com.tw（公關諮詢部）
傳　　真　出版部（02）27990909　行銷部（02）27993088
郵政劃撥　19394552
戶　　名　英屬維京群島商高寶國際有限公司台灣分公司
發　　行　英屬維京群島商高寶國際有限公司台灣分公司
初版日期　2019 年 5 月

First Edition: May 2017
First Traditional Chinese Edition: May 2019
This edition published by arrangement with Rich Dad Operating Company, LLC.

國家圖書館出版品預行編目（CIP）資料

富爸爸，有錢人為什麼越來越有錢？ / 羅勃特.T.清崎 (Robert T. Kiyosaki), 湯姆.惠萊特 (Tom Wheelwright) 合著；王立天譯. -- 初版. -- 臺北市：高寶國際出版：高寶國際發行，2019.05
面；　公分.--（RD020）
譯自：Why The Rich Are Getting Richer : What Is Financial Education...Really?

ISBN 978-986-361-643-6（平裝）

1. 理財　2. 財富　3. 成功法

563　　108001148